Harmening (Hg.) — Hexen heute

QUELLEN UND FORSCHUNGEN
ZUR EUROPÄISCHEN ETHNOLOGIE

Herausgegeben
von
Dieter Harmening

Band IX

K&N

Schriften des Freilichtmuseum am Kiekeberg

Herausgegeben
von
Rolf Wiese

Band 8

FREILICHT MUSEUM am KIEKE BERG

# HEXEN HEUTE

## Magische Traditionen und neue Zutaten

In Zusammenarbeit mit
Dieter R. Bauer
herausgegeben
von
Dieter Harmening

Königshausen & Neumann

*Umschlagbild Vorderseite nach einem Motiv aus „Hörzu"-Serie, Oktober 1987;*
*Umschlagbild Rückseite nach Stern, Jg. 86, Heft 38*

*CIP-Titelaufnahme der Deutschen Bibliothek*

**Hexen heute** : magische Traditionen und neue Zutaten / in Zusammenarbeit mit Dieter R. Bauer hrsg. v. Dieter Harmening. — Würzburg : Königshausen und Neumann, 1991.
(Quellen und Forschungen zur europäischen Ethnologie ; Bd. 9)
(Schriften des Freilichtmuseum am Kiekeberg ; Bd. 8)
ISBN 3-88479-403-5
NE: Harmening, Dieter [Hrsg.]; 1. GT ; Freilichtmuseum am Kiekeberg (Ehestorf, Rosengarten) : Schriften des Freilichtmuseum


Umschlag: Hummel / Homeyer, Würzburg
Satz und Druck: Königshausen & Neumann
Gedruckt auf säurefreiem, alterungsbeständigem Papier

Printed in Germany

ISBN 3-88479-403-5

# Inhalt

III.

# Vorwort

Die Aufsätze des vorliegenden Bandes stammen von Teilnehmern eines volkskundlichen Arbeitskreises an der Universität Würzburg sowie von Mitgliedern des Stuttgarter „Arbeitskreises Interdisziplinäre Hexenforschung". Auf einer Tagung über „Hexen heute" in Weingarten 1988, zu der Dieter R. Bauer namens der „Akademie der Diözese Rottenburg-Stuttgart" eingeladen hatte, wurden erste Fassungen der Beiträge vorgetragen und diskutiert.

Nach der Weingartener Tagung sind mit Hans-Joska Pintschovius (Hamburg) Pläne zu einer Hexen-Ausstellung entworfen und entwickelt worden, wie sie nun, im Herbst 1991, in Zusammenarbeit mit Dr. Rolf Wiese im „Freilichtmuseum am Kiekeberg" in Hamburg-Harburg gezeigt werden kann. Der vorliegende Sammelband über „Hexen heute" erscheint hierzu zugleich als Begleitpublikation.

Dieter Harmening

# Einleitung

Dieter Harmening

## Hexenbilder — Alte und neue Einfärbungen

Wer nur konnte, tat es auch: über Hexen zu reden, in den letzten Jahren: Rundfunk, Fernsehen, Zeitungen, Zeitschriften, Gazetten, Romane, Heftchen, Bilderbücher, Comics, Horrorfilme; im Umkreis garniert von Zaubereiannoncen, Angeboten von Amuletten, Zauberbüchern, Pendeln und Ruten — Frau Molnar vermittelt ihnen Kontakt zu lieben Verstorbenen —; dankbare Zuschriften; und an den Rändern unscharf zu Bio-Angeboten, orientalischen Räucherstäbchen, Meditationscassetten, fernöstlichen Weisheiten, Sphärenmusik, Nirwana. Die Umschlagseiten der Heftromane werben zugleich für „Doktor Tod" und „Makabros", für Schreckschußpistolen, Heimorgeln, Salben gegen Mitesser und Pickel, 6. und 7. Buch Moses, Mittel gegen Bettnässen und für Fernkurse: „Werden Sie Ihr eigener Chef!" Landschaften werden sichtbar, in denen das Irrationale, die Zuflucht der Angst, der Bedrohungsgefühle und der Gedrückten vermutet wird.

Was macht die Faszination des Themas aus? Zuerst wohl seine irrationale Dunkelheit, die es gewonnen hat und in der vermutet werden kann: Es ist darüber alles voller Ahnungen. Denn im Bild der „Hexe heute" haben sich verschiedene und ihrer Herkunft nach sehr unterschiedliche Züge übereinandergeschoben, sich gegenseitig eingefärbt und verdunkelt. Vielleicht kann diese Einleitung helfen, daran etwas aufzuklären. Jedenfalls wäre erst einmal sorgfältig zu sortieren.

Zu diesem Zweck ließen sich verschiedene Hexentypen unterscheiden:

die vor- und außerchristliche Hexe,
die christliche Hexe,
die mythographische Hexe,
die symbolische Hexe.

Vor- und außerchristliche Hexen Europas sind nach Tätigkeitsmerkmalen vielfältig spezialisierte Zauberfrauen, die sich jeweils als ziemlich fixierte Gestalten finden: als verwandelt in Tiere (Wahrsagevögel, Unheilsboten) mit vampiristischen Zügen (Kinderraub), als Giftzauberinnen, Wetterhexen, und Medizinfrauen. Ihre mythologische Gestalt ist schon von der römisch-griechisch-orientalischen Antike umrissen: Lamien, Strigen, Venenaten, Tempestarien oder Herbarien. Von solchen, im frühen Mittelalter literarisch verbreiteten Vorstellungen unterscheidet sich der mittelalterlich-neuzeitliche Hexenbegriff. Er verbindet die ursprünglich nicht zusammengehörenden Elemente dieses Zauberglaubens mit anderen

Motiven, dem Luftflug und der Teufelsbuhlschaft sowie mit Überlegungen der christlichen Dämonologie und der Vorstellung des Teufelspaktes.

Variantenreich hat sich von hier aus ein christlich-abendländisches Hexenbild entwickelt, dessen Züge in jüngerer Gegenwart mit exotisch-ethnographischen Motiven ausgemalt, mit neuen Einfällen kombiniert und meistenteils sexualisiert erscheinen. Für Darbietungen von Sex und Porno liefert das Stichwort „Fruchtbarkeitskult“ das volks- und völkerkundlich abgesicherte Legitimationsetikett. Seit dem 19. Jahrhundert lag der Begriff bereit. Allerdings könnte die Sexualisierung der Hexe auch auf Motive des christlichen Hexenbildes verweisen, die es von der abendländischen Theologie des Sündenfalls und Teufelspaktes her bezogen hat.

Aufbauend auf spätantike und neuplatonische Dämonologie formuliert Augustinus die Lehre, daß zauberische Manipulationen nicht aus sich wirken könnten. Weil jedoch Zauberei nicht ohne Erfolg bleibe, müsse sie anders wirken als Dinge wirken, nämlich als „Zeichen“. Sie sei eine Zeichensprache mit Dämonen, die als Geistwesen durch Sinnbilder, somit auch durch Zauberei, angelockt würden, den Wunsch des Zauberers durch die Zauberzeichen verstünden und die gewünschten Dinge hervorbrächten. Das täten sie, weil sie, als böse Engel vom Himmel verstoßen, alles daran setzten, das, was schon ihrem Fall vorherging, hier auf Erden bei den Menschen zu erreichen: wie Gott verehrt zu werden. Da der Gebrauch von Zeichen unter Partnern eine Einigung über deren Bedeutungsgehalt voraussetzte, sei darüber auch eine Einigung mit den Dämonen, Teufeln, notwendig: Das begründet den späteren „Teufelspakt“.

Der Gebrauch von Zeichen — Gegenstände, Bilder, Gesten — als Form zaubrischen Tuns mit Richtung auf Dämonen läßt sich als „rituelle Magie“ beschreiben. Grundlage der rituellen Magie, auf der Augustinus aufbaut, liefert die neuplatonische Kosmologie. Danach ist im Kosmos vom Bereich des „Obersten“, Letzten, „Einen“, bis in die Materialität des „Unteren“ der Welt alles von hierarchisch geordneten Geistwesen erfüllt und miteinander verbunden. Die rituelle Magie lockt und zwingt diese Geistwesen herbei, um deren spezifische Kraft zum Einsatz zu bringen: Venus als Sterngott beispielsweise, um Liebe zu bewirken, Mars als Sterngott, um Streit, Krieg und Tod.

Eine weniger dämonisierte Kosmologie gelangt später unter den gleichen Voraussetzungen des kosmischen Zusammenhanges zur Vorstellung, daß die Sterne durch den Lauf ihrer Bahnen, der sie einmal weiter nach „oben“, einmal näher an die Erde „unten“ führte, spezifische Einflüsse von „oben“ nach „unten“ vermittelten. Wollte man diese Wirkungen nutzen, so gilt es, etwa bestimmte Substanzen zu mischen, denen aufgrund des kosmischen Gesamtzusammenhanges eine besondere Verwandtschaft zu einem Stern, dessen Macht man herbeiholen will, innewohnt, und von der Kraft des gemeinten Sterns, wenn dessen Wirkung am größten ist, „bestrahlen“ zu lassen. Eine durchaus ‚moderne‘ Vorstellung, die schließlich auch, auf der Suche nach dem kausalen Zusammenhang dieser Vorgänge, auf den modernen Naturbegriff geführt hat. Vor allem die Alchemie der Renaissance und Barockzeit liefert uns Bilder einer solchen säkularisierten Zauberei der Verknüpfung kosmischer Prinzipien in Tiegeln, Töpfen und Kesseln; Vorgänge, die als ebenso elementar vorgestellt werden wie die Kopulation der Geschlechter (Tafel 4). Mit Ausbreitung und Popularisierung alchemistischer Operationen, wofür insbesondere die Bildkunst zahlreiche Beispiele kennt, scheint aber auch, zumindest vom bloßen Vorgang des alchemistischen Mischens her, ein Einfluß auf das Bild der Hexe ausgegangen zu sein, die zur gleichen Zeit als zaubrische Frau am „Hexenkessel“ und in der „Hexenküche“ erscheint, wo sie nun *ihre* Zauberzutaten verrührt, nicht, wie der Alchemist, Schwefel, Blei, Sand, Salzsäure und den letzten Silbertaler aus der Haushaltskasse, um ihn zu Gold zu machen (Tafel 3), sondern Nachtschatten, Kräuter, Schleim, Blut, Kadaver und Leichenteile zu einem Brei, von dem man verrückt werden kann (Abb. 1).

Die Augustinische Lehre, daß dem Gebrauch an sich wirkungsloser zauberischer Mittel ein „Teufelspakt“ über die Bedeutung von Zauberzeichen zugrunde liegen müsse, lieferte eine geeignete Möglichkeit, die Erfolge der heidnischen Religion zu erklären: ihre „Wunder“ kämen durch dieselben Dämonen und vermittels vergleichbarer Handlungen zustande wie bei der Zauberei. Nichtchristlicher Kult wurde so als Dämonenkult und Zauberei beschreibbar. Die noch gegenwärtige Vermutung, im zaubrischen Ritual Reste heidnischer Religionsausübung zu haben, hat hier ihre Wurzeln.

Die rituelle Gestik aller Zauberformen konnte die Vermutung stützen. Vor allem die deutsche Altertumskunde des 19. Jahrhunderts hat mit der Gleichung Zauberei = Heidentum gerechnet. In Zauberei und Hexenpraktik sah sie Kultrelikte aus heidnisch-germanischer (Abb. 2) bis auf ihre Zeit gekommen, die trotz aller Verfolgungen durch die christlichen Kirchen unter der Oberfläche, im Volk, weitergereicht worden seien. Vergleichende mythologische Forschungen wollten schließlich auffallende Ähnlichkeiten zwischen ritueller Magie und Motiven der europäischen Religion auf einer noch breiteren Basis der Völkergeschichte (Kelten, Indogermanen) erkennen. Die ausgesprochen sexuell und fäkal akzentuierten Züge vieler Zauberformen haben dabei die mythologische Phantasie auf „archaische Fruchtbarkeitskulte“ geführt.

Für die Ausbildung der Züge unseres Hexenbildes wäre hier festzhalten: 1. Vorchristliche Hexenvorstellungen betreffen spezialisierte Zauberfrauen. Sie sind weithin auf literarischem Weg ins christliche Abendland gekommen. 2. Der christlichen Hexe liegt die Vorstellung eines Teufelspaktes zugrunde, der nach Augustinus als Basis einer Verständigung mit Dämonen zum Zwecke der Zaubererfolge notwendig sei. 3. Entsprechend dieser Erklärung der zaubrischen Wirksamkeit wurde das Heidentum als eine Form der Zauberei und damit die Zauberei als eine Form des Heidentums beschreibbar. 4. Die Säkularisierung der spätantiken dämonistischen Kosmologie und Magie begleitet die moderne Alchemie technischer Operationen des Mischens wie sie auch in den „Hexenküchen“ begegnet.

Obgleich schon für die vorchristliche Zeit die Nähe der Frau zum Zaubern auffällt, ist die christliche Fixierung auf die Zauberin als Hexe damit noch nicht erklärt. Auch die Augustinische Pakttheorie enthält für sich genommen keine Richtung dahin. Was macht nach christlich-europäischer Auffassung dann aber die Frau besonders geeignet zur Hexe? Damit sind Fragen mythologischer Anthropologie gestellt, also nach der im mythischen Bild der Frau selbst gründenden Qualifikation zur Zauberei.

Ältere Hexen-Überlieferungen verknüpfen den Frauenzauber mit dem Mond und seinen Wirkungen. Die Erscheinung des stets im Wandel begriffenen Mondes hat zu Glaubensvorstellungen geführt, die sich ähnlich in allen Naturreligionen finden lassen: Dämonen und dämonische Tiere drohen den Mond im Abnehmen und in Finsternissen zu verschlingen: Deshalb muß man ihm mit Zauber zuhilfe kommen. Aber es hat der Mond auch Macht über die Menschen. Ein karolingisches Verzeichnis heidnischer Glaubensformen aus dem 8. Jahrhundert rügt: Man glaube, es gäbe Frauen, die, da sie Macht über den Mond hätten, dem Menschen die Sinne verwirrten. In einer Predigt der gleichen Zeit wird

Abb. 1: Sabbatküche, 17. Jh., Musée des Arts Décoratifs

Abb. 2: Guido Görres, der Hürnen Siegfried. Schaffhausen 1843, S. 47. Nach S. Golowin, „Die weisen Frauen“, Augsburg, 1982, S. 240: Eine „vorgeschichtliche Hexe der Völkerwanderungen“.

vom Glauben gesprochen, der Mond könne Menschen wahnsinnig machen und von Dämonen Besessene, Epileptiker, hätten ihr Leiden vom Mond. Horaz berichtete von einer Zauberin, deren Gesang den Mond vom Himmel stürzen und Sterne herabreißen könne. Auch Ambrosius bezeugt den Glauben, nimmt ihn dann aber als Verweis auf die christliche Gewißheit, daß dem Mond als Sinnbild der Kirche durch Zaubergesänge nichts angetan werden könne.

Man dachte den Mond und seine Phasen eng mit dem Leben der Frau verbunden. Denn es schien, als stimme die monatliche Blutung mit den Perioden des Mondes überein und regele der Mond ihre Fortpflanzungsfunktionen: „Da die Frau in so enger Wechselwirkung mit dem Mond stand, sind auch ihre Tätigkeiten, wie zum Beispiel das Wasserschöpfen und das Pflanzenzüchten, auf den Mond zurückgeführt worden. Der Mond spendete Wasser und Tau, begünstigte das Wachstum der Pflanzen" (Ursula Bergmann). Frau und Mond und Fruchtbarkeit liegen so für den Glauben der Völker in geheimnisvoller Weise zusammen. Im Zauber wird das mythische Wissen nur in die Praxis umgesetzt.

Auch im Mythos ermöglichen positive Wertungen zugleich deren negativen Gebrauch. Weibliche Sexualität gilt auch als Bedrohung. Heidemarie Kirchner kann in ihrem Beitrag gerade diese Seite hervorheben: Die Macht der Hexe liegt in ihrer Sexualität. Deren Gewalt, die dem Mann die Sinne raubt, wie der Mond, über den die Frau verfügen kann, wird als elementare Bedrohung empfunden. Monica Blöcker hat dieses Bedrohungsgefühl vor allem für den mittelalterlichen zölibateren Klerus vereinnahmt und von daher die Entstehung der Hexenverfolgungen zu erklären gesucht. Auffällig ist zumindest, daß die Restriktionen der Sexualmoral im späten Mittelalter zeitlich mit der Ausbildung der Verfolgungsgrundlagen zusammenfallen. Und daß die „Hexe" immer zugleich als Hure, als Teufelshure, gezeichnet wird, paßt in diesen Zusammenhang.

Das christliche Hexenbild ist weithin durch eine Anthropologie der Frau geprägt, die ihre Motive vor allem aus der Theologie des Sündenfalls bezogen hat. Darin sind die sexuellen Züge nicht zu übersehen. Augustinus hat auch hier Grundlagen gelegt: Wie die Antike überhaupt von der besonderen Weisheit der alten Menschheit, die ihren Ursprüngen noch nahe war, ausging, so galt auch Adam mit allen körperlichen und geistigen Vorzügen der Schöpfung Gottes ausgestattet. Der Teufel, die Schlange, der gefallene Engel also, wußte das und hätte Adam nicht verführen können. Aber darauf hatte er es ja abgesehen: den Menschen an sich zu binden und von Gott zu trennen. Deshalb machte er sich an den „minderen Teil" des menschlichen Geschlechts, die Frau, die an Adams ursprünglicher Irrtumslosigkeit nicht teilhatte. Denn sie war, aus einer Rippe von ihm gemacht, nur eine Schöpfung aus zweiter Hand. Sie konnte vom Teufel getäuscht werden und zog Adam durch ihre Verführung mit in den Fall. Und die, das bedeutet der Apfelbiß, ist sexuell gemeint. Von da an stürzte die Menschheit, in Nebel der Unwissenheit vergraben, von einem Irrtum in den anderen. Anselm von Canterbury drückte es so aus: „Damals aß der Mensch Engelbrot, nach dem ihm nun hungert, jetzt ißt er ‚Schmerzensbrot', das er damals nicht kannte. Wehe, öffentliche Trauer der Menschen, allgemeines Wehklagen der Söhne Adams! Jener rülpste vor Sättigung, wir schluchzen vor Hunger ... Warum hat er nicht für uns bewacht, da er so leicht konnte, wessen wir so drückend entbehren? Warum hat er uns nicht das Licht bewahrt und uns mit Finsternis verdeckt?"

1487 erscheint der „Hexenhammer" im Druck. Daß auch dieses Buch in der Tradition der augustinischen Erbsündelehre und ihrer Anthropologie steht, unterschlagen die Qualifikationen seines Autors Heinrich Institoris als „Schreibtischtäter“ und Repräsentanten perverser Männerphantasien des späten Mittelalters: Der „Hexenhammer“, man muß in nur einmal genau ansehen, gehört zum literarischen Typus einer spätscholastischen „Summe“, ist eine mit Gründen und Gegengründen kommentierte Enzyklopädie des mittelalterlichen Wissens über „Hexen“. Er faßt die Tradition nur zusammen, „phantasiert“ nicht. Unter anderem macht dies seine Erörterung der „Leichtgläubigkeit“ der Frau deutlich. Sie wird als wichtigster Grund der weiblichen Geneigtheit zur Hexerei hervorgehoben: „Denn was den Verstand betrifft, oder das Verstehen des Geistigen, scheinen sie (die Frauen) von anderer Art zu sein als die Männer, worauf Autoritäten und verschiedene Beispiele der Schrift hindeuten“. Unter Berufung auf Terenz — „die Weiber sind leichten Verstandes, fast wie Knaben“ — bezeugt der „Hexenhammer“ die enge Verbindung von beidem: Mangel an Verstand und Leichtgläubigkeit. Letzteres erhelle schon die Etymologie des lateinischen Wortes „femina“ (Frau). Das Wort sei von „fe“, das heiße „fides“ („Glaube“), und „minus“ (weniger) abzuleiten und bedeute: „die weniger Glauben hat“. Er fährt dann fort: „Also schlecht ist das Weib von Natur“, „da es schneller am Glauben zweifelt, auch schneller den Glauben ableugnet, was die Grundlage der Hexerei ist“.

Eine andere Erklärung des Frauenzaubers verbindet ihn mit Kräuterkunde und der ärztlichen Praxis der Frau. Frauen sind traditionell mit Kräutersammeln und der Aufbereitung von Heilmitteln beschäftigt. Schon die ältere „Herbaria“, das „Kräuterweib“, verweist darauf. Andererseits ist die Frau als Haus-Frau auch die häusliche Ärztin. Und daß Heilen hier immer zuerst „Zaubern“ meint, wird noch heute faßbar, wo die Mutter ihr verletztes Kind mit einem „Segen“, einem „Zauberspruch“, tröstet: „Heile, heile Segen, drei Tage Regen, der Tage Schnee; tut schon nicht mehr weh!“ Auch das obligatorische Pusten dabei ist Zaubergestus. Der konkrete Hinweis für das Kind: „Da fliegt’s fort!“ verstärkt die Bedeutung. Die heilende Mutter hat somit auch Züge der Zauberin.

Kräutermischen und Kräuterbereiten — es wäre merkwürdig, wenn man die Ähnlichkeit zwischen Heilmittelkochen und Medizinmischen und den alchemistischen Operationen nicht bemerkt hätte, wie sie skizziert worden sind. Von hier aus gesehen kann das Bild der Hexe, die mit ihrem Hexenkessel beschäftigt ist (Abb. 3), zweierlei enthalten: Entweder einen Legitimationsanspruch durch Verweis auf die seriöse Tätigkeit des Alchemisten, der schließlich häufig bei Hof angestellt war, oder den Hinweis, daß, was sonst „natürlich“ vorginge, hier als Tätigkeit durch Teufelshilfe praktiziert werde. Die Nacktheit der Hexe bei dieser Tätigkeit wäre dann nicht als Relikt von Fruchtbarkeitskulten zu verstehen, sondern als mögliche Übersetzung der alchemistischen Symbolik der Kopulation der Elemente, die den Verweis auf die Teufelsbuhlschaft, der teuflischen Hexensexualität, an sich nahelegt. Insofern enthielte das Bild auch entweder die Kritik der Alchemie durch Verweis auf Hexerei oder die Kritik der Hexerei als unerlaubter Alchemie.

Ein Hinweis auf Wissenschaftskritik? Jedenfalls ein Anlaß, das Bild der „Hexe heute“ aufzugreifen; denn es ist auch kritisch gemeint: „Die Hexen kommen!“: das ist feministische Kampfmetaphorik und enthält Kritik patriarchalistischer Schindung der Natur, als deren Repräsentanten sich die „neuen Hexen“ empfinden. Und wie heute die Natur, so wären früher die Frauen geschunden und um ihr Leben gebracht worden, von Männern.

Aber da mischen noch andere Farben ihre Töne ins Bild der „Hexen heute“: Ist das Titelbild der Hexe im „Stern“ (Tafel 9) oder des Heftromans, der Auftritt der Todeshexe im ZDF, gegen die Pfarrer Sommerauer juristische Schritte unternimmt, das Angebot von

Abb. 3: Hexensabbat, Hans Baldung, 1514

„Frau Molnar" feministisch motiviert? Wohl kaum. Dennoch schiebt sich auch hier vieles ineinander und wird die Nähe der Frau als Frau zur Hexe überall betont. Es wäre zu sortieren.

Wir haben das moderne Angebot zum Thema untersucht und sind dabei vom Umkreis des Bahnhofskiosk ausgegangen mit seinen Groschenheften, Comics, New-Ages-Postillen und preisgünstigen Taschenbüchern über Hexen-Frauen heute. „Bahnhofskiosk" sollte methodisch den Stoffumfang, die Preisklasse des schnell Erschwinglichen und die Unterhaltungskategorie des Blätterns und Lesens zwischen Feierabend und Fernsehen markieren. Daß die Bilder der „Hexe heute" allerdings weiter über diesen Umkreis hinaus-, oder anders: von weiter außen hineinreichen, wollen wir auch sichtbar machen: nach ihren traditionellen Zügen in den Dorfhexen, den ‚Hexenprozessen', die es beide noch gibt heute, und den Hexen-Ausstellungen, aus denen man sich fast in jeder größeren Stadt bedienen kann.

*

Das alles, ununterschieden, zusammengedrückt, sich gegenseitig einfärbend, verdunkelnd, begründet die Faszination eines mythischen Bildes heute: von Anfang, Macht und Zauber. Etwas konkreter, so liegt die Faszination des gegenwärtigen Hexenbildes vor seinen Einzelzügen, um die es hier gehen soll, gerade in der Verknüpfungsmöglichkeit: von dämonistischer Wunderhoffnung, ethnographischer Vorgeschichtsphantastik und Sehnsucht nach Ursprünglichkeit.

## Literaturhinweise

Ursula Bergmann, Hexeneinmaleins. Medien, Mythen, Manipulationen. Hintergründe des Abendlandes. Leipzig, Jena, Berlin ²1988.

Andreas Blauert (Hg.), Ketzer, Zauberer, Hexen. Die Anfänge der europäischen Hexenverfolgungen (= edition suhrkamp 1577). Frankfurt am Main 1990.

Monica Blöcker, Frauenzauber — Zauberfrauen. In: Zeitschrift für schweizerische Kirchengeschichte 1982.

Dieter Harmening, Superstitio. Überlieferungs- und theoriegeschichtliche Untersuchungen zur kirchlich-theologischen Aberglaubensliteratur des Mittelalters. Berlin 1979.

Ders., Zauberei im Abendland (= Quellen und Forschungen zur Europäischen Ethnologie X). Würzburg 1991.

Hildegard Gerlach

# Hexen auf Reisen
## Hexenausstellungen zwischen Konzeptionsproblemen und Wirkungsgeschichte

Für die Wahl des Themas „Hexen auf Reisen" habe ich durchaus persönliche Motive — und ich will diese Motive auch nennen; den Vorwurf der „Subjektivität", der sich hieraus leicht ableiten ließe, nehme ich bewußt in Kauf.

Das eine Motiv ist, daß ich an einer kulturhistorischen Untersuchung zur Gestalt der zauberkundigen Frau arbeite — die sich allerdings recht ungehörig in die Länge zieht und bei Insidern mittlerweile den Eindruck erweckt haben mag, es handle sich um ein im Grunde nicht realisierbares „Lebenswerk"; dementsprechend bin ich „vorbelastet" — man kann auch sagen „verbildet": auf Ausstellungen zum Thema „Hexe" kann ich nicht mehr so unbefangen-spontan reagieren, wie dies dem interessierten Museumsbesucher „ohne störendes Vorwissen" (und das ist keineswegs negativ gemeint) möglich ist.

Das zweite Motiv ist, daß ich selbst schon bei Ausstellungen zum Thema Hexe mitgearbeitet und also auf meine Weise zu der allgemeinen Verwirrung in bezug auf das heutige Hexenbild durchaus tatkräftig beigetragen habe; dazu kommt, daß ich bei dieser sehr konkreten Aktivität, bei der ich vor allem mit Problemen der musealen Präsentation konfrontiert wurde, z.T. sehr widersprüchliche Erfahrungen machte. Aufgrund dieser Erfahrungen habe ich mir beispielsweise den Besuch von zwei im vergangenen Jahr in Saarbrücken bzw. in der Steiermark gezeigten Hexenausstellungen „erspart" und mich auf den Erwerb des jeweiligen Katalogs beschränkt — zum Teil aus einer gewissen persönlichen Übersättigung heraus, aber auch im vertrauensvollen Glauben an eine oft gehörte Faustregel, der Katalog zur Ausstellung sei im allgemeinen besser als die Ausstellung selbst. Die Tatsache, daß ich nicht alle wichtigen Ausstellungen zum Thema persönlich in Augenschein genommen habe, dürfte demnach nicht allzu schwer wiegen — vor allem, da von Besuchern „vor Ort" des öfteren zu hören war, der Katalog genüge vollauf, denn wegen des Massenandranges (!) sehe man ohnehin nicht viel.

Ich möchte also versuchen, am Beispiel von mehreren (insgesamt fünf oder eigentlich fünfeinhalb) Ausstellungen über Hexen zweierlei zu verdeutlichen: Wie man eine derartige Austellung überhaupt „macht", welche trotz idealistischer Vorstellungen der Verantwortlichen sehr realen Schwierigkeiten dabei zu bewältigen sind, was für im Grunde halbherzige und somit weitgehend wirkungslose Anstrengungen unternommen werden hinsichtlich der vor allem durch politisches und/oder kommerzielles Kalkül bestimmten Finanzierung solcher Unternehmen (Fragen der Resonanz und Effektivität bei einem eben gerade zugkräftigen Thema), wieviel Energie infolge falscher Weichenstellungen oder auch schlichter

Unwissenheit an verkehrter Stelle eingesetzt und somit hinausgeworfen werden muß, was sich wer wobei übrhaupt denkt ... — Andererseits aber auch dies: Wie sich in den verschiedenen, sehr gegensätzlichen Ausstellungen Aspekte des Hexenthemas unterschiedlich spiegeln; wie es sowohl Organisatoren als auch Besucher bald von dieser, bald von jener Seite anzieht oder auch abstößt, bald auf „wissenschaftlicher" Ebene (was auch immer man darunter verstehen mag), bald von modischen Trends dirigiert und mehr oder weniger „vergewaltigt".

## *Les sorcières. Paris 1973*

„Eine den Hexen gewidmete Ausstellung hat es anscheinend noch nie gegeben", hieß es 1973 in einem Artikel der Neuen Zürcher Zeitung[1], der einer Ausstellung von Hexenbildern in der Nationalbibliothek Paris gewidmet war. Der Initiator Maxime Préaud, Mitarbeiter des Kupferstichkabinetts, hatte neben Material aus eigenen Beständen Leihgaben aus dem Louvre, aus französischen Provinzmuseen und mehreren ausländischen Institutionen herangezogen. Sowohl die Ausstellung wie auch der Katalog[2], der ihrer Anordnung folgt, versuchten das Thema „Hexen" durch Gliederung in mehrere Abteilungen übersichtlich zu machen: Vorläufer und historische Entwicklung des Hexenglaubens — Hexenflug und -sabbat — verschiedene Zauberpraktiken — Besessenheit und Exorzismus — und schließlich die Hexenjagd. Obwohl die Ausstellung nicht als Kunstausstellung angelegt war, enthielt sie zahlreiche Meisterwerke, besonders auf dem Gebiet der graphischen Künste. Unter den insgesamt 252 Objekten fanden sich etliche Darstellungen aus dem 15., 16. und 17. Jahrhundert, unter anderem von Hans Baldung Grien, Albrecht Dürer, Lucas Cranach, Pieter Bruegel, Rembrandt und David Teniers d.J. — aber auch Werke von William Hogarth (1697-1764), Claude Gillot (1673-1722), Johann Heinrich Füssli (1741-1825), Francisco Goya (1746-1828), Albert Welti (1862-1912) und Alfred Kubin (1877-1959).

Eine größere Breitenwirkung scheint diese Ausstellung, die aus einer Zeit stammt, wo Hexen noch nicht in dem Maße „Konjunktur" hatten, wie es heute der Fall ist, nicht gehabt zu haben. Eines aber war bereits damals recht ausgeprägt: die Tendenz, Bildzeugnisse aus verschiedenen Epochen aus ihrem historischen Kontext herauszulösen und ohne Berücksichtigung des jeweiligen zeiträumlichen Bezugsrahmens zusammenzustellen. Das wohl auffälligste Exponat, ein Gemälde des belgischen Künstlers Antoine Wiertz (1806-1865) mit dem Titel „La jeune sorcière" („Die junge Hexe") zeigt vor vier lauernden Mönchsgestalten eine alte Frau und ein nacktes, üppiges Mädchen auf mächtigem Besen, das eben im Begriff ist, durch die Kaminöffnung auszufahren — durchaus ein klassisches Motiv der Hexenthematik; doch das Bild stammt aus dem Jahre 1857, so daß hinter dieser Darstellung ganz andere Funktionen zu vermuten sind.[3] In Fachkreisen ist die Ausstel-

1. Edith Hoffmann, Die Hexen. Eine Ausstellung in Paris. In: Neue Zürcher Zeitung, Fernausgabe vom 6.4.1973, S. 49

2. Maxime Préaud, Les Sorcières. Paris 1973.

3. Vgl. hierzu Ulrike Stelzl, Hexenwelten. Hexendarstellungen in der Kunst um 1900. Berlin 1983, S. 14 ff.

lung, die zwar mit dem Anspruch auftrat, das Hexenwesen sei zeitlos, „de tous les temps",[4] denn auch mit Recht ziemlich „verrissen" worden:

„Die phantastische Hexenausstellung ... erweckt den Anschein, als sei die Welt der Magie eine zeitlose Notwendigkeit ... Sie bietet ... keinerlei Hilfen zur kritischen Interpretation des ikonographischen Materials ... Was hier gezeigt wird, umfaßt alles nur erdenkliche Ungewöhnliche, Abweichende, Erschreckende, Phantastische ...: Moses und Aaron vollbringen Wunderdinge, Nebukadnezar (Daniel IV,30) läuft als wildes Tier herum, Jesus heilt Kranke, Jakobus Major widersteht dem Zauberer Hermogen; es folgen der Waldmensch, Diana (endlich eine Dame!) und Saturn. Die brunnenvergiftenden Juden von 1321, der Großmeister des Templerordens Jacques de Molay, der Wachsfiguren-Attentäter Enguerrand de Marigny von 1315, Jeanne d'Arc, der Kinderschlächter Gilles de Rais (1440) — sie alle werden hier in den einen großen Hexenkessel geworfen ... In der Ausstellung scheint es, als gäbe es zwischen dem Weib von Endor und der Jungfrau von Orléans keine Unterschiede; da aber ihre Gemeinsamkeiten keine anderen sind als weibliches Geschlecht, eine gewisse Ausstrahlungskraft und die Bekanntheit, so könnte man wohl ebensogut ein Bild der Hexe Brigitte Bardot in die Ausstellung hängen."[5]

## *Hexen-Brocken-Walpurgisnacht. Knittlingen 1980*

Im Jahr 1980 wurde der 500. Geburtstag des historischen Dr. Faust begangen, einer nicht klar faßbaren Persönlichkeit des 16. Jahrhunderts, die als Prototyp des von unstillbarem Wissensdrang beseelten Gelehrten, Abenteurers und Schwarzkünstlers in die Weltliteratur eingegangen ist. Er kam um 1480 in der kleinen württembergischen Stadt Knittlingen zur Welt; die Ortstradition bezeichnet ein im Zentrum neben der Kirche stehendes Haus (mit Gedenktafel) als sein Geburtshaus. Knittlingen, „stolz auf seinen größten Sohn, jenen Mann, der als Doktor Faust in die Literatur einging und der in beispielloser Weise die Menschheit über die Jahrhunderte hinweg und bis heute bewegt hat"[6], hat sich das im Jubiläumsjahr 1980 einiges kosten lassen. Eine „Faust-Gedenkstätte", deren Exponate (meist Bücher, Karten, Noten und Darstellungen der bildenden Kunst) vornehmlich aus einer Privatsammlung stammten und die, ehrenamtlich betreut von dem pensionierten Volksschulrektor und Heimatforscher Karl Weisert, in zwei Räumen des Neuen Rathauses ein bedrängtes Dasein führte, gab es in Knittlingen schon seit 1954. 1977 entschlossen sich die Stadtväter, unter anderen animiert durch das Zukunftsinvestitionsprogramm des Landes, ihrem großen Sohn ein würdigeres Domizil zu schaffen und das Alte Rathaus zu renovieren, das pünktlich zum „Faustjahr" im Rahmen einer Festwoche mit Vorträgen, Führungen und viel ornamentalem Beiwerk seiner neuen Bestimmung als Museum und Forschungsstätte übergeben werden konnte. Drei Etagen bieten nun Platz für Museum und Archivräume; die rund 5000 Nummern umfassenden Bestände gehen auf fünf Einzelsamm-

4. Etienne Dennery, Direktor der Pariser Nationalbibliothek. In: Les Sorcières, S. VII.

5. Rudolf Schenda, Die Hexen in der Pariser Nationalbibliothek, In: Zeitschrift des Vereins für Volkskunde 69 (1973) S. 326-330.

6. Bürgermeister Otto Kübler in der Pforzheimer Zeitung vom 13. 9.1980, Sonderbeilage ‚Faust. Facetten einer Figur', S. 6.

lungen (darunter eine Musik-, eine Handpuppen- und eine Briefmarkensammlung) zurück, die dem Museum entweder geschenkt oder zum Kauf überlassen wurden.

„Was der Besucher zu sehen bekommt, ist der Faust-Stoff in allen nur denkbaren Genres, Varianten und historischen Einkleidungen ... In den 21 Abteilungen der Dauerausstellung wird exemplarisch die Geschichte des Faust-Stoffes vorgeführt, seine Vorgeschichte und seine vielfach vermittelte Wirkungsgeschichte — insbesondere im Gefolge des Goetheschen ‚Faust', der aus dem europäischen Thema auf dem Weg von Übersetzungen, Forschungen und Inszenierungen ein weltweit angeeignetes Thema werden ließ."[7]

Neben der Dauerausstellung werden in einem dafür reservierten Raum im Erdgeschoß jährlich wechselnde ergänzende Sonderausstellungen durchgeführt, die personale oder systematische Schwerpunkte thematisieren:

„Das Faust-Thema hat derart viele Aspekte und derart viele Berührungspunkte mit übergreifenden Bezugs- und Problemfeldern, daß in den 21 Abteilungen der Dauerausstellung vieles nur am Rande und manches überhaupt nicht angesprochen werden kann. Hier haben die Sonderausstellungen die Funktion, Lücken zu füllen und neue Fragestellungen erschließend zu beantworten ... Zu jeder Sonderausstellung wird ein kleiner Katalog erarbeitet, der in die Thematik einführt, die Exponate beschreibt, eine weiterführende Literaturliste enthält. Nach Möglichkeit werden die Sonderausstellungen aus eigenen Beständen bestückt. Leihgaben sind stets willkommen"[8].

Mit diesem Zitat aus dem im Sommer 1980 entstandenen Generalvorspann des Knittlinger Museumsleiters für künftige Sonderausstellungs-Heftchen (die etwas ausführliche Darstellung war mir wichtig) komme ich nun wieder zum Thema: denn an der ersten dieser Sonderausstellungen, die unter dem Titel „Hexen-Brocken-Walpurgisnacht" lief, war ich selbst beteiligt, und zwar sowohl als Leihgeberin wie auch als Autorin des Katalogs.

„Die Freiwilligkeit des Museumsbesuchs verweist die Museen stärker als andere Bildungseinrichtungen (wie z.B. die Schule) darauf, ihre Angebote so attraktiv wie möglich zu gestalten und mit dieser Attraktivität zu werben", heißt es in einem grundlegenden Werk zu Fragen der Museumsdidaktik[9].

Daß dem Aspekt größtmöglicher Attraktivität gerade im Hinblick auf möglichst hohe Besucherzahlen — die durchaus in Zusammenhang mit der Höhe der von diversen Geldgebern zu bewilligenden „Finanzspritzen" zu sehen sind — nicht unerhebliche Bedeutung zukommt, bemerkte ich schon bei den allerersten Vorbereitungen, der Auswahl des für die Sonderausstellung benötigten Bildmaterials. „Daß aus vielem Papier einladende Lektüre wurde"[10], hatte bereits beim Aufbau der ohnehin stark literatur-historisch ausgerichteten Daueraussstellung ein erhebliches Problem dargestellt, das nur mit Hilfe einer ausgebildeten Dekorateurin gelöst werden konnte. Bei der Sonderausstellung, die sich von Goethes

7. Faust-Museum Knittlingen. Exponate, Materialien, Kommentare, unter Mitarbeit von Brigitte Bruns und Ottmar Maier zusammengestellt von Günther Mahal. Stuttgart 1980, S. 7 und 11.

8. Günther Mahal, Zu den Sonderausstellungen im Faust-Museum, in: Hexen-Brocken-Walpurgisnacht. Katalog zur Sonderausstellung 1980, zusammengestellt und erläutert von Hildegard Gerlach unter Mitarbeit von Günther Mahal. Knittlingen 1980, S. 3.

9. Jürgen Rohmeder, Methoden und Medien der Museumsarbeit. Pädagogische Betreuung der Einzelbesucher im Museum. Köln 1977, S. 50.

10. Günther Mahal, Faust-Museum Knittlingen (wie Anm. 7) S. 6.

‚Faust' her dem Hexen-Phänomen zu nähern versuchte, trat die gleiche Schwierigkeit auf. Ausgangstexte waren zwei Szenen aus dieser Dichtung: die „Nordische Walpurgisnacht" und die „Hexenküche". Beide Szenen — jede auf ihre Art wichtig für die Biographie und innere Entwicklung des Helden — enthalten eine Fülle von Stichworten zum Thema „Hexe", in denen sich historische Genauigkeit und dichterische Ausgestaltung miteinander verbinden. Ausgehend von diesen Stichworten wurden die acht wichtigsten Komplexe anhand historischer Text- und Bilddokumente erläutert. Ziel der Ausstellung war nicht etwa eine Neuinterpretation von Goethes Texten; gezeigt werden sollten vielmehr die Voraussetzungen dieser Texte, ebenso auch ihre Folgen. Was in den gängigen „Führern" durch die Dichtung weitgehend ausgespart werden muß — nämlich breitere Hintergrundinformation über das Phänomene-Spektrum von Hexenglauben, Hexenverfolgung, magischen Praktiken, über kultur- und religionsgeschichtliche Hintergründe, medizinisch-psychologische, theologische, rechtsgeschichtliche und politisch-soziale Zusammenhänge —, wurde in komprimierter Form zusammengestellt, wobei sich zeigt, in welch hohem Maß der Dichter Kenntnisse über das historische Hexenwesen besaß, die er freilich im ‚Faust' nur nebenbei einbringen konnte, so daß seine Hexen-Episoden recht stereotyp wirken. Sie erscheinen also einerseits als Resümee bereitliegender Vorstellungsmuster und andererseits auch als Tradierungsmittel für solche Muster, die nach Aufhören der historischen Hexenverfolgungen in mehr oder weniger verzerrter Form an das 19. und 20. Jahrhundert weitergegeben wurden.[11] Der Dokumentation dieses letzteren Sachverhalts diente eine inmitten des Raumes installierte Großvitrine, in der speziell „Hexen-Kuriosa" zu sehen waren: Hexenpüppchen, Fastnachtsmasken, Obstweine der Marke „Waldhexe", Zeitungsannoncen, Filmprogramme, Werbeprospekte, Ansichtskarten — sogar ein Töpfchen mit „Hexensalbe" vom Kanzler-Sommerfest 1980, das unter dem Motto „Wa(h)lpurgisnacht" gestanden hatte.

Der historisch Versierte wird dieses „bunte Hexen-Allerlei"[12] vielleicht mit Kopfschütteln zur Kenntnis genommen haben. „Aber er mag sich erinnern, daß nach den Tragödien das Satyrspiel zu folgen pflegte und daß — Schiller zufolge — die Kärrner zu tun haben, wenn die Könige bauen."[13] Daß die Hexe als Markenartikel vogelfrei wurde, daß sie auch Geschäft, Gebrauchsartikel, Souvenir, Werbeträger werden konnte, ist lediglich eine sekundäre Folge ihrer (traurigen) Berühmtheit und der aus mancherlei Gründen nach wie vor ungebrochenen Faszinationskraft dieser Figur. In der praktischen Museumsarbeit stellt sich das Problem ohnehin ganz anders: Bei einer Ausstellung kommt es in erster Linie auf die Vielfalt und Repräsentativität des Materials an; wichtig ist auch das Einbeziehen von Exponaten gegenständlicher Art — „sonst gibt es bloß jene Papier-Ausstellung, bei der die Leute bald den Überdruß und das Gähnen kriegen"[14]. Bei Eröffnung der Sonderausstellung am 24. September 1980 konnte ich jedenfalls selbst beobachten, wie gerade hier die

11. Vgl. H. Gerlach und G. Mahal, Hexen-Brocken-Walpurgisnacht. Katalog zur Sonderausstellung Knittlingen 1980.

12. So der Tenor eines recht kritischen Artikels in der Badischen Zeitung vom 24.3.1986 zu einer Ausstellung im Freiburger Museum für Völkerkunde, wo ein ähnlicher Weg beschritten wurde — s. dazu unten S. 30 ff., S. 37 (Anm. 43).

13. Günther Mahal, Faust-Museum Knittlingen (wie Anm. 7) S. 191, in bezug auf die Abteilung „Faust-Kuriosa", die 21. und letzte Abteilung der Dauerausstellung.

14. Brief des Museumsleiters Dr. Günther Mahal vom 10.7.1980 an die Autorin.

zu neuem Leben erweckten alten Bilder bei den Besuchern sofort „zündeten". Inwieweit unsere Kuriositäten-Vitrine möglicherweise als Höhepunkt der Hexenausstellung mißverstanden wurde, das weiß ich freilich nicht; immerhin wurden von Journalisten, die das Programm der Knittlinger Festwoche in der Lokalpresse vorstellten, gerade die „Kuriositäten ... wie etwa ein Original Harzer Hexenbesen und ein Hexenführerschein Klasse drei" ausdrücklich hervorgehoben[15].

### *Hexenwelten. Saarbrücken 1987*
### *Hexen und Zauberer. Riegersburg/Oststeiermark 1987*

1987 jährte sich zum 500. Mal das Erscheinen des berüchtigten ‚Malleus maleficarum' (‚Hexenhammer')[16], verfaßt von dem elsässischen Dominikaner und päpstlichen Inquisitor Heinrich Institoris (die bisher angenommene Mitarbeit von dessen Ordensbruder Jakob Sprenger muß als zumindest recht beschränkt angesehen werden[17]. Das Buch wurde 1487 in Straßburg zum ersten Mal gedruckt und erreichte bis 1669 neunundzwanzig Auflagen — sicher ein Zeichen seiner, jedenfalls für die damalige Zeit, beträchtlichen Wirkung. Schon die allererste Auflage war ein Instrument, das seinem Namen alle Ehre machte: ein wahrer „Hammer", weil er erstmals traditionelle Zaubereivorstellungen auf das weibliche Geschlecht konzentrierte und damit bahnbrechend wurde für die Eskalation der Hexenverfolgungen in der frühen Neuzeit.

Anläßlich dieses zweifelhaften Jubiläums häuften sich nicht nur wissenschaftliche Tagungen, wurde der „Buchmarkt, der Spreu und Weizen nicht trennt", im Rahmen einer seit Jahren anhaltenden „Konjunktur des Hexenthemas" überschwemmt von einer „Flut neuer und neu aufgelegter Literatur"[18]: am 1. Mai 1987 — einem klassischen Hexentermin! — haben, unabhängig voneinander, auch zwei Landesausstellungen zum Thema „Hexe" (in deren Folge zwei gewichtige Kataloge zu verzeichnen sind) ihre Pforten geöffnet — die eine nachmittags mit einem Gottesdienst, die andere gegen Mitternacht mit einem „Hexentanz".

15. Faust. Facetten einer Figur. Sonderbeilage zur Pforzheimer Zeitung vom 13.9.1980, S. 2.

16. Jakob Sprenger / Heinrich Institoris, Der Hexenhammer, zum ersten Male ins Deutsche übertragen und eingeleitet von J. W. R. Schmidt. Berlin 1906 (Nachdruck Darmstadt 1974 und München 1982).

17. Vgl. Joseph Hansen, Der Malleus maleficarum, seine Druckausgaben und die gefälschte Kölner Approbation vom J. 1487. In: Westdeutsche Zeitschrift für Geschichte und Kunst 17 (1898), S. 119-168. Vgl. auch die Beiträge des Bayreuther Symposiums: Der Hexenhammer. Entstehung und Umfeld des ‚Malleus maleficarum' von 1487. Hg. v. Peter Segl. Köln u. Wien 1988.

18. S. Wolfgang Behringer, Die Vernunft der Magie. Hexenverfolgungen als Thema der europäischen Geschichte. In: FAZ (= Frankfurter Allgemeine Zeitung) vom 19.8.1987.

### *Hexenwelten (Saarbrücken)*

„In der Walpurgisnacht tanzten ein paar hundert junge Frauen auf dem St. Johanner Markt in Saarbrücken. Sie hatten sich die Gesichter weiß geschminkt, die Augen schwarz oder rot umrandet. Sie verständigten sich mit Pfiffen und Eulenrufen, sangen Hexenlieder und schwangen drohend ihre Besen gegen männliche Unterdrückung und Gewalt. Furchterregend waren sie nicht, eher ausgelassen, kreischend fröhlich und ein wenig wunderlich. Im ersten Stock der Stadtgalerie am selben Platz zur selben Zeit — eine Stunde vor Mitternacht — wurde die Ausstellung ‚Hexenwelten — Magie und Imagination' eröffnet."[19]

Die von Historikern der Universität des Saarlandes initiierte, vor allem kulturhistorisch orientierte Ausstellung (die im Anschluß auch in anderen deutschen Städten gezeigt wurde), war mit nicht eindeutig zu belegenden Behauptungen überaus vorsichtig, was vor allem ihrer doppelten Zielsetzung zuzuschreiben ist:

„Zum einen will sie die Geschichte einer Imagination aufzeigen, den Glauben also an die verhängnisvolle Hexenmacht vergegenwärtigen, wie er in der spätmittelalterlich-frühneuzeitlichen Gesellschaft Verbreitung fand, Frauen wie Männer bis in die Aufklärungszeit in Angst versetzte und darüber hinaus bis heute die Phantasie in Literatur, Kunst und Film anregte. Eine Vielzahl von höchst unterschiedlichen Hexenbildern entstand.

Zum anderen will die Ausstellung einen Beitrag leisten zur Geschichte der Frau, wie sie seit alters als böse Zauberin verfolgt, jahrhundertelang sogar als Hexe dem Scheiterhaufen überantwortet und bis in die Moderne als Inbegriff des Bösen und als Verführerin diskriminiert wurde. Puritanischer Christengeist und wüste Männerphantasien vereinten sich im traditionell ‚antifeministischen' Hexenbild, gegen das erstmals die ‚neuen Hexen' ein entdämonisiertes positives Hexenbild setzen."[20]

Entsprechend ihrem Anspruch, „die Vergegenwärtigung der traditionalen, imaginären ‚Hexenwelten' mit einer Historisierung aktueller ‚Hexenbilder'" zu verbinden und „relativ unverbundene Ausschnitte verschiedener ‚Hexenbilder' in der Geschichte und real existierende ‚Hexenwelten' durch die Geschichte zu verfolgen, um dadurch Anregungen zu einer historischen bzw. kritischen Auseinandersetzung mit einer Imagination zu geben, die wie kaum eine andere Vorstellung die Phantasie und das Leben einzelner bestimmt hatte und bestimmt"[21], zeigte die Saarbrückener Ausstellung eine umfassende Dokumentation mit zahlreichen Schautafeln, reproduziertes Bildmaterial und eine Reihe von Originalen, die in fünf Einheiten dem Betrachter vorgeführt wurden: „Die Welt der Magie" — „Hexensabbat" — „Die Verfolgung von Hexen" — „Hexenbilder" — „Hexen heute". Hinzu kamen ergänzende Veranstaltungen wie ein „Hexenfilmfestival" mit Diskussionsrunden, Vorträge, Workshops sowie eine Buchveröffentlichung, die teils als Führer durch die Ausstellung konzipiert ist, teils als Aufsatzsammlung Beiträge von Fachleuten unterschiedli-

19. Maria Frisé, Hexenjagd und Frauenhaß. Zu einer Ausstellung in Saarbrücken. In: FAZ vom 23.5.1987.

20. Richard van Dülmen / Eva Labouvie, in: Hexenwelten. Magie und Imagination vom 16.-20. Jahrhundert. Katalog zur Ausstellung in der Stadtgalerie Saarbrücken, 1. Mai bis 30. Juni 1987, veranstaltet von der Universität des Saarlandes, Fachgebiet Neuere Geschichte, in Verbindung mit der Landeshauptstadt Saarbrücken, Stadtgalerie. Frankfurt a/M. 1987, S. 327.

21. Richard van Dülmen, in: Hexenwelten (wie Anm. 20) S. 10.

cher Disziplinen zu zentralen Problemen des Themas „Hexenwelten" enthält und dank ihrer Publikation in Form eines relativ preiswerten Taschenbuches einer breiteren Leserschaft bekannt geworden sein dürfte.

Ob das recht hochgesteckte Ziel, „durch Vergegenwärtigung traditioneller Hexenwelten und Historisierung moderner Hexenbilder auf die Bedeutung des Imaginären bzw. die Macht der Imagination in Geschichte und Gegenwart hin [zu] weisen und den Besucher über diese bisher zu wenig gesehene Dimension europäischer Geschichte auf[zu]klären"[22], überhaupt zu erreichen ist, muß angesichts der Fülle des Materials aus fünf Jahrhunderten bezweifelt werden. Betrachtet man zudem die oben erwähnte Aktion feministisch engagierter Frauen, die schon seit einigen Jahren unter dem Motto „Frauen, erobert euch die Nacht zurück!" die Nacht zum 1. Mai zu Demonstrationen und Protestaktionen nutzen, so stellt sich das Problem, den grundlegenden Unterschied von historischem und aktuellem Hexenbild adäquat zu vermitteln, noch viel gravierender.

„Letztlich wird das Bild der Frau im Laufe von Jahrhunderten allgemein anvisiert, wobei charakteristischerweise die bildende Kunst durch eben diese Jahrhunderte von Hans Baldung Grien über Goya bis zu Alfred Kubin eine lebhafte illustrative Rolle übernommen hatte. In den Hexenbildern der bildenden Kunst reproduzierten sich die Vorstellungen der Abartigkeit dieser Wesen, wie sie die Zeit jeweils dokumentiert haben wollte. Zuweilen aber wird in ihnen auch der Protest deutlich, den Frauen in Jahrhunderten gegen eine alles beherrschende Männerwelt zu formulieren versuchten."[23]

## *Hexen und Zauberer (Riegersburg/Oststeiermark)*

Vom 1. Mai bis 26. Okober 1987 fand auf der nördlich von Feldbach in der Oststeiermark gelegenen Riegersburg die Landesausstellung 87 zum Thema „Hexen und Zauberer " statt (Tafel 1). Landesausstellungen sind in Österreich Prestigespektakel, mit Millionenaufwand aufgeboten, um eine Region ins Rampenlicht zu rücken, ihr kulturelle Impulse, aber auch Geld, Touristen, Renommee zu bringen."[24]

„Die auf einem aus dem Hügelland steil herausragenden Basaltfelsen angelegte Burg wurde um die Mitte des 17. Jahrhunderts von Elisabeth Katharina von Galler gegen die Türken zu einer der mächtigsten Festungen der Christenheit ausgebaut. Die im Volksmund als ‚schlimme Liesl' oder kurz die ‚Gallerin' genannte Bauherrin ist zweifellos eine der interessantesten Frauen der steirischen Geschichte und lebt heute noch in vielen Sagen ihrer engeren Heimat weiter. Gleichzeitig ist die Geschichte der Riegersburg und ihrer Bewohner mit einem der größten und spektakulärsten Hexenprozesse der Steiermark verknüpft. Die Vielzahl der in der Ausstellung behandelten Themen, das der Riegersburg eigene Ambiente und schließlich die Gastfreundschaft der umliegenden Region versprechen, daß dem Besucher vielfältige Eindrücke vermittelt werden", so heißt es in einem vom Kul-

22. Dülmen / Labouvie (wie Anm. 20) S. 327.

23. So der Tenor eines Artikels im General-Anzeiger Bonn vom 13./14. Juni 1987 über die Saarbrückener Ausstellung.

24. Isolde von Mersi / Franz Killmeyer, Die Hexen und die Wölfe. In: ZEIT-Magazin Nr. 27 vom 26. Juni 1987, S. 54-62.

turreferat der Steiermärkischen Landesregierung zu Werbezwecken herausgegebenen Faltblatt. Rein kommerziell betrachtet, ist die Rechnung mit Sicherheit aufgegangen: eine reizvolle Landschaft und ein zugkräftiges Thema, präsentiert in einem schon für sich genommen sehenswerten historischen Rahmen. Die Besucher kamen in Scharen, trotz anstrengenden halbstündigen Fußweges vom Parkplatz zur Burg. Der für die Dauer der Ausstellung extra eingerichtete Biergarten störte zwar das stilechte historische Ensemble, doch wurde er offenbar benötigt angesichts der physischen und psychischen Strapazen, die ein Museumsbesuch im allgemeinen und der auf der Riegersburg im besonderen erfordern:

„Um in die Reichweite der Medien des Museums zu kommen, muß ein Besucher erst einmal zum Museum gehen oder fahren, eine manchmal sehr aufwendige Maßnahme. Dort angekommen, wird es meist noch anstrengender. Die im Museum installierten Präsentationsmedien sind im allgemeinen ortsfest montiert, ihre Adressaten, die Besucher, sind beweglich ... Man steht und geht langsam weiter, steht erneut; gelegentlich darf man sich setzen. Das ermüdet stärker als ein kontinuierlicher Fußmarsch von gleicher Dauer. Museumsbesuche gehören von allen nicht zur Arbeit gehörigen Beschäftigungen zu den ermüdensten Tätigkeiten."[25]

Im Fall der Riegersburg wurde dieses Problem noch verschärft durch die Tatsache, daß die Räumlichkeiten — obwohl seit Jahren zu musealen Zwecken genutzt — ursprünglich ja ganz andere Funktionen hatten. Die Ausstellung „Hexen und Zauberer" mußte in 22 Räumen aufgebaut werden, von denen die meisten nur wenige Quadratmeter Grundfläche haben, in denen sich aber ständig 16 bis 18 Gruppen aufhielten, die sich naturgemäß gegenseitig behinderten. Da „nach den Maximierungsgesetzen der Fremdenverkehrsindustrie" der Besuch von Museen möglichst kurz sein soll[26], war der Eintritt nur im Rahmen obligatorischer Führungen von einstündiger Dauer möglich. „Wir wollten keine Schau", so der steiermärkische Landeshauptmannstellvertreter Kurt Jungwirth, „sie ist es vom Thema her aber doch geworden."[27]

Inhalte und Ziele der Landesausstellung 1987 definiert der Grazer Historiker Helfried Valentinitsch, der „Hexen und Zauberer" in Zusammenarbeit mit mehr als dreißig Wissenschaftlern vorbereitete:

> „Die Beschäftigung mit der Hexenverfolgung entspricht, wie die Massenmedien sowie populäre und pseudowissenschaftliche Veröffentlichungen nahezu täglich zeigen, zweifellos einem Modetrend. Die unkritische, häufig einseitige Auseinandersetzung mit der historischen Hexenverfolgung und die wahllose Vermischung von Begriffen, Fakten und Behauptungen haben allerdings dazu geführt, daß Irrtümer weiter verbreitet werden und neue ‚Ideologien' entstehen, die mit der historischen Realität nur mehr wenig oder gar nichts gemeinsam haben. Aus allen diesen Gründen scheint daher eine Ausstellung, die zugleich eine Bestandsaufnahme der Forschung und breitere Information bieten soll, gerechtfertigt ... Die Landeausstellung 1987 ... vertritt im wahrsten Sinn des Wortes ein volksbildnerisches Anliegen und wendet sich deshalb auf der Grundlage gesicherter Forschungsergebnisse an möglichst breite Bevölkerungsschichten ... Die Landesausstellung auf der Riegersburg setzt sich zum Ziel, am

25. Rohmeder (wie Anm. 9), Museumsarbeit, S. 60.
26. Ebenda, S. 67.
27. S. Michael Lehner, Hexen haben Hexenbesen. Zur Ausstellung „Hexen und Zauberer" in der Steiermark. In: Schwäbische Zeitung vom 11. Juli 1987.

Stadt museum
Erlangen
Martin-Luther-Platz 9
Telefon 86300

Geöffnet:
Mo–Do 9–12 und 14–16 Uhr,
Fr 9–12 Uhr, So 10–13 Uhr

Lehrer im
Fachbereich Geschichte
und Religion

Erlangen, 2. Mai 1985

Hexenverbrennung zu Derneburg, Flugblatt 1555

Ausstellung"Hexen"

Sehr geehrte/r Kollege/Kollegin

im Stadtmuseum Erlangen ist bis zum 8.9.1985 die Ausstellung "Hexen" zu sehen.
Die Hexenverfolgung und -vernichtung stellt ein Kapitel Geschichte dar, das in den Lehrbüchern nur wenig berücksichtigt wird.
Die Hexenprozesse haben nach den Judenverfolgungen die größte nicht kriegsbedingte Massenvernichtung in Deutschland verursacht.

...

Abb. 1

# HEXEN

MIT EINEM BEITRAG
HEXENWAHN UND HEXENVERFOLGUNG
IN UND UM SCHWÄBISCH HALL

HÄLLISCH-FRÄNKISCHES MUSEUM
SCHWÄBISCH HALL

Abb. 2

Beispiel der Steiermark die Verfolgung des Verbrechens der Zauberei und der als Hexen bzw. als Zauberer bezeichneten Frauen und Männer darzustellen."[28]

Diesem Konzept entsprechend konzentrierte sich die Ausstellung auf die steirische Landesgeschichte, so daß vor allem landeskundlich, aber auch kulturhistorisch einiges geboten wurde: Bild- und Textquellen, eine Fülle an Sachzeugnissen unterschiedlichster Art — dies alles unter Aufbietung eines umfangreichen technischen Mitarbeiterstabs und Einsatz modernster Medien.

Problematisch kann es allerdings werden, wenn der Besucher vor dem Foto eines zeitgenössischen Ölbilds, das „Katharina Paldauf — Die angebliche ‚Blumenhexe' auf der Riegersburg" darstellen soll, laut Katalog dahingehend informiert wird: 1. das Original befinde sich im sogenannten „Sybillenzimmer" der Riegersburg und habe für die Ausstellung nicht entlehnt werden können, und 2. die angeklagten Hexen seien in einer aus dem 15. Jahrhundert stammenden Wehrkirche des nahegelegenen Feldbach, dem heute als Museum genutzten „Tabor", eingekerkert worden. Dies bedeutet, daß der interessierte Besucher — sofern er nicht von vornherein eine „ermäßigte Kombinationskarte Landesausstellung und Burg Riegersburg" für 50 S gelöst hat — nun zusätzlich eine Führung durch die Schauräume der Riegersburg bezahlt, um auch das Original zu sehen, und daß er unter Umständen im Anschluß nach Feldbach fährt, um auch dort sein Scherflein beizutragen. Zuguterletzt muß er dann erfahren, daß die Geschichte von der schönen Katharina, die ihr Leben lassen mußte, weil sie sich darauf verstand, im Winter Blumen zum Blühen zu bringen, nichts anderes ist als eine romantische Erfindung (in Fachkreisen „ätiologische Sage" genannt), die dazu dient, gewisse ikonologische Eigenheiten wie hier die in der Porträtmalerei des 17. Jahrhunderts durchaus übliche Darstellung mit Blumen zu erklären. Katharina Paldauf, Ehefrau des Schloßpflegers auf der Riegersburg, wurde tatsächlich am 3. August 1675 im Alter von etwa fünfzig Jahren aufgrund von völlig anderslautenden Beschuldigungen als Hexe eingekerkert und dann vermutlich auch hingerichtet. Dennoch: die blumige Sage gefällt allen (auch mir!) sehr viel besser. „Wir wollten keine Schau — sie ist es vom Thema her aber doch geworden"[28a].

## *Hexen. Hamburg 1979 — Freiburg i.Br. 1986*

Auf dem nur wenige Kilometer von der Riegersburg entfernten Schloß Kronberg war gleichzeitig mit der Steirischen Landesausstellung eine andere Ausstellung zu sehen, auf deren Wert als „kritische Ergänzung" zu dem auf der Riegersburg Gebotenen mittels Schrifttafeln ausdrücklich hingewiesen wurde. Es handelt sich um eine Hexen-Ausstellung, die bereits im Jahr 1979 entstanden ist (Abb. 3) und somit (chronologisch gesehen) eher an den

28. Helfried Valentinitsch, Hexen und Zauberer — Ziele und Inhalte der Landesausstellung 1987. In: Hexen und Zauberer. Katalog der Steirischen Landesausstellung 1987, Riegersburg/Oststeiermark, 1. Mai - 26. Oktober. Hg. v. Helfried Valentinitsch u. Ileane Schwarzkogler. Graz u. Wien 1987, S. 11. — Ergänzend zur Ausstellung ein von H. Valentinitsch herausgegebener Aufsatzband: Hexen und Zauberer. Die große Verfolgung — ein europäisches Phänomen in der Steiermark. Graz u. Wien 1987.

28a. Wie Anmerkung 27.

Abb. 3: Hexen. Katalog zur Ausstellung. Hamburg 1979

Anfang meiner Ausführungen gehört hätte. Sie muß wegen ihrer bis heute anhaltenden Breitenwirkung (Abb. 4) als die bei weitem erfolgreichste und auch als die problematischste angesehen werden.

„Hexen", 1979 von einer studentischen Arbeitsgruppe am Hamburgischen Museum für Völkerkunde initiiert, entstand auf der Basis einer museumsdidaktischen Lehrveranstaltung zum Thema „Aberglaube-Religion-Wissenschaft" bzw. „Okkultismus und Aberglaube" und fußte zunächst auf Material des Hexenforschers Johann Kruse (1889-1983). Der Sohn eines ostholsteinischen Bauern hatte auf dem Hof seiner Eltern ein besonderes Schlüsselerlebnis:

„Als Zwölfjähriger erlebte ich, wie eine alte Tagelöhnerwitwe aus der Nachbarschaft Trost und Hilfe suchend zu meiner Mutter kam. Sie war gerade von einem Bauern, der seine Kinder und sein Vieh behext wähnte, mit drohend erhobenem Knüppel und dem gebrüllten Wort ‚Du Hex' vom Hof gejagt worden ... Das Weinen der alten Frau und die Trostworte meiner Mutter bewirkten, daß ich später den Kampf gegen den Hexenwahn aufnahm."[29]

1905-1911 zum Volksschullehrer ausgebildet, begann Johann Kruse nach dem Ersten Weltkrieg (auch aufgrund eines allgemein politischen Engagements) seinen Kampf gegen den „Hexenwahn in der Gegenwart". Seit 1926 unternahm er Fahrten durch Norddeutschland, auf denen er „Hexen" und „Hexenbanner" besuchte. Das dabei in jahrzehntelanger Arbeit zusammengetragene Material umfaßt in rund achtzig Aktenordnern Kruses persönliche Korrespondenz mit etwa zweihundert als Hexen beschuldigten Frauen, mit Wissenschaftlern und Behörden sowie Memoranden und Zeitungsberichte über Prozesse, in denen der Hexenglaube eine Rolle spielte, außerdem eine Sammlung von „Enthexungsmitteln", die in Hamburger Apotheken und Drogerien käuflich erworben wurden; diese Dokumente wurden ergänzt durch eine Sammlung von Büchern und der von „Hexenbannern" benutzten Gerätschaften. 1950 gründete Kruse sein „Archiv zur Bekämpfung des neuzeitlichen Hexenwahns"; 1951 erschien sein Buch ‚Hexen unter uns', in dem er seine Erfahrungen mit Hexengläubigen und ihren Opfern zusammenfaßte und Staat, Kirche und Schule wegen ihrer Versäumnisse im Kampf gegen den Hexenwahn anklagte[30]. Da Eingaben bei staatlichen Stellen und Appelle, gegen den Hexenglauben vorzugehen, nicht die erhoffte Wirkung hatten (Prozesse wegen Verleumdung und übler Nachrede scheitern meist daran, daß die Klage abgewiesen wird, weil der Begriff „Hexe" vor dem offiziell geltenden Recht keinen Bestand mehr hat), beschritt Kruse in den folgenden Jahren mehrfach selbst den Gerichtsweg — doch auch dies ohne durchschlagenden Erfolg. Im Frühjahr 1978 übergab er seine Sammlung dem Hamburgischen Museum für Völkerkunde, wo es zu Ehren des Stifters unter dem Namen „Johann-Kruse-Archiv zum neuzeitlichen Hexenwahn" neu geordnet und weitergeführt werden soll.

„Das Material bietet sich eher als Grundlage für eine Ausstellung über den Hexenglauben an. Somit verlagert sich der Schwerpunkt der geplanten Ausstellung ‚Aberglaube-Religion-Wissenschaft' auf das Thema ‚Hexen' ... Im Sommer 1977 wird im Zusammen-

29. Thomas Hauschild, Heidi Staschen, Regina Troschke, Hexen. Katalog zur Ausstellung. Hamburg 1979, S. 56.

30. Johann Kruse, Hexen unter uns? Magie und Zauberglauben in unserer Zeit. Hamburg 1951 (Nachdruck Leer 1978).

**Eine Wanderausstellung im Rudolf-Alexander-Schröder-Haus**

# HEXEN

**vom 12. November bis 3. Dezember 1986**

Hexen sind zu verbrennen. Hexen sind gefährlich. Besonders Männer sollten sich vor ihnen hüten. Hexen treiben heimlich Schandbares. Man muß ihnen auf die Schliche kommen, und dazu ist jedes Mittel recht.
Neuerdings gibt es Frauen, die Wert darauf legen, als Hexen zu gelten. Sie scheinen keine Angst zu haben vor dem Feuertod.
Im Hexenwahn von einst spiegeln sich Probleme unserer Zeit: Es gibt Anzeichen dafür, daß es schon damals eigentlich um die Frau-das-unbekannte-Wesen ging. Sicher ist, daß der Drang des Menschen, Unbekanntes und Fremdes zu verteufeln, auch heute nicht erloschen ist. Das Hexen-Thema ist nicht nur historisch interessant!
**Die Ausstellung »Hexen«** wird in Zusammenarbeit mit der Kath. Hochschulgemeinde und der Volkshochschule gezeigt.

**12. November 1986, 18.00 Uhr**
**Eröffnung**
**Der Hexenwahn, seine Ursachen und Auswirkungen**
Vortrag von Prof. Dr. Dr. Klaus Wittstadt, Institut für histor. Theologie, Würzburg

Eintritt frei

Abb. 4

hang mit museumsdidaktischen Überlegungen die Notwendigkeit einer historischen Aufarbeitung immer wichtiger. Zusätzliches Bildmaterial und Literatur werden zusammengetragen", so beschreiben Mitglieder der „Arbeitsgruppe Hexen", ein Ethnologe, eine Historikerin und eine (ursprünglich zwei) Kunsterzieherin, die Entwicklung ihrer Idee einer Ausstellung[31].

Welche mehr oder weniger persönlichen Gründe dem Engagement jedes einzelnen zugrunde lagen, haben alle drei mit erfrischender Ehrlichkeit dargelegt:

„Schon in meiner Schulzeit war ich fasziniert von Hexen, Magie, fremden Völkern usw. Ich sah darin etwas Geheimnisvolles, das in unserer Kultur fehlt, und mich deshalb sehr stark anzog. Ich las gerne phantastische und romantische Geschichten und gründete sogar mit Freunden eine ‚luziferische' Gegenkirche. Ich wollte gerne ein Zauberer sein" (Thomas Hauschild)[32].

„Hexen — ich begann mich erst für sie zu interessieren, als ich 1976 das Buch von Ehrenreich/English ‚Hexen, Hebammen und Krankenschwestern' gelesen hatte. Danach verschlang ich förmlich alles, was ich über sie erhalten konnte. Um mit den Schilderungen von Folter und Verbrennungen fertig zu werden, schrieb ich damals Geschichten über Hexen, versuchte, mich in die Situationen zu versetzen. So entstand auch die Idee, die Examensarbeit im Fach Geschichte über ein solches Thema zu schreiben. Es wurde eine quellenkritische Arbeit über die Bulle Papst Innozenz VIII. und den ‚Hexenhammer'" (Heidi Staschen)[33].

„Als ich vor zweieinhalb Jahren anfing, mich so intensiv für Hexen zu interessieren, da wußte ich instinktiv, ohne viel gelesen zu haben: das hat etwas mit mir zu tun, mit meinem Selbstverständnis als Frau. Das Bild der geheimnisvollen, starken Hexe und der wissenden Kräuterfrau hat mich angezogen und fasziniert. Ich wollte auch solch eine Hexe sein. Doch im Laufe der Arbeit wurde dieses Bild immer mehr in Frage gestellt und am Ende blieb mir nur das Bild einer ganz normalen Frau. Heute will ich solch eine Hexe sein, das genügt mir und ist schon sehr viel. Ich begreife die Hexen hauptsächlich als ein Stück Frauengeschichte und habe deshalb die Diskussion in der Frauenbewegung um dieses Thema in die Arbeitsgruppe eingebracht" (Regina Troschke)[34].

Am 8. Februar 1979 wurde die Ausstellung „Hexen" eröffnet und war — jedenfalls was die Besucherzahlen angeht — ein voller Erfolg:

„Im relativ kleinen, bis zur letzten Ecke genutzten Ausstellungsraum Gedränge von morgens bis abends: Schautafeln, Gerätschaften, Texte, Vitrinen mit ‚magischem' Zubehör. Viel zu sehen und viel zu lernen"[35]. — „Die Reaktionen in der Öffentlichkeit sind erstaunlich groß: vom Fernsehen, vom Funk, von etlichen Zeitungen und von vielen ‚frauenbewegten' Frauen wird die Ausstellung besucht. Schon nach vier Monaten konnten 37.000 Besucher/innen gezählt werden"[36].

31. Katalog Hexen, S. 6.

32. Ebenda, S. 5.

33. Ebd.

34. Ebd.

35. Sabine Zurmühl, Ohne Feuertod und Himmelspodeste. Überlegungen aus Anlaß einer Hexenausstellung. In: Courage 6 (Juni 1979), S. 31-34, hier S. 31.

36. Katalog Hexen, S. 7.

Aber auch kritische Stimmen wurden laut:

„Die Sonderausstellung zum Thema ‚Hexen', die gegenwärtig im Museum für Völkerkunde an der Rothenbaumchaussee stattfindet, besteht im wesentlichen aus Schautafeln mit Reproduktionen und Texten, die sich um einen zentralen Raum gruppieren, in dem ein Scheiterhaufen mit teilweise verbrannten Schriften recht suggestiv aufgebaut ist. Sie wurde von einer studentischen Arbeitsgruppe zusammengestellt, um — wie es in der Erläuterung heißt — die Entwicklung des Hexenglaubens in Europa bis ins frühe Mittelalter zurückzuverfolgen und zu veranschaulichen. Diese löbliche Absicht erscheint in der Ausstellung jedoch keineswegs verwirklicht. Was dargeboten wird, ist äußerst vage, unwissenschaftlich und schon in den Prämissen oft gar nicht zutreffend. Es wimmelt von schiefen Vergleichen“[37].

Oder noch um einiges bissiger:

„Bis hierhin ist die Ausstellung ein informatorisches Verdienst! Dann aber folgt der Krampf: der Versuch nämlich, Parallelen von der Hexenverfolgung zur heutigen Frauenbewegung herzustellen. Alice Schwarzer so quasi als Oberhexe! Hier bekommt die Logik einen Knacks! Wer verfolgt denn Alice Schwarzer? Ist nicht vielmehr sie es, die andere attackiert? Hier scheint mir doch ein Sinn-Zusammenhang an ziemlich langen Haaren herbeigezogen“[38].

Die Ursachen für diesen manch verschrecktem Journalisten so unverständlichen ‚Krampf' dürften zum Teil einfach darin gelegen haben, daß bei der Präsentation eines so vielschichtigen Materials nicht klar genug (zumindest nicht klar erkennbar) differenziert wurden zwischen historischen und modernen Phänomenen. Gerade bei Erscheinungen der Gegenwart handelt es sich ja eben nicht mehr um ein (wenn auch gern behauptetes!) kontinuierliches Fortbestehen der historischen Hexenthematik, sondern um vielfach literarisch vorgeformte künstliche ‚Wiederbelebungen', die soziologisch in ganz andere Zusammenhänge einzuordnen sind. Auch in Hamburg konnte offenbar der Eindruck entstehen, das Hexenwesen sei „zeitlos“; denn allzu souverän wurden Glaubensstränge aus den verschiedensten Kulturen, Räumen und Zeiten zu einem scheinbar lückenlosen Ganzen verbunden, so daß ein Bild ewigen kulturellen Nehmens und Gebens entstehen mußte. Schaut man aber genauer hin, so findet sich kaum Kontinuität — wenn gewisse Traditionsstränge auch nicht geleugnet weren sollen —, sondern immer nur Wandel. Heidi Staschen, eine der Initiatorinnen der Hamburger Hexen-Ausstellung, erzählte einige Jahre später:

„Schon als ich ein Thema für mein Geschichtsexamen suchte, war völlig klar, daß ich über Frauengeschichte schreiben wollte. Damals war ich schon aktiv in einer Frauengruppe, vor allem zur eigenen Selbstfindung ... Ich hatte vorher über Bauernkriege gearbeitet und stieß dabei auf die Hexenprozesse. Als ich meinem Professor das Thema vorschlug, da erntete ich nur ein freundlich-herablassendes: Na, dann machen Sie mal etwas Exotisches ... Das war 1977/78. Da fing alles erst an“[39].

37. Hanns Theodor Flemming, Scheiterhaufen mit schiefen Bezügen. Zur Sonderausstellung „Hexen“ im Museum für Völkerkunde. In: „Die Welt“, ohne Datumsangabe zit. im Katalog Hexen, S. 64.

38. Herbert Fricke in der Umschau am Abend (NDR Hörfunk) vom 8.2.79, zit. im Katalog Hexen, S. 64.

39. Gisela Graichen, Die neuen Hexen. Gespräche mit Hexen. Hamburg 1986, S. 96.

Was damals anfing, hat seine historischen Wurzeln in politischen Bewegungen der Sechziger Jahre: der Bürgerrechtsbewegung in den USA und vor allem der linksgerichteten, antiautoritären Studentenbewegung in den nichtsozialistischen europäischen Ländern. Aus den frustierenden Erfahrungen engagierter Frauen mit ihren „Genossen", die ihre männlichen Privilegien zu Hause wie bei der politischen Arbeit hartnäckig behaupteten, entstand eine Neue Frauenbewegung, deren radikal-feministischer Flügel die Notwendigkeit einer weiblichen Gegenkultur postulierte. Die vielbeklagte Geschichtslosigkeit der Frauen, welche das Auffinden positiver Leitbilder und die Entwicklung eines weiblichen Selbstverständnisses so erschwert, führte sehr bald zu verstärkter Beschäftigung des Feminismus mit den historischen Hexen: die Verbindung mehr oder weniger diffuser geschichtlicher Vorstellungen und eigener Erfahrung ließ die Hexe in den Rang einer Symbolfigur aufsteigen[40]. Wenige Jahre, nachdem Heidi Staschen „mal etwas Exotisches" machen durfte, mußte ihr damaliger Kommilitone Thomas Hauschild sich von Feministinnen durch die Frage verunsichern lassen, was „Dich als Mann eigentlich an diesem Frauenthema interessiert"[41].

Das Erfolgsgeheimnis gerade der Hamburger Hexenausstellung liegt darin, daß sie genau zum richtigen Zeitpunkt an ein Modethema anknüpfen konnte und dies auch in einer ganz bestimmten Art und Weise (die den beteiligten Frauen zuzuschreiben ist) getan hat. Seit Ende 1979 wird sie als Wanderausstellung an andere Museen verliehen. „In der Arbeitsgruppe wird überlegt, ob man eine verkleinerte Fassung der Ausstellung herstellen soll, die dann an Frauenprojekte, Frauenzentren und andere alternative Gruppen gegeben werden könnte", hieß es damals[42]. Die seit Jahren erfolgreiche Wanderausstellung ist mit der in Hamburg gezeigten nicht identisch: vom sehr viel materialreicheren Original blieben eigentlich nur die ziemlich plakativen Bild- und Texttafeln. Unterstützung fand der feministische Anstrich vielerorts durch ergänzende themenbezogene Veranstaltungen an Stadtbüchereien und Volkshochschulen: So wurden zum Beispiel in Worms, wo die Ausstellung vom 13. September bis 5. Oktober 1985 zu sehen war, neben zwei mehr wissenschaftlichen gehaltenen Vorträgen eine Autorenlesung der durch ihr Buch ‚Ich bin eine Hexe' bekannt gewordenen österreichischen Radikalfeministin Judith Jannberg und ein Chansonabend mit der Schauspielerin Uta Sax unter dem Motto „Von Frauen, Hexen und Vampiren" angeboten.

Vom 21. März bis 4. Mai 1986 sollten die Hamburger „Hexen" bzw. das, was von ihnen übriggeblieben war, auch im Freiburger Museum für Völkerkunde zu sehen sein. Und hier stellte sich nun ein ganz praktisches Problem, wie es durchaus typisch ist für solche Wanderausstellungen, die nicht im eigenen Haus erarbeitet wurden, somit also den jeweiligen räumlichen Möglichkeiten erst angepaßt werden müssen, wobei fast immer Hinzufügungen oder Abstriche nötig sind. Dem Freiburger Museum, das in den Gebäuden des früheren Adelhauser Klosters untergebracht ist, steht für Sonderausstellugen ein Teil des ehemaligen Kreuzgangs mit fest installierten Vitrinen zur Verfügung. Angesichts des viel zu dün-

40. Vgl. die Beiträge von Hans-J. Pintschovius und Daniela Müller im vorliegenden Band.

41. Thomas Hauschild (unter Mitarbeit von Heidi Staschen, Sigrid Gailus-Döring und Armin Prinz), Die alten und die neuen Hexen. Die Geschichte der Frauen auf der Grenze. München 1987, S. 8 f.

42. Katalog Hexen, S. 7.

nen Materials der Wanderausstellung scheint die Verantwortlichen der Horror vacui gepackt zu haben: Nicht lange vor der Eröffnung erreichte mich ein telefonischer Hilferuf mit der Bitte, meine Privatsammlung zum Thema „Hexe" für die Dauer der Sonderausstellung ausleihen zu dürfen. Das hatte zur Folge, daß in Freiburg das gegenwärtige Bild der Hexe um einige weitere Farbtupfer bereichert wurde: Neben der auch in anderen Städten praktizierten Erweiterung der Wanderausstellung mit historischem Material aus der Region (Prozeßakten, Folterwerkzeuge, ein altes Richtschwert u.a.) wurde vor allem die „Vermarktung" der Hexe dokumentiert:

> „Was hat der Spätburgunder Weißherbst ‚Hex vom Dasenstein' mit den unzähligen als Hexe verbrannten Frauen des 16. und 17. Jahrhunderts zu tun? Außer der gemeinsamen Bezeichnung ‚Hexe' nichts. Trotzdem ist beides eng benachbart zu sehen ... In der einen Schauvitrine Hexenmotive auf Schokoladenbildchen, in der anderen Folterwerkzeuge aus Hexenprozessen; hier die Originale jahrhundertealter Prozeßakten, dort ein Heimatroman über die ‚Geliebte Berghexe' mit prallem Mieder: Eine flottfröhliche Beliebigkeit ... ein buntes Hexen-Allerlei ... Vorteil dieser Anordnung ...: Ganz unterschiedliche Besuchergruppen können angesprochen werden ... Nachteil dieses an sich verdienstvollen museumspädagogischen Hokuspokus: Zugunsten der Aktualisierung wird manchmal die historische Akribie geopfert. Statt eines gemächlichen, chronologischen Gangs durch die Geschichte ein wilder Ritt querfeldein"[43].

Das Publikum der Freiburger „Hexen" scheint dies nicht weiter gestört zu haben; es reagierte auf das Spiel mit traditionellen Motiven recht ungezwungen: Die Kommentare reichten von „informativ" und „teilweise recht aufschlußreich" über „sehr weitreichend", „sehr gut", „eine gelungene Sache" bis hin zu „ausgezeichnet" oder einfach „noch mal!" Die angebotenen Führungen und Vorträge zu verschiedensten Aspekten der Hexenthematik kamen gut an; der mit seinem das Fassungsvermögen jedes Bücherregals sprengenden unsäglichen Format von 44x31 cm dennoch äußerst erfolgreiche Katalog der Hamburger Originalausstellung, der auch in Freiburg angeboten wurde, war sehr gefragt und bald (vorübergehend) vergriffen; der Vertrieb wurde von einem Berliner Verlag der alternativen Szene übernommen, und es liegt bereits die zwölfte (!) Auflage vor. Dem das Haus verlassenden Besucher wurde draußen ein Flugblatt in die Hand gedrückt, das ihn aufforderte, ein recht obskures Buch mit dem Titel „Die Königin der schwarzen Hexen. Jemand, der in unseren Tagen Hexe war, berichtet" zu lesen[44].

Seit die „Hexen" erstmals in Hamburg zu sehen waren, sind zehn Jahre vergangen; das geistige und politische Klima hat sich gründlich verändert. Im Rahmen einer oft beschworenen „Tendenzwende" sind mittlerweile auch innerhalb der ohnehin widersprüchlichen feministischen Diskussion um Hexen einige recht fragwürdige Tendenzen verstärkt zum Tragen gekommen, deren Stichworte Esoterik — Magie — Okkultismus — Spiritualität — Ökologie — Pazifismus heißen und die im Zug einer neuen Mythisierung mit dem traditionellen Weiblichkeitsbegriff eine zweifelhafte Verbindung eingehen[45]:

43. Christine Richard, Ein buntes Hexen-Allerlei. Eine Sonderausstellung über Hexenverfolgung im Freiburger Völkerkundemuseum. In: Badische Zeitung vom 24.3.1986.

44. Doreen Irvine, Die Königin der schwarzen Hexen. Aßlar $^{2}$1986.

45. Vgl. die Beiträge von Daniela Müller und Angela Treiber im vorliegenden Band. Einen brauchbaren Überblick über den derzeitigen Stand der Entwicklung bieten. Karin Gaube u. Alexander von

„Denn wohin hat uns unser Verstand geführt? Vielleicht sollten wir mal andere Teile in uns aktivieren, um in dieser Welt weiterleben zu können", meint Heidi Staschen.

„Das ist für mich, die ja aus einer rationalen Ecke kommt, auch ein neuer Schritt. Noch bei der Hexenausstellung, die wir 1979 im Völkerkunde-Museum Hamburg gemacht haben, galt für mich, nur was wirklich belegbar ist, auch darzustellen. Erst in den letzten Jahren, seitdem ich mich mit Hexen beschäftige, habe ich dazugelernt, habe auch gelernt, den Panzer, mit dem man sich umgibt, wegfallen zu lassen und mich zu öffnen für Dinge, die ich vorher nicht akzeptiert habe ... Ich mache seit 82 Kurse und Wochenendseminare zu Hexen und merke schon die Veränderungen: zuerst war da ein großer Bedarf an historischem Wissen, dann an Fragen der Heilkunde, Kräuterkunde, dann immer mehr hin zu Tarot, Jaheszeitenfesten usw. ... Auch meine Entwicklung verlief von der Historikerin eben zur hagazussa, zwischen Exzerpieren und Systematisieren von Material zu Tarot und Symbolen"[46].

Offenbar funktioniert es schon wieder zum Verzweifeln perfekt, dieses Frauen-Leitbild alten Stils. Beeindruckt hat mich das Ausmaß kommerzieller Nutzung, das im Kielwasser gerade der Hamburger Hexenausstellung erreicht werden konnte; die hohen Auflagen einschlägiger Literatur zum Thema beweisen: mit dieser Art gefährlicher Geschichtsklitterung kommt man offenbar recht weit.

Die Wege der Mitglieder der „Arbeitsgruppe Hexen" haben sich längst getrennt. Thomas Hauschild, promovierter Ethnologe, der die ersten Stufen einer akademischen Karriere bereits erklommen hat, erarbeitete inzwischen eine kritische Neuausgabe des Ausstellungskatalogs, die von der früheren, etwas wirren Konzeption stark abweicht[47]. Meine Anfrage bei den beiden Frauen der AG, deren weiterer Werdegang mich begreiflicherweise besonders interessiert, ergab — gemessen an der Euphorie von 79 — ein ziemlich niederschmetterndes Bild: Die eine ist „seit zwei Jahren Kunstlehrerin in Kiel und macht zu Hexen nichts weiter"; die andere ist dem Thema auf ihre Weise treu geblieben — und schlägt sich mit ABM-Stellen durch. (Nicht immer ist Emanzipation, was als solche ausgegeben wird!)

Schon bei Eröffnung der Hamburger Ausstellung Anfang 1979 ist zu Recht angemerkt worden:

„Auch die von vielen nun plötzlich positiv gesehene Hexenfrau bleibt Sonderwesen, Ausnahme, das von ‚gewöhnlicher Existenz Getrennte' ... Und gerade diese Besonderheit ist es, die die Frauen angeblich als Geschenk der Natur wie einen Mühlstein um den Hals gehängt bekommen haben ... Ich teile die Träume, die viele Frauen bei den Hexen beginnen: das Aufbrechendes absoluten Postulats der Rationalität, das Zulassen von Wünschen, Träumen, Lust, unabhängig davon, ob sie das gesellschaftliche Gebot der Planbarkeit und Organisierbarkeit verletzen ... Ich denke aber, daß uns dabei die identifizierte Anknüpfung an die Tradition der ‚Hexen' nur zwei Möglichkeiten ließ: entweder wir stellten uns masochistisch in die Reihe der Verfolgten (nach dem falschen Grundsatz: je mehr wir verfolgt werden, um so mächtiger sind wir wohl), oder — wir wählen den psychisch stärkenden Weg der Göttinnenverehrung, wie dies etliche Spiritualistinnen inzwischen tun. Warum können wir unsere Wünsche

Pechmann, Magie, Matriarchat und Marienkult. Frauen und Religion. Versuch einer Bestandsaufnahme. Reinbek b. Hamburg 1986.

46. Heidi Staschen im Interview mit Gisela Graichen, Die neuen Hexen (wie Anm. 39), S. 99 f., und in einem Brief vom 8. Mai 1988 an die Autorin.

47. Wie Anmerkung 41.

nicht zu leben beginnen, ohne Feuertode und Himmelspodeste dafür in Anspruch nehmen zu müssen?"[48]

Auf dem zur Freiburger Ausstellung erschienenen Plakat war eine Radierung des spanischen Malers Goya aus dem späten 18. Jahrhundert, die zwei fliegende Hexen zeigt, reproduziert worden. Damit war ich zunächst gar nicht glücklich, da die Hexendarstellungen gerade dieses stark der Aufklärung verpflichteten Künstlers in erster Linie politisch-satirische und gesellschaftskritische Implikationen enthalten, also keine eigentlich historischen Bildquellen sind.

Die für die Saarbrückener „Hexenwelten" Verantwortlichen betonen ausdrücklich:

„Schließlich geht es auch darum, einer Mystifizierung kulturell entwickelter Bilder und Anschauungsformen entgegenzuwirken. Vernunft und kritisches Bewußtsein, die ja auch Folgen einer geschichtlichen Entwicklung sind, dürfen angesichts der Defekte der ‚modernen' Gesellschaft nicht der Faszination irrationaler Anschauungsformen zum Opfer fallen".[49]

Ein ebenfalls aus dem Bilderzyklus der „Caprichos" stammendes Blatt von Goya trägt die Überschrift: „El sueno de la razon produce monstruos" („Der Schlaf der Vernunft erzeugt Ungeheuer"). — Das hat mich dann zuletzt doch wieder mit dem erst ungeliebten Ausstellungsplakat versöhnt.

48. Sabine Zurmühl (wie Anm. 35), S. 33 f.

49. Bernd Schulz in: Hexenwelten (wie Anm. 20), S. 8.

Inge Schöck

# Hexenglaube — noch heute?

„Hexen gibt es nur im Märchen, ‚Micky Maus' und Mittelalter. Das auch, aber nicht nur. Denn Hexen gibt es anno 1988 auch in Oberschwaben, auf der Schwäbischen Alb oder als Volkshochschulkurs in Reutlingen. Ohne Hexenhäuschen zwar und lange Warzennase. Statt dessen als selbstbewußte bis feministische Frauen, deren ‚Hexenkraft' nicht im vollmondigen Besenritt besteht, sondern in der Rückbesinnung auf Naturkräfte, Spiritualität und ‚neue weibliche Kultur'"[1].

Mit diesen Worten wurde der Vorbericht zu einer Fernsehsendung in S 3 eingeleitet, die am 30. April zur Walpurgisnacht ausgestrahlt wurde.

Ein zweites Beispiel soll die Aktualität und den Publikumszuspruch dieses Themas unterstreichen. Als am 25. Oktober 1987 die Ausstellung „Hexen und Zauberer" auf der Riegersburg in der Nähe von Graz in Österreich ihre Pforten schloß, hatten sich nach Angaben der Veranstalter rund 350 000 Besucher die Ausstellung angesehen.

Die hohe Besucherzahl zeugt von dem allenthalben erwachten und seit rund einem Jahrzehnt stark anwachsenden Interesse am Thema „Hexen und Hexenverfolgung", an dem auch die Frauenbewegung einen guten Anteil hat.

Rund 500 Jahre nach Erscheinen des ‚Malleus maleficarum', des ‚Hexenhammers', der 1487 von den beiden Inquisitoren Heinrich Institoris und Jakob Sprenger zusammengestellt und herausgegeben worden war und zum verhängnisvollsten wie bekanntesten Werk im Blick auf die Hexenverfolgungen wurde, ist eine lebhafte Diskussion um die Ursachen und Zusammenhänge dieser Hexenverfolgungen entbrannt.

Die Diskussion führt auch in die Gegenwart; es stellt sich die Frage, ob dieser Hexenglaube von damals — oder zumindest Elemente davon — mit den letzten Hexenprozessen zu existieren aufgehört oder sich weiter gehalten hat[2].

Immerhin fand die letzte Hexenhinrichtung in deutschsprachigem Gebiet erst 1782, also zu Lebzeiten beispielsweise Kants, Schillers oder Mozarts, in Glarus in der Schweiz statt; die Hauptverfolgungszeit der Hexen war jedoch im 16. und 17. Jahrhundert mit zeitlich und regional unterschiedlichen Verfolgungshöhepunkten.

1. Südwestpresse, 29.4.1988.

2. Vgl. dazu meine Dissertation: Hexenglaube in der Gegenwart. Empirische Untersuchungen in Südwestdeutschland (Untersuchungen des Ludwig-Uhland-Instituts der Universität Tübingen, Bd. 45). Tübingen 1978. Außerdem: Inge Schöck, Hexen heute. Traditioneller Hexenglaube und aktuelle Hexenwelle. In: Richard van Dülmen (Hg.), Hexenwelten. Magie und Imagination. Frankfurt a.M. 1987, S. 282-308, 321.

Wer einigermaßen aufmerksam die Zeitung liest, wird immer wieder einmal auf Berichte stoßen, die den einen oder anderen aktuellen Fall von angenommener Verhexung aufgreifen. So konnte man vor einiger Zeit zum Beispiel vom Fall einer jungen Frau aus Neumünster in Schleswig-Holstein lesen, die ihre 6jährige Tochter erwürgt hatte, um ihr den Satan auszutreiben. Bei der polizeilichen Vernehmung sagte sie unter anderem aus, sie habe unter dem Einfluß einer Frau aus der Nachbarschaft gestanden, die spiritistische Sitzungen abgehalten und sie in ihren Bann gezogen habe.

Berichte wie dieser zeigen einer größeren Öffentlichkeit, daß unter der Oberfläche durchaus „noch etwas da ist", daß es auch heute noch Hexenglauben gibt. Es ist allerdings anzunehmen, daß damit nur die Spitze eines Eisbergs sichtbar wird; denn für die Betroffenen handelt es sich ganz eindeutig um ein Tabuthema, das vor der Öffentlichkeit versteckt wird.

Gestützt wird diese Annahme durch die Ergebnisse demoskopischer Umfragen, die gegenüber den fünfziger Jahren eine deutlich steigende Tendenz bei der Zahl derjenigen aufweisen, die von der Existenz von Hexen überzeugt sind oder sie zumindest für möglich halten.

Die jüngste mir bekannte Umfrage — sie wurde Anfang September 1986 im ‚Stern' veröffentlicht — ergab folgende bemerkenswerte Zahlen[3]:

Auf die Frage „Glauben Sie, daß es Menschen gibt, die ihren Mitmenschen etwas ‚anhexen' können?" hatten 13 % mit „Ja, bestimmt" geantwortet, 21 % mit „Möglich".

Beide Gruppen zusammengenommen ergeben, daß 1986 gut ein Drittel der bundesdeutschen Bevölkerung, also über 20 Millionen Menschen, die Möglichkeit des „Anhexens" und damit der Hexerei nicht ausschließen will.

Wenn eben davon die Rede war, daß das Thema „Hexenglaube" ein Tabuthema darstellt, dann trifft das auf Fälle wie den geschilderten zu. Anders verhält es sich bei jenem Personenkreis, der im Strom moderner Okkultbewegungen sich mit magischen Praktiken seinen Lebensunterhalt ganz oder teilweise zu verdienen sucht, wobei zum Teil auch der Begriff „Hexe" verwendet wird. Und wiederum anders verhält es sich bei jenem Kreis von Frauen, die in gezielter politischer Aktion sich als Hexen bezeichnen und für sich *die* Rechte, Kräfte und Freiheiten zurückerobern wollen, die nach ihrer Auffassung jenen Frauen zu eigen waren, die einst auf dem Scheiterhaufen verbrannt worden sind.

Mit dem bisher Gesagten habe ich ganz kurz die Hauptaspekte umrissen, aus denen sich das Thema meines Beitrags zusammensetzt. Also:

1. Was ist bei den Hexenverfolgungen der frühen Neuzeit tatsächlich passiert? Wie ist es dazu gekommen? Welche Vorstellungen standen dahinter?
2. Gibt es heute noch Formen des traditionellen Hexenglaubens? Wie sehen sie aus? Was läuft dabei ab?
3. Wie verhält es sich mit den neueren Okkultwellen? Geben sie ein stützendes Umfeld für den traditionellen Hexenglauben ab? Bereiten sie eventuell sogar den Boden für eine neue Form des Hexenglaubens?
4. Wie ist das Verhältnis der Frauenbewegung zu den historischen Hexenverfolgungen? Konkret: Berufen sich die Frauen, die sich als Hexen bezeichnen, zu Recht

3. Ingrid Kolb, Die Hexen kommen. In: stern-magazin, H. 38, 11.9.1986 (mit einer Umfrage des Dortmunder Meinungsforschungsinstituts „FORSA" vom August 1986).

auf die Opfer der historischen Hexenprozesse? Wie gehen sie mit dem bisher bekannten Wissen darüber um?

5. Was sagt die vermehrte, fast lawinenartig angewachsene Beschäftigung mit Hexen, Hexenverfolgung, Esoterik und Okkultismus über uns und unsere Gesellschaft aus?

Antworten auf diese Fragen sind hier nur in knapper Form möglich, doch soll dabei auf einige wichtige Aspekte hingewiesen und sollen weiterführende Informationen vermittelt werden.

Bis heute hat niemand genau ermitteln können, warum es zu den großen Wellen der Hexenverfolgungen vor allem Ende des 16. und im 17. Jahrhundert im deutschen Sprachraum gekommen ist, in deren Verlauf in einzelnen Orten oder Territorien innerhalb weniger Jahre 10, 20, ja bis zu mehreren hundert Personen als Hexen hingerichtet worden sind. Ich sage bewußt: Personen; denn die Verfolgung hat — mit einem von Ort zu Ort unterschiedlichen Prozentsatz — auch Männer getroffen. Allerdings war der prozentuale Anteil der Frauen bei den Hingerichteten in der Regel sehr viel höher als der der Männer. Die einseitige Festbindung des Hexereivorwurfs an die Frauen war durch den ‚Hexenhammer' entscheidend ausformuliert worden.

Wenn man auch — wie gesagt — noch nicht schlüssig weiß, warum der Flächenbrand der Hexenverfolgung entstanden ist, über den Ablauf der einzelnen Prozesse und die Motive der Beteiligten läßt sich weitgehend Klarheit verschaffen. Deutlich wird, daß in den Hexenprozessen und mit ihrer Hilfe persönliche, soziale und politische Konflikte ausgetragen wurden.

Die persönlichen Konflikte scheinen auf, wenn Familienangehörige oder Nachbarn der Hexerei beschuldigt wurden. Als Beispiel möchte ich ganz grob den letzten Hexenprozeß in der Steiermark skizzieren, der aus persönlicher Rachsucht und Mißgunst betrieben wurde und seine Ausbreitung durch die allgemein vorhandene Angst vor Schädigung der Felder und Weinberge durch Wetterzauber erhielt[4]. — Die Steiermark ist übrigens bis heute für ihre häufigen Hagelunwetter bekannt.

Der Prozeß fand von 1744-46 statt. Die Untersuchung förderte zutage, daß vor dem Hintergrund einer allgemein verbreiteten Hexenfurcht der Prozeß durch eine als Racheakt gedachte Denunziation ausgelöst wurde. Der Denunziant war zuvor wegen einer Tätlichkeit zu Recht bestraft worden. Angezeigt hatte ihn die nachmalige „Hexe". Neben der persönlichen Rache konnten als weitere Anzeigemotive Mißgunst und Neid ausgemacht werden, da die Frau durch Fleiß und umsichtiges Wirtschaften ihre bescheidenen Lebensverhältnisse erträglich gestalten konnte und durch einen rechtschaffenen Lebenswandel auch nicht negativ auffiel. Mit ihr wurden schließlich ihre Tochter und ein Mann in Untersuchungshaft genommen. Trotz der heftigen Einsprüche der von Hexenfurcht geängstigten Heimatgemeinde wurden die drei auf freien Fuß gesetzt. Als im folgenden Frühjahr ein verheerendes Unwetter über den Ort niederging, ordnete die Regierung auf Druck der Bevölkerung eine erneute Festnahme und Untersuchung an. Der nunmehr beauftragte Rich-

4. Alfred Seebacher-Mesaritsch, Der letzte Hexenprozeß im Herzogtum Steiermark. In: Helfried Valentinitsch (Hg.), Hexen und Zauberer. Die große Verfolgung — ein europäisches Phänomen in der Steiermark. Graz u. Wien 1987, S. 345-350.

ter kam zum selben Untersuchungsergebnis und schlug einen Freispruch für die beiden Frauen vor. Der Mann war in der Zwischenzeit in der Haft verstorben. Die Gemeinde hatte die Kosten des langwierigen Verfahrens zu tragen.

Die sozialen Konflikte spielen sich häufig zwischen Oben und Unten, zwischen Reich und Arm ab. Auch hier gibt es zahlreiche Beispiele für entsprechende Beschuldigungen. Daß die Beschuldigungen unterschiedlich behandelt wurden, wird niemand verwundern. Eine in einem Verhörprotokoll von 1604 aus Rottenburg bei Tübingen überlieferte Redensart hat dies auf einen ebenso kurzen wie vielsagenden Nenner gebracht: „Die armen zur Esch und die Reichen in die Tesch" — das heißt: die Armen verbrennt man zu Asche, die Reichen greifen in die Tasche[5].

Die Ebene eines politischen Konflikts läßt sich sehr deutlich am Beispiel eines Machtkampfes um die politische Führung in der Reichsstadt Reutlingen zwischen 1660 und 1667 schildern[6]. Noch im Jahr 1660 waren die Chancen des Apothekers Efferenn, zum Amtsbürgermeister und damit zum ersten Mann der Stadt aufzusteigen, recht aussichtsreich. Als aber seine Frau von unter der Folter befragten „Hexen" ebenfalls als Hexe benannt und mitbeschuldigt wurde, sanken die Chancen des Apothekers rapide. Auffallend dabei ist, daß der Name der Apothekersfrau erst von dem Zeitpunkt an genannt wurde, als der wichtigste politische Kontrahent Efferenns als Kommissar beim Hexenverhör beteiligt war. Als dieser dann 1665 Amtsbürgermeister von Reutlingen wurde, verfolgte er zunächst unnachsichtig alle Hexengerüchte. Die Frau des Apothekers entging der Verhaftung durch die rechtzeitige Flucht aus Reutlingen.

Die Hexenverfolgungen nahmen ein abruptes Ende, als schließlich Frau, Mutter und Tochter des Bürgermeisters bei Hexenverhören ebenfalls als Hexen benannt wurden. Ein Reutlinger Chronist verwundert sich, wie schnell dem Bürgermeister „ein anderer Kopf gewachsen" sei. Von da an wurden die noch anstehenden Prozesse meist glimpflich abgeschlossen — nur in einem Fall erging noch die Todesstrafe. Außerdem erging ein Verbot, auf den Straßen Reutlingens überhaupt noch über Hexen zu sprechen. Weitere Anklagen gab es von da an nicht mehr.

Als zentrale Punkte der Hexenanklage galten:

1. Abwendung von Gott und Gotteslästerung.
2. Teufelspakt und Teufelsbuhlschaft.
3. Schadenzauber.
4. Flug durch die Luft zum Hexensabbat.
5. Verwandlung in ein Tier.

Was davon im späteren Hexenglauben weiterlebt, wird noch zu erläutern sein.

War erst einmal jemand in den Verdacht geraten, eine Hexe oder ein Hexer zu sein, waren die Chancen ziemlich gering, mit dem Leben davonzukommen. Die Anwendung der Folter sorgte in der Regel für die gewünschten Aussagen und auch dafür, daß weitere Personen benannt wurden.

5. Karl Kempf, Die Hexenverfolgung im Raum Rottenburg. In: Der Sülchgau 28 (1984), S. 35-51, hier: S. 42.

6. Inge Schöck, Hexenglaube in der Gegenwart (wie Anm. 2), S. 71-85.

Es gibt seit einiger Zeit die These — für viele gilt sie als erwiesen —, daß die Hexenprozesse das Ziel hatten, die sogenannten „weisen Frauen“ auszurotten[7]. Dies aus zwei Gründen, nämlich

1. um der männlich dominierten Hochschulmedizin zum Durchbruch zu verhelfen und das insbesondere bei Frauen vorhandene volksmedizinische Wissen auszurotten;
2. um insbesondere jene Frauen zu vernichten, die über Spezialwissen zur Empfängnisverhütung und Abtreibung verfügten. Den Regierenden habe nämlich daran gelegen, nach den Pestzeiten, den Bauern- und Konfessionskriegen mit einer steigenden Bevölkerungszahl ihre militärischen und wirtschaftlichen Interessen durchzusetzen.

So einleuchtend diese These auf einen flüchtigen Blick hin erscheinen mag, so wenig hält sie einer Überprüfung stand: Schon die Tatsache, daß auch nicht wenige Männer angeklagt wurden, sollte zu denken geben. Außerdem gibt es nach meinem Kenntnisstand keine Hinweise darauf, daß zum Beispiel Hebammen proportional in größerer Zahl als andere Frauen beschuldigt wurden. Und schließlich läßt sich leicht nachweisen, daß das medizinische Volkswissen keineswegs vernichtet worden ist, sondern daß es auch nach den Hexenverfolgungen Hebammen, Kräuterweiblein usw. gegeben hat.

Auch die These von der Durchsetzung der männlich dominierten Hochschulmedizin geht an den tatsächlichen Verhältnissen vorbei und läßt das früher bestehende medizinische Versorgungssystem außer acht.

Völlig entkräftet werden die genannten Thesen jedoch dadurch, daß es quer durch die Konfessionen und auf engem Raum Regionen gab, wo auf der einen Seite der Grenzpfähle die Scheiterhaufen brannten, während auf der anderen Seite die Prozesse unterblieben. Von einer systematischen, von oben gesteuerten und — wie man heute sagt — flächendeckenden Ausrottung kann keine Rede sein.

Ich führe das im Zusammenhang mit den historischen Prozessen deshalb an, weil hier ein bestimmter Teil der Frauenbewegung eine wichtige historische Wurzel für sich reklamiert und weil gleichzeitig hieraus ein wichtiger Teil der Motivation und der Legitimation in der Auseinandersetzung mit dem Patriarchat bezogen wird.

Dieser Exkurs in die Zeit der großen historischen Hexenprozesse war deshalb notwendig, weil nur von daher der heute noch bestehende traditionelle Hexenglaube verstehbar wird. Das erweist sich bereits an den Hauptelementen des Vorstellungssystems des Hexenglaubens. Von den vorhin genannten fünf Elementen (Gotteslästerung bzw. - leugnung, Teufelspakt, Hexenflug, Schadenzauber, Verwandlung in Tiere) kehren im heutigen Hexenglauben im wesentlichen drei Themenkreise wieder: eine „irgendwie“ geartete Verbindung der Hexe mit dem Teufel; die Verwandlung in ein Tier, vornehmlich in eine Katze; und schließlich der weite Bereich des Schadenzaubers.

7. Diese These wird vor allem in der feministischen Literatur zum Thema „Hexen“ vertreten, z.B.: Barbara Ehrenreich u. Deidre English, Hexen, Hebammen und Krankenschwestern. München 1975 (amerik. Originalausgabe: New York 1973), sowie bei Gunnar Heinsohn u. Otto Steiger, Die Vernichtung der weisen Frauen. Beiträge zur Theorie und Geschichte von Bevölkerung und Kindheit. Herbstein 1985.

Diese Vorstellungen sind zu verstehen als ein im Kreis der Hexengläubigen verfügbares, tradiertes kulturelles Muster, um konflikthafte Situationen und Ereignisse zu erklären, für die den Hexengläubigen offensichtlich keine anderen Erklärungen zu genügen oder zuzutreffen scheinen.

In *einem* wichtigen Punkt besteht allerdings ein gravierender Unterschied gegenüber der Zeit der Hexenverfolgungen. Die rechtliche Beurteilung hat sich vollkommen geändert: Während die „Hexe" als zu Unrecht Beschuldigte und Verleumdete in Schutz genommen wird, muß der Beschuldigende unter Umständen heute mit einer Anklage rechnen.

Der traditionelle Hexenglaube, soweit wir ihm heute im deutschsprachigen Raum in Mitteleuropa noch begegnen, läßt sich wie folgt kennzeichnen:

> Es ist der Glaube daran, daß bestimmte Leute die Fähigkeit haben, anderen Unglück, Krankheit, Mißerfolg usw. anzuwünschen, die dann auch eintreffen.

Neben den bereits genannten, eng mit unserer christlich-abendländischen Kultur zusammenhängenden Kerninhalten bilden folgende Inhalte sein Gerüst:

1. Die Hexengläubigen sind fest davon überzeugt, daß es Hexerei gibt und daß sie real wirksam ist. Der bewirkte Schaden erstreckt sich auf Sachen, Tiere sowie Menschen und ist von daher engstens mit den Dingen und Beziehungen des Alltags verknüpft.
2. Die Vorwürfe der Hexerei werden gegen real existierende Personen erhoben. Es wird nicht nach einem überpersonalen, abstrakten „Bösen" gesucht. Die als Hexen verdächtigten Personen sind in aller Regel weit davon entfernt, sich selbst als Hexen einzustufen oder zu verstehen. Sie fühlen sich verleumdet und diskriminiert.
3. Zur Hexenabwehr — im Sinne des Vorstellungskreises des Hexenglaubens — zieht der Hexengläubige oft einen sogenannten Hexenbanner bzw. eine Hexenbannerin zu Hilfe, einen „Spezialisten", der mit magischen Praktiken „etwas gegen die Hexe tun kann".

Sieht man diese Elemente im tatsächlich gegebenen engen Zusammenhang, dann ist mit dieser Konstellation ein weiter Bereich sozialer Beziehungen angesprochen. Sie zeigt die Verankerung des Systems im Alltag und damit die soziokulturelle Dimension des Hexenglaubens, aus der sich die besondere Problematik dieser Vorstellungen rekrutiert.

Aus dem bisher Gesagten kann man folgende These ableiten:

> Der manifeste Hexenglaube zeigt sich als ein in einem bestimmten soziokulturellen Zusammenhang verfügbares kulturales Muster (damit ist das System der Hexenglaubensvorstellungen gemeint), das dem Hexengläubigen als Orientierungs- und Erklärungshilfe in einem bestimmten Ereignisablauf bei scheinbar unerklärlichen Situationen und Ereignissen dient und ihm gleichzeitig als Handlungsanleitung für die Gestaltung von sozialen Beziehungen zur Verfügung steht.

Die Aufhellung der engen Wechselwirkung zwischen Hexenglauben und zwischenmenschlichen Beziehungen innerhalb einer gesellschaftlichen Gruppierung erfordert deshalb einen komplexen sozialwissenschaftlichen Ansatz. Nur mit einer Kombination aus kultursoziologischen, kulturgeschichtlichen, ökonomischen und sozialpsychologischen Fragestellungen lassen sich die Verankerung des Hexenglaubens in einer bestimmten Sozialstruktur aufzeigen und gleichzeitig die Hintergründe des Hexenglaubens transparenter machen.

Ich möchte dieses ganze Feld nun nicht in aller Ausführlichkeit ausbreiten, sondern nur drei wichtige Punkte herausgreifen:

1. Aktualisierte Fälle von Hexenglauben, d.h. Fälle von Hexenbeschuldigungen, sind *eine* mögliche Ausdrucksform für soziale Konflikte, auf die unter bestimmten Voraussetzungen zurückgegriffen wird. Wir haben das bereits an den erwähnten Beispielen der historischen Hexenprozesse gesehen.
   Damit soll angedeutet werden, daß ähnlich gelagerte Konfliktfälle, aber mit anderen personellen Voraussetzungen, durchaus auch ohne Verschiebung auf den Hexenglauben bewältigt werden können.
   Bei einem Fall aktualisierten Hexenglaubens dürfte es sich in der Regel um einen umgeleiteten oder verschobenen Konflikt handeln, der als solcher nicht mehr direkt erkennbar ist, da er in gänzlich andere als die verursachenden Verhaltensweisen abgedrängt wird.
   Nur umfassende Informationen über den „Hexenfall" und die beteiligten Personen können über die ursächliche Situation Aufschlüsse vermitteln.
2. Die stereotype Definition der Negativfigur „Hexe" weist auf den konkretisierten Hexenglauben als *soziales Vorurteil* hin. Die Vorurteilsforschung sagt uns, daß sich ein Vorurteil nicht eigentlich gegen Einzelpersonen, sondern eher „gegen bestimmte Kategorien von Personen" richtet[8]. Der Aspekt der Vorurteilsfunktion und die Frage nach eventuell zugrundeliegenden Konflikten, ein konfliktorientierter Ansatz also, eröffnen einen vielversprechenden Weg zur besseren Erklärung des Phänomens „Hexenglaube".
3. Dem Glauben an die reale Existenz und Wirkkraft der Hexen wohnt eine Entlastungsfunktion inne — bei allen Ängsten und Problemen, die aus diesem Glauben seinerseits erwachsen. Das mögliche Abschieben von Eigenverantwortung, Projektion statt Konfliktaustragung stellen Strategien zur Situationsbewältigung dar. Diese Entlastungsfunktion kommt sowohl innerhalb einer Gruppe als auch bei einem Individuum zum Tragen.

Den Inhalt dieser abstrakt formulierten Thesen möchte ich an einem Beispiel konkretisieren, dem ich durch das Studium der Prozeßakten und durch Befragungen vor Ort nachgegangen bin. Der Fall steht in seiner Typik für viele ähnliche Fälle, die sich sowohl im ländlichen wie auch im städtischen Bereich ereignen können. Er spielte sich nach 1950 in einer damals noch selbständigen ländlichen Gemeinde mit rund 200 überwiegend evangelischen Einwohnern ab.

Der Hexenglauben war in der Gemeinde im Bewußtsein noch lebendig, und als Erklärungsmodell für negative Ereignisse besaß er offensichtlich nicht nur bei einigen wenigen Einwohnern Glaubwürdigkeit.

In den Verdacht der Hexerei geriet eine Frau, deren Familie bereits seit drei Generatio-

8. Peter Heintz, Soziale Vorurteile. Ein Problem der Persönlichkeit, der Kultur und der Gesellschaft. Köln 1957, S. 18.

nen im Ruf stand, über gewisse „übernatürliche Kräfte" zu verfügen. Auch der Vater wurde gern geholt, um Vieh zu heilen.

Für einen Außenstehenden fiel die Frau im dörflichen Vergleich nicht negativ auf. Feine Unterschiede zur Mehrzahl der übrigen Dorfbewohner schienen sich allerdings bei einigen Einstellungen und Verhaltensweisen der Frau bzw. ihrer Familie zu ergeben: die Familie wurde als besonders aufgeschlossen und nicht nur auf das Dorf fixiert geschildert. Sie hielt sich auch nicht in allem an die örtlichen Selbstverständlichkeiten, an das, was „man" tut.

Von den anderen wurde dieses Verhalten auch so verstanden, wie aus einer Äußerung eines — der Familie wohlgesonnenen — Mitbürgers hervorgeht: „Wenn man nicht mit dem Strom schwimmt, dann fällt man auf, und dann wird man abgewertet".

Man kann also davon ausgehen, daß stets gewisse Spannungen in den sozialen Beziehungen zwischen der Familie und der Mehrheit der Dorfbevölkerung bestanden.

Die Beschuldigung der Frau als Hexe setzte nach dem Tod ihres Vaters richtig ein. Anfangs kursierten die Verdächtigungen wohl nur hinter vorgehaltener Hand. Ein neu in die Gemeinde gezogener 46jähriger landwirtschaftlicher Arbeiter fachte schließlich das glimmende Feuer richtig an. Er pries sich als Experten zur Hexenabwehr, als Hexenbanner, an.

Mit dem unerwartet frühen Tod von zwei Landwirten in mittleren Jahren, beide gute Nachbarn der verdächtigten Frau, setzten die Hexen-Beschuldigungen in aller Härte ein. Die sogenannte Hexe bedauerte in einer öffentlich geäußerten Bemerkung den Tod der beiden rechtschaffenen Nachbarn und zog sehr nachteilige Vergleiche zu einem Freund des Hexenbanners, einem als trinkfreudig bekannten Handwerker. Dieser lastete ihr nun die Fortdauer seiner Krankheit an, und als er sich wieder etwas besser fühlte, kam das Gerücht in Umlauf, der Hexenbanner habe ihn geheilt. Sowohl diese beiden Todesfälle als auch einige andere Vorkommnisse wurden nun durch den Hexenbanner uminterpretiert als eine Folge der Hexerei. Die umlaufenden Gerüchte hefteten sich, wie die um sich greifende Angst, auch an kleinste Vorkommnisse, die im Sinn des Hexenglaubens interpretiert wurden. Scheinbar unerklärliche und deshalb beunruhigende Ereignisse, das Aufleben verdeckter oder bereits offen vorhandener Spannungen und Konflikte einerseits und die Hexenbeschuldigung andererseits wurden in ihrer wechselseitigen Abhängigkeit deutlich. Innerhalb von zwei Jahren hatte sich durch das Wirken des Hexenbanners ein hochbrisantes Angstklima in der Gemeinde entwickelt. Man war sich ziemlich einig in der Ablehnung der „Hexe". Der Frau wurde der Zutritt in die Häuser verwehrt. Schulkinder machten einen Bogen um das Haus der „Hexe", ebenso die Erwachsenen. Nichts durfte gegessen werden, was aus diesem Haus kam, Geschenke durften nicht angenommen werden oder mußten dann auf jeden Fall weggeworfen werden. Die Diskriminierung führte so zur Isolierung, die auch vor den Kindern der als Hexe verschrieenen Frau nicht haltmachte.

In ihrer Verzweiflung suchte die Frau Hilfe bei *der* anerkannten Autorität des Ortes, dem Pfarrer. Er sollte ihr mit einer Ehrenerklärung in der Kirche beistehen. Dieser verschloß sich jedoch der Bitte.

Als letzter Ausweg blieb deshalb nur noch ein Gerichtsprozeß. In ihm wurde der Hexenbanner wegen des fortgesetzten Vergehens der üblen Nachrede zu einer verhältnismäßig niedrigen Strafe verurteilt. Dies brachte der Frau bzw. ihrer Familie nicht die erwünschte Rehabilitation. Durch das Urteil war der Glaube an Hexen nicht überwunden, es stoppte nur allzu laute und öffentliche Anschuldigungen. Der Versuch, die formaljuristische Rehabilitation der diskriminierten Familie in die Gemeinde hinein zu verlängern, gelang schließlich einige Zeit später bei einer Versammlung, auf der Kirchengemeinderat und Pfarrer zur Rückbesinnung auf die christlichen Gebote und Werte aufriefen. In einer offenen Abstimmung verpflichteten sich alle, ihren Teil zur Befriedung der Gemeinde beizutragen. Diese allgemeine Bekundung des guten Willens bewirkte eine Entspannung der Gesamtsituation und schuf eine neue Basis für bessere Beziehungen. Ganz ausgeräumt werden konnte die Konfliktkonstellation jedoch nicht. Sie bestand latent weiter, wie einige spätere Vorkommnisse belegen.

Fälle wie dieser sind auch im städtischen Bereich jederzeit möglich. So sind mir erst im Jahre 1985 aus einer Universitätsstadt und 1986 aus einer Großstadt Süddeutschlands je ein Fall akuter Hexenbeschuldigung bekannt geworden.

Wie wird nun eine Person zur Hexe? Typisch ist, daß Hexengläubige „ihre Hexe“ meist nicht in einer benachbarten oder noch weiter entfernten Gemeinde finden, sondern im eigenen Ort und erstaunlich oft in der unmittelbaren Nachbarschaft. Nur wenn die „Hexe“ in der eigenen Verwandtschaft gefunden wird, kann die beschuldigte Person auch etwas weiter entfernt wohnen. Von einem gewissen Maß an Kontakten und Interaktionen zwichen Hexengläubigen und „Hexe“ darf deshalb ausgegangen werden, jedenfalls zumindest davon, daß die als „Hexe“ beschuldigte Person „im Blick“ ist. Der sozialen Nähe muß deshalb beim manifesten Hexenglauben eine ausschlaggebende Rolle zugemessen werden: ein Umstand, dem — wie wir gesehen haben — bei der Funktion der Hexenbeschuldigung als Ausdrucksform sozialer Spannungen und Konflikte eine entscheidende Bedeutung zukommt. Der kulturell tradierte Hexenglaube kann deshalb auch als Mittel der sozialen Kontrolle eingesetzt werden, wie unser Fallbeispiel gezeigt hat.

Bei der „Identifizierung“ einer Hexe lassen sich im konkreten Fall verschiedene Möglichkeiten auseinanderhalten:

1. Wenn jemand bereits als „Hexe“ bekannt ist, wird ihm/ihr auch ein neuer Fall angelastet.
2. Wie in unserem Fallbeispiel heftet sich die Beschuldigung an eine Person, deren Familie infolge „übernormaler“ Fähigkeiten bereits belastet ist, gegen die aber der Vorwurf der Hexerei bis dahin nicht erhoben war.
3. Als weitere Gruppe haben sich — ganz allgemein gesprochen — Außenseiter erwiesen: Das können alte, alleinstehende Frauen sein; es kann sein, daß jemand durch ein ungewöhnliches Verhalten auffällt; es kann jemand sein, der den Neid und die Mißgunst anderer erregt oder bestimmte Körpermerkmale aufweist usw.
4. Durch eine der magischen Bestimmungspraktiken eines Hexenbanners kann jemand aus reinem Zufall zur „Hexe“ werden. Das geschieht, wenn zum Beispiel der Hexenbanner beim „Enthexen“ eines Hauses sagt, daß diejenige Person, die innerhalb der nächsten drei Tage komme und etwas ausleihen möchte, die gesuchte Hexe sei.
5. Bei scheinbar unerklärlichen, als übernatürlich angesehenen negativen Ereignissen wird unter Umständen auch im persönlichen Bekannten- oder Verwandtenkreis nach „Verursachern“, „Schuldigen“, gesucht. Das ist dann aller Wahrscheinlichkeit nach eine solche Person, zu der man kein gutes Verhältnis hat, der man etwas Schlechtes zutraut und mit der man offen oder verdeckt bereits in Kon-

„Hexenglauben" – nicht nur in der Rhön

# Das Auge der Fledermaus

**Landkreis Bad Kissingen (mü). Sie wollen gerne einmal sehr stark sein, ein kleiner Goliath sozusagen? Kein Problem, wenn Sie Folgendes tun: „Nimm ein Stück Zeug vom Hemde einer Jungfer, die das erste Mal ihre monatliche Reinigung hatte, wickle dieses in ein neues Hosenband, das eine reine Jungfrau gemacht, und binde es auf die bloße Haut unter dem rechten Arm, so wirst Du Riesenstärke bekommen und unerhörte Wunder tun". Oder, wollten Sie nicht auch schon einmal in gewissen Situationen ganz schnell unsichtbar werden? Nichts leichter als das, wenn Sie folgenden Ratschlag beherzigen: „Stich einer Fledermaus das rechte Auge aus und trage dies bei dir, so bist du unsichtbar". – Alles Humbug von anno dazumal? Ja – doch gefunden wurde ein Büchlein mit solchen und vielen weiteren Ratschlägen zur Lebenshilfe erst in der „Heutzeit", auf einem Dachboden zwischen Rhön und Grabfeld. Gefunden von dem seit 1947 in Gersfeld/Rhön lebenden freien Schriftsteller Hans Kleiner, mit dem wir uns gemeinsam auf die Suche nach überliefertem und heute noch gebräuchlichem Hexenglauben in der Rhön machten.**

Doch alle, die nun auf eine Gruselstory warten, müssen wir vorab enttäuschen: Die Geschichten von nebelumwabbernden, ungemütlichen Tagen und Nächten in der Hochrhön, wo die Hexen noch heute ihr Unwesen treiben sollen, kann man getrost ad acta legen. Genauso wie die Klischeevorstellung, daß sich der hartgesottene Aberglauben ausschließlich in den weitabgelegten Rhöngemeinden bayerischer- und hessischerseits allem zum Trotz hält.

Schließlich, „so rückständig ist die Rhön heute auch nicht mehr" und „Allenfalls läßt sich noch ein Stadt-Landgefälle herauskristallisieren", sagt Hans Kleiner, der sich bereits seit vielen Jahren mit dem Aber- und Hexenglauben beschäftigt.

Den Anstoß dazu gab eine Gerichtsverhandlung, die Hans Kleiner – damals noch in seiner Tätigkeit als Justizbeamter – hautnah miterlebte. Die Anklage lautete zwar ganz profan: „Verleumdung und üble Nachrede" (solche Fälle gibt es auch heutzutage zuhauf) doch die Geschichte, die dahintersteckt, läßt einen erschaudern – immerhin spielte die sich auch in der heutigen Zeit, genauer in den 50er Jahren ab:

„In einem Rhöndorf bemerkte eine dorthin verheiratete junge und hübsche kinderlose Frau, daß sie von einem auf den anderen Tag im Dorf plötzlich von allen geschnitten wurde, ja, daß man ihr sogar ängstlich und haßerfüllt auswich. Sogar die eigene Verwandtschaft wandte sich abrupt von ihr ab.

Zunächst versuchte die junge Frau dieses Verhalten mit der Trauer um ein wenige Tage zuvor plötzlich verstorbenes Kind einer Schwägerin zu erklären.[1] Doch von ihrem eigenen Mann, der sich ebenfalls von ihr abwandte, erfuhr sie dann, daß man sie im ganzen Dorf beschuldigte, das jüngst verstorbene Kind verhext zu haben. Immerhin sei sie die letzte Person gewesen, mit der das Kind munter gespielt habe und man könne sich dessen unbegreiflichen Tod nur damit erklären, daß sie, die Unfruchtbare, dem unschuldigen Kind aus Neid den Tod an den Hals gehext habe".

Das Ende der Geschichte: Die Frau bekam zwar vor Gericht recht und die Verleumder erhielten eine Strafe, doch von der Unsinnigkeit ihrer Behauptungen konnten die Angeklagten von niemanden überzeugt werden. Die junge Frau verließ schließlich das Dorf und zog weit weg.

Abb. 1: „Bad Kissinger Anzeiger", 12.1.1989

# Auch heute gibt es noch Hexen-Wahn

**Interessanter Vortrag von Dr. Zittel (München) bei der Volkshochschule**

**„Hexenprozesse gibt es immer noch, nur lodern keine Scheiterhaufen mehr“, stellte Oberregierungsarchivrat Dr. Bernhard Zittel, München, in seinem Vortrag „Hexen und Hexenprozesse — einst und heute“, bei der Volkshochschule fest.**

Der Hexenglaube sei in Deutschland sehr alt, sagte Dr. Zittel. Unter Karl dem Großen wurde er noch nicht streng bestraft. Er galt als Aberglaube und war eine Gegenprojektion zur tiefen Gläubigkeit des Mittelalters. Durch ihn wurde diese Gläubigkeit in das Hier und Heute projiziert. Als man in der Hexerei einen Glaubensabfall erblickte, bestrafte man sie mit Verbrennen. Dies sei der Ausfluß einer hohen Achtung vor dem Recht gewesen. Die Strafe wurde, nach den offiziellen Gesetzen, an lokalen und zeitlichen Fixpunkten vollzogen. Die Erinnerung daran lebe in zahlreichen Flurbezeichnungen fort.

Auf der juristischen Seite waren vier Tatbestandsmerkmale Kriterien für die Hexerei: Hexen können zaubern und dabei Schaden anrichten; dies kann nur im Bund mit dem Teufel geschehen; sie treffen sich zu nächtlicher Zeit und haben die Fähigkeit, sich in Tiere zu verwandeln.

Denunziation, Hausdurchsuchungen nach dem Stigma diabolicum, Inhaftieren und Foltern wurden streng nach den juristischen Regeln durchgeführt. Durch erpreßte Foltergeständnisse kamen Hunderttausende auf dem Scheiterhaufen um. Daneben kannte man noch die sogenannten Gottesurteile und als dritte Instanz fungierten die Gutachter der Universität, bei denen vor allem Ingolstadt durch humane Gesinnung hervorstach.

Auch im heutigen Zeitalter zeigten sich gleiche Phänomene, nur würden daraus andere Konsequenzen gezogen. Beim Ärztekongreß in Kassel sei die Zahl von 10 000 „hauptamtlichen Hexenbannern“ genannt worden, erläuterte der Referent. Der moderne Hexenglaube schreibe den Hexenfähigen Fernwirkung vor. Die Gegenmittel fänden reißenden Absatz; ebenso die entsprechende Literatur. Magische Strahlkraft und Angst seien die entscheidendsten Faktoren des Hexenglaubens. Davon wußte Zittel zahlreiche Beispiele aus der heutigen Zeit anzuführen. MG

Abb. 2: „Mainpost“, 31.3.1969

> flikt lebt. Diese Form der Schuldzuweisung ist im übrigen eine Verhaltensweise, die auch ohne die zusätzliche Implikation einer Hexenbeschuldigung in unserem „alltäglichen Alltag" zu beobachten ist.

Unabhängig davon, welcher dieser „Mechanismen" bei der Hexenfindung greift: eine wesentliche Rolle, damit es überhaupt zu einer Hexenbeschuldigung kommen kann, spielt die Persönlichkeitsstruktur des Hexengläubigen.

Ohne das im einzelnen differenzieren zu wollen, möchte ich auf einen Satz von Theodor W. Adorno verweisen, der in seiner Studie zum autoritären Charakter herausgestellt hat, „daß Ichschwäche eine der wichtigsten Ursachen der Stereotypie und des Hanges zum Aberglauben ist".

Ich habe eingangs unter anderem die Frage gestellt, ob die neueren Okkultwellen ein stützendes Umfeld für den traditionellen Hexenglauben abgeben? Ich beobachte seit mehr als 15 Jahren recht aufmerksam den ganzen Bereich des Okkulten, der Astrologie, des Aberglaubens usw. und kann sagen, daß sich neben den eher als harmlos einzustufenden Dingen wie Horoskopen, Wahrsagen, Pendeln usw. einige Felder aufgetan haben, die in ihren unmittelbaren sozialen Auswirkungen weit über das bisher Bekannte hinausgehen.

Ausgehend von England und den USA haben auch bei uns Hexen- und Satanskultbewegungen Fuß gefaßt. Seit einiger Zeit reißen Berichte über Satanssekten, Schwarze Messen, Teufelsrituale und ähnliches nicht mehr ab. Die neue Qualität besteht darin, daß es sich nicht mehr um eine Art Gesellschaftsspiel, um Unterhaltung oder Freizeitgestaltung, handelt, sondern daß daraus mittlerweile blutiger Ernst geworden ist. Im Oktober 1987 standen in der ‚Stuttgarter Zeitung' an *einem* Tag Berichte über zwei Prozesse: im einen wurde gegen frühere Sektenführer wegen Betrugs und Körperverletzung verhandelt, im andern ging es um den Tod einer 15jährigen. Ihr waren von ihren wenig älteren Freunden anläßlich eines Teufelsrituals die Puls- und Halsschlagadern aufgeschnitten worden[9].

Die Intensität der Berichterstattung über solche Fälle — aber auch über weit harmlosere Dinge aus dem Bereich des sogenannten Übersinnlichen bis hin zur makaber-skurilen Schlagzeile einer Boulevardzeitung: „Seher sprach Barschel im Jenseits: Es war Giftmord!" — kann nach meiner Einschätzung eine Langzeitwirkung nicht verfehlen. Um auf dem politischen Feld zu bleiben: Weniger Überraschung als vielmehr Entsetzen wegen der möglichen Dimensionen lösen Presseberichte über den Einfluß von Astrologen auf die Entscheidungen des (ehemaligen) amerikanischen Präsidentenehepaars aus[10]. Die Omnipräsenz des Irrationalen und Magischen wird öffentlich und gesellschaftsfähig, zumal dann, wenn es sich einer pseudowissenschaftlichen Terminologie bedient und sich zu Recht oder Unrecht auf anerkannte Autoritäten beruft. Der — wie die zitierte Umfrage belegt — latent vorhandene Glaube an die Wirkkräfte von Hexen erhält nach meiner Auffassung auf diese Weise eine wirksame Stütze.

Eine weitere Stütze stellt der in unseren beiden wichtigsten christlichen Konfessionen mit unterschiedlicher Verbindlichkeit vertretene Glaubenssatz dar, daß der Teufel eine real existierende Macht sei. Es gehört zu den gesicherten Erkenntnissen der Aberglaubensfor-

9. Stuttgarter Zeitung, 17.10.1987.

10. Siehe z.B. die Titelgeschichte „Politik nach Horoskop". In: „Der Spiegel", 42. Jg., Nr. 20, 16.5.1988.

schung, daß beim Glauben an Hexen die konfessionellen Unterschiede kaum eine Rolle spielen, sondern daß es entscheidend auf die Intensität und die Art der Gläubigkeit ankommt. Wer im Teufel nur das allgemeine Prinzip des Bösen sieht, ist weit weniger anfällig für den Glauben an Hexen als derjenige, für den der Teufel zur Person werden kann.

Bevor ich zum Schluß komme, möchte ich über das bereits Gesagte hinaus noch einige weitere Sätze zum Verhältnis Frauenbewegung und Neue Hexen anfügen.

Ein Teil der Frauenbewegung versteht sich ausdrücklich als autonome Gesundheitsbewegung, die ihre Wurzeln als „bis in die mittelalterlichen Hexenzirkel" zurückreichend betrachtet[11]. Sie leitet dieses Selbstverständnis nicht zuletzt aus einem besonderen, sympathetischen Verhältnis der Frauen zur Natur ab, einer assoziativen Verknüpfung Frau — Natur — Magie — weibliche Macht. Aus dieser Auffassung zieht sie Souveränität, Stärke und Selbstbewußtsein für den Kampf gegen die Benachteiligung und Unterdrückung der Frauen, einen Kampf, der unbestritten notwendig ist. Aber es stellt sich die Frage, ob die provozierende Selbstbezeichnung als Hexe (angefangen zum Beispiel bei den „Hexen"demonstrationen in der Walpurgisnacht) tatsächlich ein geeignetes Mittel zur Befreiung aus der seitherigen, patriarchalisch bestimmten Frauenrolle ist. Die Schaffung eines neuen Mythos durch Übernahme und Anverwandlung des alten Bildes der Hexe und seine Nutzung als Widerstandsmoment gegen die patriarchalische Ausrichtung der Gesellschaft wird, so ist zu fürchten, die Frauenbewegung ihrem Ziel nicht näherbringen — trotz der Kraft der eingesetzten Phantasie.

Die Gründe dafür sind leicht einzusehen: Auch wenn es so gedacht ist, läßt sich das öffentliche Auftreten als „Hexe" in unserer Gesellschaft nicht als Symbol für Unterdrückung vermitteln. Denn dort, wo von Frauen dieser Figur in Hexen-Workshops und -seminaren reale Wirksamkeit, also die Fähigkeit zur Magie, zugeschrieben wird und die weibliche Identitätssuche mit einer ausschließlichen Konzentration aufs Emotionale betrieben wird, müssen die Frauen sich den Vorwurf gefallen lassen, daß sie etwas adaptieren, was ihnen die Männer schon lange negativ — zu Unrecht — zugeschrieben haben, unter anderem mit eben der verhängnisvollen Auswirkung bei der Hexenverfolgung.

So leicht sollten wir Frauen es den Männern nicht machen. Und ich glaube auch, daß die als Hexen verbrannten Frauen eine andere Solidarität verdient haben.

Abschließend will ich ansatzweise noch eine Antwort auf die Frage versuchen, was die vermehrte Beschäftigung mit dem Okkultbereich über uns und unsere Gesellschaft aussagt. Nicht erst seit Tschernóbyl ist die Zuversicht geschwunden, alle technischen Prozesse seien rational steuer- und beherrschbar. Ja, es stellt sich sogar die Frage, ob die Vergötzung der Rationalität nicht etwas zutiefst Irrationales an sich hat, ob in dieser einseitigen Betonung der Rationalität nicht die Beachtung entscheidender menschlicher Bedürfnisse — wie zum Beispiel Wärme, menschliche Nähe, Vertrauen — auf der Strecke bleibt.

Dazu kommt ein weiteres: Die lange Zeit bei uns wichtigsten Instanzen für die Sinnstiftung im menschlichen Zusammenleben, die Kirchen, haben für viele Menschen aus unterschiedlichsten Gründen ihre Bindekraft verloren. Es könnte sein, daß als eine Art Ersatz ein unmittelbarer Zugang zu einem selbstgewählten Sinngeber gesucht wird, zu einem

11. Barbara Ehrenreich u. Deidre English, Hexen, Hebammen und Krankenschwestern (wie Anm. 7), S. 10.

Sinngeber, der immer schon dann etwas für sich hat, wenn er sich abseits der offiziellen Lehre findet. Zu fragen wäre, ob nicht ein häufig genanntes Bild einen Kern Wahrheit enthält, das besagt: wenn man den Glauben zum Fenster hinauswirft, kommt er als Aberglaube zur Tür wieder herein.

Damit möchte ich jedoch kein Plädoyer für die eine oder andere Form der Gläubigkeit abgeben. Mir geht es mit diesen abschließenden Bemerkungen vielmehr auch darum, darauf hinzuweisen, daß es im menschlichen Leben schon immer viel Unerklärbares und Unerklärtes gegeben hat — und, Gott sei Dank!, immer noch gibt — und daß wir das hinzunehmen lernen sollten, ohne daß wir gleich jemand anderen dafür verantwortlich machen und ihm unterstellen, daß er mit magisch-übernatürlichen Mitteln Übles will. Es geht im seelischen Bereich auf natürliche Weise ungeahnt viel in uns und zwischen uns vor. Nur haben wir verlernt, dies als Teil von uns wahrzunehmen.

Dagmar Unverhau

# „Hexen unter uns?" — Die Vorstellungen eines modernen Kämpfers gegen Hexenwahn aus der Sicht der historischen Hexenforschung

„Hexen unter uns?" fragte Johann Kruse (1889-1983), ein ehemaliger Volksschullehrer, 1951 provozierend mit einer Buchpublikation. Wir müssen uns die Zeit vor Augen führen, in der er diese Frage aufwarf, um das Ungewöhnliche dieses Titels wahrzunehmen. Damals lagen die „neuen Hexen" der feministischen Frauenbewegung in der unentschleierten Zukunft. Die Frage, die ja eine Behauptung enthielt, mußte Aufsehen erregen. Ein Indiz dafür mag sein, daß nach einem halben Jahr die Auflage eingestampft wurde[1]. Bereits 1923 hatte Kruse eine Schrift über den „Hexenwahn in der Gegenwart"[2] verfaßt. Darin heißt es u.a.: „Bekanntlich machen sich gerissene Personen den von der Kirche ins Volk getragenen Wahnglauben zunutze ... Weise Frauen und Hexenbanner halten reiche Ernte"[3]. Repressionen der Schulverwaltung waren die Antwort darauf. Sein langes Leben setzte er sich jedoch für den Kampf gegen den Aberglauben ein und hinterließ darüber sein „Archiv zur Erforschung des neuzeitlichen Hexenwahns"[4]. In dem einleitenden Kapitel „Warum dieses Buch geschrieben wurde"[5] umreißt er in seinem Hauptwerk seine Zielsetzung dahingehend: „Über den Aberglauben unserer Zeit liegt eine umfangreiche Literatur vor, über seine bösartigste Erscheinung aber, den neuzeitlichen Hexenglauben, gibt es keine zusammenfassende Darstellung. Es soll hier weder über die mythologischen Grundlagen dieses Irrglaubens noch über die Entstehung der einzelnen Zauber- und Gegenzauberbegriffe berichtet werden. Darüber ist zur Genüge geschrieben worden. In dem vorliegenden Buch soll dargelegt werden, was in zahllosen volkskundlichen Werken und Zeitschriften, Heimat- und Jahrbüchern, in Dissertationen und Vorlesungen unserer Hochschule — sei es aus Unkenntnis oder Mangel an Mut oder aus Nichtachtung der Wahrheit — unbeschadet bleibt: wie sehr der grausige Hexenwahn breite Volksschichten in Stadt und Land be-

1. Th. Hauschild, Die alten und die neuen Hexen. Die Geschichte der Frauen auf der Grenze. München 1987, S. 170.

2. Hauschild, Hexen (wie Anm. 1), S. 169.

3. Nach Hauschild, Hexen (wie Anm. 1), S. 169.

4. Hauschild, Hexen (wie Anm. 1), S. 170; H. Staschen, Das ‚Johann-Kruse-Archiv zur Erforschung des neuzeitlichen Hexenglaubens' — seine Entstehung, sein Aufbau, seine Funktion und seine Inhalte. In: Mitteilungen aus dem Museum für Völkerkunde Hamburg 10 (1980), S. 177 ff.

5. J. Kruse, Hexen unter uns. Magie und Zauberglauben in unserer Zeit. Hamburg 1951. Neupaginierter Nachdruck Leer 1978, S. 9.

herrscht! Noch heute, um die Mitte des 20. Jahrhunderts, hat jede Stadt in Deutschland mehrere ‚Hexen' und fast jedes Dorf seine ‚Teufelsdienerin'. Infolge ihrer Schutz- und Wehrlosigkeit werden sie geächtet und verfolgt, manche von ihnen nicht selten mißhandelt oder gar getötet. Tausende und abertausende Frauen leiden unter diesem Wahn, können trotz der Aufhebung der Hexenverbrennungen vor etwa 200 Jahren immer noch nicht in Frieden sterben. Hexenaustreiber nutzen diesen Aberglauben in verbrecherischer Weise. Erschreckend sind die Folgen des Wahnes auf rechtlichem und gesundheitlichem, volkswirtschaftlichem und sittlichem Gebiet."

Kruse will mehr als auf diesen „Wahn", den er an anderer Stelle eine „geistige Seuche"[6] nennt, aufmerksam machen; kämpferisch sinnt er auf Beseitigung dieses skandalösen Mißstandes. Deshalb wendet er sich an die „kulturell fortgeschrittenen Kreise und die verantwortlichen Behörden", die zum Handeln aufgerufen sind. Sie sollen den diesem Wahn zugrundeliegenden Aberglauben unterbinden: „Es ist nicht meine Absicht, eine erschöpfende Darstellung des gegenwärtigen Hexenglaubens zu geben. Ich begnüge mich mit einem Streifzuge, der hinreichend zeigen dürfte, wie weit der Wahn verbreitet ist. Es sollen hier lediglich Anhaltspunkte gegeben werden, um die kulturell fortgeschrittenen Kreise und die verantwortlichen Behörden auf die großen Gefahren des Wahnes aufmerksam zu machen und um auf die Möglichkeiten einer Bekämpfung hinzuweisen. Denn für das Schicksal der als Hexen verfolgten Frauen und die Verbrechen, die aus dem Irrglauben hervorgehen, sind weniger die Abergläubischen und Hexenbanner, als vielmehr jene Menschen verantwortlich, die den Wahn dulden oder gar in mannigfacher Weise fördern"[7]. Kruses Zielsetzung spiegelt sich in der Bezeichnung „Aufklärer", die ihm sein Biograph Joachim Friedrich Baumhauer[8] beigelegt hat. „Kruse kann nur eine grausame, verfolgende Seite des Volksglaubens sehen, es erscheint daher folgerichtig, wenn er nach staatlicher Unterdrückung dieses Reliktes einer ‚finsteren Epoche' ruft"[9]. Dabei hat er wohl selber Züge eines Inquisitors angenommen, der „zum Hexenjäger wird, der mit Verbot und Bestrafung die Vernunft durchsetzen will"[10].

Daß Kruse in seinem Hauptwerk „systematisch sein Bild des deutschen Hexenglaubens" entfaltet habe, wie Thomas Hauschild[11] behauptet, gilt, wenn der Akzent auf „sein" liegt und wenn „systematisch" als „ausführlich" oder „eingehend" aufgefaßt wird. Kruse unterbreitet sein Wissen aufgrund seiner Erfahrungen und seiner Zielsetzung in den Kapiteln „Warum dieses Buch geschrieben wurde"; „Teufelskatzen, Klopfgeister und Federkränze. Von Hexen und Behexungen"; „Blutstein und Salomospiegel. Vom Gegenzauber"; „Die weise Frau und die Totenhand. Vom Hexenbannen"; „Geschmäht, mißhandelt, geächtet. Hexenverfolgung im 20. Jahrhundert"; „Sympathiekuren und Krankheitsmagie.

6. Kruse, Hexen (wie Anm. 5), S. 117.

7. Ebenda, S. 9.

8. J. Fr. Baumhauer, Johann Kruse und der „neuzeitliche Hexenwahn". Zur Situation eines norddeutschen Aufklärers und einer Glaubensvorstellung im 20. Jahrhundert untersucht anhand von Vorgängen in Dithmarschen (= Studien zur Volkskunde und Kulturgeschichte Schleswig-Holstein 14). Neumünster 1984.

9. Th. Hauschild, Hexen in Deutschland. In: Der Wissenschaftler und das Irrationale. Bd. 1. Frankfurt am M. 1985, S. 166.

10. Baumhauer, Johann Kruse (wie Anm. 8), S. 301.

11. Hauschild, Hexen in Deutschland (wie Anm. 9), S. 162.

Erscheinungsformen des Hexenwahns auf medizinischem Gebiet"; „Bücher der Venus und Liebeszauber. Erscheinungsformen des Hexenwahns auf sittlichem Gebiet"; „Verbrechen ohne Strafe? Erscheinungsformen des Hexenwahns auf rechtlichem Gebiet"; „Aberglauben als Schulfach? Förderung des Hexenglaubens durch den Unterricht"; „Finanz. Politik und weiße Magie. Förderung des Hexenglaubens durch die gebildeten Stände"; „Gespenster im Schutze der Wissenschaft. Förderung des Hexenglaubens durch die Volkskunde"; „Medizinmann und menschliche Dummheit. Die Bekämpfung des neuzeitlichen Hexenglaubens"[12]. „In seiner Darstellung gerät der Hexenglaube zu einem kriminellen System, bestehend aus ‚Anstiftern' (Verfasser und Verleger von Zauberbüchern), ausführenden Tätern (Hexenbanner), Indizien (Enthexungsmittel und Mosesbücher) und Opfern (verfolgte Frauen und betrogene Hexengläubige). Mit zahlreichen Fallbeispielen macht Kruse glaubhaft, daß auch heute Frauen unter dem Vorwurf der Hexerei isoliert und belästigt werden. Besonders in kleinen Gemeinden kann der auf Hexereianklagen basierende Konflikt manchmal nur durch den Wegzug der Betroffenen gelöst werden"[13].

Kruses Buch ist kein akademisches; und „systematisch" darf nicht im Sinne von „wissenschaftlich analysierend" aufgefaßt werden. Mit dieser Interpretation will ich nicht den Vorwurf seines volkskundlichen Kontrahenten Prof. Dr. Will-Erich Peuckert wiederholen, „daß er ein wissenschaftlich falsches Buch geschrieben hat"[14]. Es ist aus dem Engagement des Betroffenen heraus verfaßt, der etwas verändern will. — Wie vereinbart sich damit die historische Blickrichtung der zu machenden Anmerkungen? Die Rechtfertigung liegt in der historischen Dimension des Phänomens „Hexe". Kruse ist sich dieser Gegebenheit bewußt; nicht von ungefähr sieht er sich in der Nachfolge von frühneuzeitlichen Gegnern des Hexenglaubens[15].

Kontinuität drückt sich bei Kruse auch derart aus, daß Vergangenheit und Gegenwart in der Beschreibung des Phänomens „Hexe" in seinen Sätzen kaum zu trennen sind. Charakteristisch ist dafür der Beginn seines Kapitels „Teufelskatzen, Klopfgeister und Federkränze. Von Hexen und Behexungen"[16]: „Der mittelalterliche [!] Glaube an Hexen, der sich in dem Wahn gefiel, daß einzelne Menschen — vor allem Frauen — übernatürliche Kräfte besitzen und diese zum Schaden ihrer Mitmenschen ausnutzen, beherrscht auch heute noch weite Kreise unseres Volkes. Vor allem auf dem Lande fuhren viele Bewohner alles, was nach ihrer Meinung nicht mit rechten Dingen zugeht — wie Krankheiten bei Menschen und beim Vieh, Mißerfolge in der Haus- und Landwirtschaft — auf das Walten von Frauen zurück, die als Hexen in irgendeiner Weise mit dem Teufel im Bunde stehen [die Hexen standen früher nicht in irgendeiner Weise mit dem Teufel im Bunde]. Den Teufel denkt man sich vielfach in menschenähnlicher Gestalt mit Pferdefuß und Hörnern ausgestattet, der als der große Widersacher Gottes unermüdlich und voll List und Tücke ausgeht, Böses zu stiften und die Seelen in seine Hölle, das Reich der Finsternis, zu bringen"[17].

12. Kruse, Hexen (wie Anm. 5).
13. Hauschild, Hexen in Deutschland (wie Anm. 9), S. 162 f.
14. Nach Baumhauer, Johann Kruse (wie Anm. 8), S. 98.
15. Kruse, Hexen (wie Anm. 5), S. 204, 209 f.
16. Ebenda, S. 11 ff.
17. Ebenda, S. 11.

Solche und ähnliche Formulierungen Kruses mögen die Meinung — „Es scheint, daß sowohl Kruse als auch [sein Kontrahent, der Volkskundeprofessor] Peuckert den modernen Hexenglauben ganz aus dem Nacherleben des 16. Jahrhunderts heraus betrachten"[18] — in der sogenannten Sekundärliteratur gefördert haben. Sehen wir in diesem Zusammenhang von einer Erörterung der divergierenden Zeitangaben — hier irrigerweise mittelalterlich, dort 16. Jahrhundert — einmal ab. Zur Debatte steht die historische Dimension und darin involviert die schwierige Frage der Kontinuität und Diskontinuität.

*

Was heißt bei Johann Kruse Hexenverfolgung? — In der historischen Hexenverfolgung, die wir im Abendland im 16. und 17. Jahrhundert in verschiedenen Verfolgungswellen ausbrechen sehen, nachdem der spezifische Hexenbegriff seit 1480 formuliert vorlag[19], wurden der Hexerei beschuldigte Menschen, zumeist und überwiegend Frauen, mit Hexenprozessen bekämpft. Im 20. Jahrhundert jedoch hat der von Kruse verwandte Begriff „Hexenprozesse" eine ganz andere Bedeutung und Funktion gewonnen. Die Rollen von Anklägern und Beschuldigten sind nämlich vertauscht: Frauen werden nicht mehr von staatlicher und privater Seite der Hexerei angeklagt. Das Delikt „Hexerei" existiert nicht mehr. Es sind die sogenannten Hexenbanner und „weisen Frauen", denen der Prozeß gemacht wird, d.h. gemacht werden kann, wenn sich eine Frau von diesen Leuten der Hexerei verdächtigt sieht und wenn sie eine Anzeige beispielsweise wegen Beleidigung erstattet. Ob sie dieses tut, ist natürlich ihre Entscheidung. Kruse bedauert, daß der Staat nicht von Amts wegen zum Besten solcher diffamierten Frauen einschreitet, wie wir indirekt seinen Worten über den grundlegenden Wandel, der in den Adressaten der Hexenprozesse und in der staatlichen Sanktion stattgehabt hat, entnehmen können:

„Wenn es auch den tapferen Kämpfern gegen die Hexenverbrennungen gelungen ist, die Stellung des Staates gegenüber dem Irrglauben zu wandeln, so daß heute nicht mehr die vermeintlichen Hexen auf der Anklagebank sitzen, sondern [ihre Verleumder, die Hexenbanner] anklagen können, so hüten sich doch die meisten der in den schweren Verdacht geratenen Frauen, Beistand beim Gericht zu suchen"[20]. Wir kommen bei aller Achtung für Kruses Wollen um die Frage nicht herum: Soll der Staat unter umgekehrten Vorzeichen Gesinnungsschnüffeleien zum Wohl dieser Verdächtigten betreiben?

Ein Beispiel für einen sogenannten — modernen — „Hexenprozeß" zeigt uns detaillierter, warum Kruse von der Justiz enttäuscht ist: „‚Vor dem Amtsgericht Flensburg standen 1937 die beiden Angeklagten Fritz G. und Thomas A. aus S. Sie hatten den Bauern Heinrich H. in den Ruf gebracht, zu den ‚schlechten Menschen' in der Gegend zu gehören, die beschuldigt wurden, das Vieh zu behexen. G. gab an, einmal erfahren zu haben, daß der Kläger einen früheren Knecht ‚verrückt' gemacht haben soll und daß sein Vieh auf rätselhafte Weise verendet sei. Der andere Angeklagte berufe sich auf die Aussagen einer Zigeu-

18. Hauschild, Hexen in Deutschland (wie Anm. 9), S. 168.

19. J. Hansen, Zauberwahn und Hexenprozeß im Mittelalter und die Entstehung der großen Hexenverfolgung. München 1900. ND 1964, S. 7 ff.

20. Kruse, Hexen (wie Anm. 5), S. 129.

nerin, die den Bauern Heinrich H. als Hexer bezeichnet hatte. H. hatte unter diesem Verdacht sehr zu leiden. Nachdem es ihm gelungen war, in G. und A. zwei Verbreiter des Gerüchts zu ermitteln, erstattete er Anzeige. G. wurde, da seine Äußerungen schon Jahre zurücklagen und für ihn eine Bestrafung wegen der Amnestie nicht in Frage kam, freigesprochen. A. wurde zu einer Geldbuße von 100 M verurteilt‘. — Da G. später erneut den Bauern der Hexerei bezichtigte, mußte er, berichteten 1938 die Zeitungen, seine nichtbewiesenen Behauptungen mit einer Geldstrafe von 130 M büßen. — Aus Ülzen, Lüneburger Heide, wurde 1945 berichtet: ‚Vor dem Amtsgericht mußten sich einige Einwohner eines benachbarten Dorfes verantworten, weil sie eine alte Frau als Hexe bezeichnet hatten. Die Beschuldigten wurden zu verhältnismäßig geringen Geldstrafen verurteilt.‘“[21] Kruse ist enttäuscht, weil er das angetane Leid nicht angemessen gesühnt und weil er durch eine solche Justiz den Aberglauben mehr als durch die Abergläubischen unterstützt findet.

Resümieren wir das Spezifische der „Hexenverfolgung im 20. Jahrhundert“ mit Kruses Worten[22]: „Ist die vermeintliche Hexe durch einen Hexenbanner [oder Hexenenttarner] oder durch die Abergläubischen entlarvt, dann beginnt die Verfolgung der in den schweren Verdacht geratenen Frau, um sie unschädlich zu machen und sie zu strafen. Zunächst werden über sie die unsinnigsten Geschichten erzählt. Bei der stark verbreiteten Klatsch- und Schmähsucht finden sich schnell gläubige Hörer. Man horche nur herum, was noch heute einer Dorfhexe alles nachgesagt wird. Die Berichte sind Ausgeburten der irregeleiteten Phantasie eines großen Teiles unserer Bevölkerung.“

Wie sieht Kruse die neu(jetzt)zeitliche Hexe? — „Wie im Mittelalter werden heute gelegentlich auch noch Männer der Hexerei verdächtigt“[23]. Wenn wir Hexerei als einen spezifischen Begriff nehmen, nämlich als denjenigen der Verfolgungszeit, der, genauer gesagt, zur Grundlage der Verfolgungen geworden ist, dann ist Kruses Periodisierung falsch. Dem Mittelalter waren massenhafte Verfolgungen dieser Art fremd[24]. Die frühe Neuzeit erlebte sie jedoch. Daß Männer damals als Hexenmeister oder Hexeriche angeklagt wurden, trifft zu[25]; ebenso, daß hauptsachlich auf Frauen dieser gefährliche Verdacht fiel.

Wie wird man eine Hexe? „Viele Hexen sollen ihre Zauberkunst von der Mutter geerbt haben. Zahllose Familien stehen noch heute in dem Ruf, daß bei ihnen die ‚schwarze Magie‘ erblich sei. Andere Hexen reichen, wenn sie eine Nachfolgerin gefunden haben, die Kunst in Gestalt eines kleinen weißen Stabes weiter, den sie immer unsichtbar bei sich tragen. Die alte Hexe hält ihn der jungen hin. Diese muß an den weißen Stock greifen und dabei Gott abschwören. Meistens ist es ein kleiner Schenkelknochen von einem Hund oder einer Katze, der ein Jahr im Mist gelegen hat, oder ein weißgeschältes Holzstäbchen, das mit einer gestohlenen Hostie gerieben wurde. Ein Weib kann die Hexenkunst erwer-

21. Ebenda, S. 132.

22. Ebenda, S. 71.

23. Ebenda, S. 12 ff.

24. R. Kieckhefer, European Witch Trials. Their Foundations in Popular and Learned Culture, 1300-1500. London and Henley 1976; vgl. D. Unverhau, Die abendländische Hexe. Beispiele ihrer Verfolgung. In: Hexen und Zauberer. Die große Verfolgung — ein europäisches Phänomen in der Steiermark. Hg. v. H. Valentinitsch. Graz u. Wien,1987, S. 246 ff.

25. G. Schormann, Hexenprozesse in Nordwestdeutschland (=Quellen und Darstellungen zur Geschichte Niedersachsens 87). Hildesheim 1977, S. 114.

ben, wenn sie dreimal rücklings die Kirche betritt oder wenn sie nach dem Abendmahl die Oblate aus dem Mund nimmt und mit einer Nadel durchbohrt. ,Die alte Hexe P.', so erzählt man sich in Dithmarschen, ,ist im Winter eine Zeitlang sehr früh am Sonntagmorgen in die Kirche gegangen. Dort hat sie dem Altar den nackten Hintern gezeigt, um sich von Gott loszusagen und um künftig dem Teufel mit der Hexerei zu dienen. Ihre Ausrede, sie sei früher in die Kirche gegangen, weil dort geheizt sei, ist eine Lüge, die ihr der Teufel eingegeben hat'"[26]. Für den historisch Unkundigen muß diese Aufzählung doch sehr abstrus wirken. Kruse rückt sich damit doch in die Nähe jener von ihm inkriminierten „Volkskunde", die nur sammelt und aufzählt und nicht erklärt[27].

Es war bereits kurz die Rede davon, daß mit dem äußerst strafwürdigen Verbrechen der Hexerei zumeist Frauen auf Leben und Tod belastet wurden. Daß die Tochter einer „überführten" und gar abgeurteilten Hexe im Sinne einer Vererbung besonderer Befähigungen hochgradig gefährdet war, läßt sich leicht nachvollziehen. Aber auch jede andere Frau, die mit einer justifizierten Hexe in Verbindung gestanden hatte oder einfach mit ihr in Verbindung gebracht wurde, konnte sich in Lebensgefahr befinden. In den Unterlagen der historischen Hexenprozesse begegnet uns immer wieder die Wendung, eine im Hexereiverdacht stehende Frau habe ihre Kunst von einer anderen Frau, ihrer „Meisterin", erlernt[28]. Kruse spricht dieses für seine Zeit in der Form eines Ritus an. Die Kunst wird mit einem Symbol förmlich — Rechtsgeschäfte wurden so abgewickelt — weitergereicht. In diesem Fall ein weißer Stock. Indem dieser von der „Novizin" — so nenne ich einmal die Frau, die nun Hexe wird — ergriffen wird, schwört sie Gott ab. Dieser Ritus, wenn auch, wie mir scheint, in ungewöhnlicher Form, erinnert an den Teufelspakt, den die historische Hexe nach Aussage der Strafakten mit dem Teufel schloß. Hier wird er mit der Lehrmeisterin eingegangen, das ist, gemessen an historischen Nachrichten, ungewöhnlich. Die übrigen von Kruse geschilderten Formen des Hexenwerdens setzen ebenfalls einen religiösen Kontext voraus. Der Glaubensabfall wird vollzogen, indem man rückwärts die Kirche betritt. Teufelsanhänger machen im Unterschied zu den Rechtgläubigen alles verkehrt — „links" — herum. Die damit bezeugte Mißachtung Gottes reicht zur Blasphemie aus. Eindeutiger tritt diese in der Entwendung einer heiligen Oblate oder Hostie und in der zauberischen Manipulation derselben hervor; steht doch die Oblate für den Kreuzestod Christi[29]. Der blanke Hintern ist ein Zaubermittel und eine starke Hohngebärde obendrein[30]. Ein Abwehrzauber wird gegen Gott geübt, stärkste Mißachtung ihm bekundet. Und schließlich bleibt noch eine Möglichkeit anzuführen: „In der Gestalt eines Katers oder Hundes besucht der Satan seine Dienerinnen, um sie in der höllischen Kunst zu unterweisen"[31]. Alle genannten Beispiele, das letzte eingeschlossen, setzen das historische Verständnis der Hexenverfol-

26. Kruse, Hexen (wie Anm. 5), S. 12.

27. Ebenda, S. 169 ff.

28. Ein Beispiel vgl. unten.

29. Karle, Artikel „Hostie". In: Handwörterbuch des deutschen Aberglaubens. Bd. 3. Sp. 412-422. Berlin und Leipzig 1931/1932, Sp. 412 ff.

30. D. Unverhau, Von Toverschen und Kunsthfruwen in Schleswig 1548-1557. Quellen und Interpretationen zur Geschichte des Zauber- und Hexenglaubens. Schleswig 1980, S. 36 f.

31. Kruse, Hexen (wie Anm. 5), S. 12; zu den Tieren vgl. Unverhau, Von Toverschen (wie Anm. 30), S. 29 f.

gungszeit voraus. Sie sind aber nicht deckungsgleich mit deren lehrmäßigen oder gelehrten Vorstellungen. Das läßt sich insbesondere mit dem zuletzt genannten Beispiel nachvollziehen. In ihm wie in den anderen Fällen ist die Idee des Teufelspaktes unscharf geworden. Hatte während der Verfolgungen eine Hexe — angeblich — einen Pakt mit dem Teufel geschlossen, dann füllte sich ihre Seele mit diabolischer Macht und dadurch mußte sie Böses tun, u.a. schadenzaubern[32]. Einer teuflischen Unterweisung bedurfte sie dann — streng genommen — nicht mehr; was nicht heißt, daß der Teufel sie nicht mit Zauberingredienzien, etwa Saat und Pulver, ausstattete. Es ist wohl kaum die Frage, daß diese Gaben eine volkstümliche Ausformung einer theologischen Lehrmeinung darstellen. Die von Kruse des weiteren kolportierte Meinung, manche Frauen lernten aus Zauberbüchern das Hexen, erfüllt diesen Tatbestand allerdings.

Was verüben angeblich die „schlechten Menschen", die Hexen sein sollen? „Nach der Ansicht der Abergläubischen ist nichts so gefährlich wie eine Hexe. Man fürchtet sie als Schädigerin der Gesundheit und der Familie und als Unglücksbringerin für die Haustiere und das Feld. Es gibt kein Unglück, an dem nicht eine Hexe schuld sein könnte. Schreien die Säuglinge viel oder sind die Kinder krank, führt eine Tochter einen liederlichen Lebenswandel, wird der Mann arbeitsunfähig oder ein Trinker, ist eine Frau leidend oder verschwenderisch — immer sind es die Hexen, die alles Unglück verschuldet haben. Ist ein Pferd störrisch oder scheu, geben die Kühe wenig Milch oder verkalben sie, gedeihen die Schweine nicht oder sterben die Ferkel, legen die Hühner zu wenig Eier, trägt ein Acker nicht genug Frucht, verdorrt ein Obstbaum — eine Hexe steckt dahinter! Was es immer auch Unangenehmes gibt — stets hat es ein böses Weib mit einem Zauber bewirkt. In Niederdeutschland bezeichnet man eine Behexung mit der Wendung ‚Se hebbt em wat andaan' oder ‚Se hebbt em ünner'"[33].

Besonders hat die Hexe es auf die Gesundheit ihrer Mitmenschen abgesehen, und letztere glauben, Indizien zur Unterscheidung einer natürlichen Krankheit von einer übernatürlichen zu besitzen: „Die im Volke verbreitete Auffassung, daß zahlreiche Krankheiten und Unglücksfälle dem Teufel und seinem Anhang zuzuschreiben sind, hat zu höchst eigenartigen Erscheinungsformen auf medizinischem Gebiet geführt. Vornehmlich werden Krankheiten, die langwierig oder schleichend oder wenig auffallend sind, einer Behexung zugeschrieben, wie Blutarmut, dauerndes Siechtum, Übelkeit, Kopfschmerzen, Tuberkulose, Krebs. Ganz besonders führt man das Schreien der Säuglinge sowie viele Krankheiten der Kinder auf das Walten teuflischer Mächte zurück. Ebenfalls schreibt man ihnen Mißgeburten, Muttermale, Hasenscharten zu. Wenn auch im allgemeinen eine Krankheit anfangs auf eine natürliche Ursache zurückgeführt wird, setzt sich beim Versagen von Ärzten und Arzeneien oftmals der Gedanke durch, daß ein böser Zauber schuld an dem Leiden sei. Nicht selten kommt es vor, daß Nichtabergläubische durch Angehörige oder Nachbarn, die dem Zauberwahn verfallen sind, zu dem Glauben an eine Behexung gedrängt werden, vor allem, wenn keine einleuchtende Erklärung für die natürliche Entstehung der Krankheit gegeben ist. So erklärte ein Vater vor Gericht in Rendsburg, daß er von seinem Nachbarn ‚ganz fummelig' geredet worden sei und zuletzt geglaubt habe, eine kranke Tochter sei behext

32. A. Macfarlane, Witchcraft in Tudor and Stuart England. A regional and comparative study. London 1971, S. 189.

33. Kruse, Hexen (wie Anm. 5), S. 12 f.

worden"[34]. Hat sich dieser Argwohn verfestigt, dann schlägt die Stunde des Hexenbanners, wie noch zu beschreiben sein wird. Hören wir zunächst, wie eine Hexe Böses antut, und zwar in Anwendung eines Zaubers, der die Beachtung gewisser Regeln bzw. eines Ritus erfordert: „Von den zahllosen Mitteln, mit denen die Hexen ihre Untaten verüben, soll nach der Meinung der Abergläubischen der Bildzauber für Menschen, besonders aber für Kinder, am gefährlichsten sein. Die Teufelsdienerin sitzt in ihrer Wohnung und macht aus Wachs oder Lumpen eine Puppe und tauft sie unter Anrufung des Teufels auf den Namen des Betreffenden, dem der Zauber gelten soll. Wenn die Hexe die Puppe übers Feuer hält, sie in siedendes Wasser taucht, mit einer Zange kneift, mit einem Stock schlägt, mit Nadeln sticht — stets fühlt die dargestellte Person die Schmerzen, wird leidend und stirbt nicht selten. Will die Hexe den schnellen Tod eines Menschen herbeiführen, sticht sie der Puppe mitten ins Herz"[35]. Sie hat aber auch das Böse buchstäblich in sich und kann damit schaden, indem sie ihren Körper willentlich oder unwillentlich einsetzt: „Die meisten Hexen sollen den bösen Blick besitzen. Neid und Abgunst, Zorn, Eifersucht, Bosheit machen ihre Augen glänzen, und alles, was von dem Blick betroffen wird — seien es Menschen, Tiere, Bäume, Sträucher — muß krank werden und eingehen. Ja, selbst Gardinen, Hauswände, Dächer usw. geraten durch diesen Zauber in Verfall. Gern beugen sie sich über eine Wiege, behexen das Kind mit einer Krankheit oder sehen ihm die Seele ab, um sich recht lange jung und gesund zu erhalten."[36]

Gewisse charakteristische Äußerlichkeiten weisen sie als gefährliche Menschen, als Zauberinnen und Hexen, aus: „sie erscheinen als alte, ärmlich gekleidete Frauen mit runzligem Gesicht, und gehen gebückt oder an einem Stabe. Auch Frauen mit zusammengewachsenen Augenbrauen sollen im Besitz übernatürlicher Kräfte sein. Eine Frau, die Barthaare oder eine Warze im Gesicht oder ein Muttermal am Körper hat, ist vom Teufel geküßt und so als eine schlimme Buhlerin des Satans erkenntlich gemacht worden. Den bösen Blick besitzen Frauen, die schielen oder viel ‚Weißes' im Auge haben. Besonders gefährlich sind Personen mit hervortretenden Augen, ‚Glupaugen', oder mit triefenden Augen, ‚Leckaugen'"[37]. Halten wir für einen Moment in der Aufzählung inne; äußerliche Merkmale spielen in den historischen Hexenprozessen bis auf das Teufelsmal, mit dem der Teufel die sich ihm ergebende Frau kennzeichnet, so gut wie gar keine Rolle. „Verdächtig sind auch auffällig langlebige Frauen, da sie die Kunst der Verlängerung des Lebens, ein Hauptgeheimnis der Zauberei, verstehen. Man soll sich nicht, so sagen die Hexengläubigen, täuschen lassen, wenn solche Frauen über Lebensmüdigkeit klagen, denn diese Verstellung sei nur eine Teufelslist. Wenn eine alte Frau von einem langen Siechtum heimgesucht wird, so ist sie sicher eine Hexe, die durch einen wirksamen Gegenzauber mit diesem Leiden bestraft worden ist"[38]. Man kann sich aber nicht in jedem Fall auf die Äußerlichkeiten verlassen, andernfalls wären die Hexenbanner ja überflüssig. Hexen verfügen über eine große „Verstellungskunst": „Armut ist oft nur ein arges Täuschungsmittel der Zauberinnen. Wenn sie, ohne den Dorfbewohnern zur Last zu fallen, dennoch keinen Hunger leiden,

34. Ebenda, S. 101.
35. Ebenda, S. 13; zur Wachspuppe vgl. Unverhau, Von Toverschen (wie Anm. 30), 43 ff.
36. Kruse, Hexen (wie Anm. 5), S. 13 f.
37. Ebenda, S. 21.
38. Ebenda.

so plündern sie sicher als Katzen in der Nacht die Keller und Räucherkammern der Nachbarn oder fressen als Hasen deren Kohl in den Gärten und auf den Feldern. Hexen verraten sich, wenn sie sich nach dem Ergehen ihrer Opfer erkundigen“[39].

Ich breche hier ab; vieles, wie das Berufen und Beschreien, der Liebeszauber, der Milchzauber, ja selbst die Verwandlung in Hexentiere (Katzen)[40], wäre noch hinzuzufügen. Kruses Worte — „Es gibt kein Unglück, an dem nicht eine Hexe schuld sein könnte“[41] — sind ohnehin einsichtig geworden.

Bleibt noch die Behauptung, die Hexen wären der Anhang des Teufels. Einmal war uns in der obigen Aufzählung bereits die Ansprache „Teufelsdienerin“ begegnet. „In seinem Bestreben, dem Himmelskönig viele Christen abspenstig zu machen, tritt der Teufel, vom Volk auch vielfach ‚der Schwarze‘ genannt, aber nur selten in Erscheinung. Er überläßt diese Arbeit gern gottlosen Frauen, die ihm als Hexen dienen. Sie haben sich mit ihm verbündet, um Hunger, Krankheit und Unglück von sich fern zu halten und um aus Neid und Bosheit ihren Mitmenschen durch Zauberei mancherlei Schaden zuzufügen und ihnen das Leben schwer zu machen. Ihre Sucht Böses zu tun, ist oft so stark, daß sie ihre eigenen Angehörigen, selbst Kinder und Enkel behexen. Gewöhnlich gehen sie, um ihre Mitmenschen zu täuschen, ihren täglichen Pflichten nach. Sobald sich aber eine Gelegenheit bietet, verüben sie ihre bösen Taten. Viele haben sich auch der Zauberei verschrieben, um sich mannigfache Liebesgenüsse oder ein langes Leben zu verschaffen. Manche Teufelsanhänger, vor allem Männer, dienen der ‚schwarzen Kunst‘, um ihren Besitz zu vergrößern und reich zu werden“[42].

Kruse gibt hier Beschuldigungen wieder, mit denen Hexengläubige ihre „Opfer“, die Hexen, bezichtigen und vor allem bezichtigten. Da er alles unkommentiert und unkritisch im Hinblick auf die historische Hexenverfolgung anführt, gerät er in die Gefahr, eine Blickrichtung einzunehmen, die die Stichhaltigkeit der Vorwürfe bzw. der Motive auch auf dem historischen Hintergrund suggeriert. Dabei besteht der unglaubliche Skandal der historischen Hexenverfolgung gerade darin, daß die Anklagen in der ganz überwiegenden Mehrzahl der Prozesse haltlos waren, weil die wenigsten der Angeklagten jemals einen Teufelspakt eingegangen waren und keineswegs alle magisch besonders auffällig agiert hatten[43]. Die Bekenntnisse sind keine Beweise, da sie mit der Folter den in gerichtliche Verfahren Verwickelten abgepreßt wurden.

Wie gesagt, stellt sich bei den kurz zuvor zitierten Sätzen Kruses über den Teufelsanhang unwillkürlich die historische Perspektive ein. Historisches wird nämlich — allerdings oftmals fortentwickelt oder verballhornt bzw. aus dem Kontext der Häresie gerissen — undifferenziert als Aussage über den Hexenglauben unserer Zeit dargeboten. Dieses kann — zumal aus dem Zusammenhang von Kruses Bestrebungen genommen — leicht als ein Plädoyer für diese Beschuldigungen ausgelegt werden. Es fehlt an einer Definition der modernen Hexe, die den Kern der jetzigen Vorstellungen herausschält und sie von anderen abhebt. Joachim Baumhauer hat dieses versucht. Seine Definition sei hier angeführt, um die

39. Ebenda.
40. Ebenda, S. 14; Unverhau, Von Toverschen (wie Anm. 30), S. 29.
41. Kruse, Hexen (wie Anm. 5), S. 12.
42. Ebenda, S. 11 f.
43. Unverhau, Hexe (wie Anm. 24), S. 238 f.

vermißte analytische und zeitlich wie begrifflich strukturierende Vorgehensweise zu belegen: „Dabei läßt sich für den ‚modernen' Hexenbegriff folgende Definition aufstellen: Hexe = lebende menschliche Person, die aufgrund ihrer ‚übernatürlichen' Fähigkeiten in der Lage ist, (willentlich oder nicht willentlich) Personen, Tieren, Sachgütern in ihrer Umgebung Schaden zuzufügen. Bedeutsam ist hierbei, daß die Bezeichnung ‚Hexe' für schadenzauberisch agierende Mitmenschen auch von ‚Hexen'-Gläubigen in der Regel verwendet wird; mit ‚Hexen' werden vielmehr Figuren aus der Vergangenheit oder aus dem Mythos assoziiert — etwa jene auf dem Besen reitende Frau, andernorts in folkloristischen Darbietungen erstarrt. ‚Hexen gibt es nicht, hat es auch noch nie gegeben. Tatsache ist aber, daß es viele Menschen gibt, die die schwarze Kunst durch Teufelsmacht ausüben'. Durch diese Aussage (von 1927) eines ‚Spezialisten' der Magie, eines ‚Hexenbanners', wird deutlich: Den Kern der Glaubensvorstellung bildet eine — oftmals quasi-religiös verbrämte — Idee einer transzendenten magischen Kraft, die von den ‚Hexen', meist als ‚böse Leute' umschrieben, zur zauberischen Schädigung ihrer Mitmenschen verwendet wird. Magische Kraft besitzen also auch jene ‚klugen Leute', Laienheiler, die ihre heilzauberischen Aktionen gegen die ‚Hexen' richten, ‚Hexenbanner', die aufgrund ihrer göttlichen Berufung den Vertretern des Bösen entgegenwirken können. Gehören somit Hexenvorstellungen weitgehend in ein medizinisches Umfeld, so sind Hexenbanner doch trotz Verwendung ähnlicher Methoden von magischen Heilern anderer Prägung zu unterscheiden, die ohne Zurückführung der von ihnen behandelten Krankheiten auf Hexerei auskommen. Heilrituale und abwehrzauberische Zeremonien der Hexenbanner dienen dazu, ihre Klienten als vermeintliche Opfer aus dem Bann des Schadenzauberers zu befreien; vielfach wird durch sie auch erst orakelhaft die Person der Hexe festgestellt; der Hexenbanner ist zutreffend als ‚Funktionär' der ‚Magie' bezeichnet worden"[44].

Baumhauers Definition der modernen Hexe hat uns nicht von ungefähr auf deren magischen Gegenspieler, den Hexenbanner geführt — ist doch eigentlich er, wenn auch unter umgekehrten Vorzeichen, die moderne Hexe. Ihm wollen wir uns im folgenden zuwenden.

Wodurch erwecken Hexen Argwohn? — „Vor allem sollen die Hexen schuldig sein am Schreien kleiner Kinder, wodurch diese abmagern und nicht selten sterben. In einer norddeutschen Zeitung schreibt 1937 eine Einwohnerin aus einem Dorfe an der Niederelbe: ‚Meine Nachbarn waren darüber stutzig geworden, daß ihr Kleinstes immer abends um dieselbe Stunde, gegen 11 Uhr, zu schreien anfange, und das aus ganz unerklärlicher Ursache, denn keine noch so eingehende Untersuchung hatte bei dem Kinde eine Spur von Erkrankung feststellen können. Das Ende vom Liede war, daß es für die Nachbarn feststand, daß eine ‚Hexe' das Kind ‚unter' habe, und daß nur die Frau B. im Dorfe dafür in Frage käme. Darin sollte umgehend Wandel geschaffen werden. Gute Freunde wurden beauftragt, sich zu einer bestimmten Zeit hinter das Fenster der Frau zu stellen und auf alle erdenkliche Weise zu versuchen, Einblick zu gewinnen. Gesagt — getan! Und was war es, was diese zu berichten wußten, als sie von ihrem Gange zurückkehrten? Mit dem Glockenschlag 11 Uhr habe die ‚Hexe' nach einer Puppe gegriffen, dieser das Hinterteil entblößt und ihr dort eine gehörige Tracht Prügel versetzt. Und dadurch, daß die ‚Hexe' beim Schlagen alle ihre

44. Baumhauer, Johann Kruse (wie Anm. 8), S. 13 f.

Gedanken auf das arme Kind richtete, fühlte dieses die Schläge und krümmte sich vor Schmerzen‘“[45].

Liegt nichts Auffälliges vor, das den Argwohn in eine bestimmte Deutungsrichtung zwingt, dann kann ein Abwehrzauber Klarheit verschaffen: „Es gibt zahllose Mittel, um feststellen zu können, ob jemand eine Hexe ist. Man braucht z.B. einer Frau nur einen Stuhl anzubieten, unter dessen Kissen eine Schere in Kreuzform liegt. Lehnt sie den Stuhl ab und nimmt einen anderen oder will lieber stehen, dann ist sie eine Teufelsdienerin. In einem kleinen Dorf an der Niederelbe, wo nach den Aussagen der Einwohner drei arge Hexen wohnen, erzählte mir 1950 die junge Frau eines Handwerkers: ‚Ich wollte sehen, ob die Frau G. den Menschen und Tieren noch immer ‚was antut‘. Sie ist schon über achtzig Jahre alt. Vor einigen Tagen sah ich die Alte in den Bäckerladen treten. Da ließ ich schnell durch zwei große Schulmädchen eine gekreuzte Schere unter die Fußmatte legen. Als die Frau aus dem Laden trat, haben wir gesehen, wie sie sich an der Mauer festhielt und neben die Fußmatte trat. Dabei zitterte sie und sah sich ängstlich um‘“[46]. Gemüter, die magisch besetzt sind, erwägen nicht das Danebentreten als eine Folge altersbedingten unsicheren Gehens. Sie finden nur ihre vorgefaßte Meinung bestätigt. „Überaus mannigfaltig sind die Mittel, die geeignet sind, eine Behexung abzuwehren. Als Schutzmittel gegen alle Angriffe werden gern Amulette getragen. Als besonders wirksam gelten solche mit kirchlichen Symbolen, wie Broschen oder andere Schmucksachen in Kreuzform. Eine Hexe meidet das Kreuz, das über der Haustür oder am Stall angebracht ist“[47].

Alles Aufgezählte ist für Kundige ohne Hilfe des Hexenbanners verwendbar. Aber: „Bei besonders hartnäckigen Fällen von Krankheiten und schweren Schicksalsschlägen suchen die davon betroffenen Abergläubischen Rat und Hilfe bei einem Hexenbanner oder einer ‚weisen Frau‘. Von diesen glaubt man, daß sie als Vertreter der ‚weißen Magie‘ von der himmlischen Macht mit Kräften ausgestattet sind, die Taten des Teufels und seiner Anhänger verhindern oder zunichte machen können. Hexenbanner nennen sich auch gern Heilpraktiker, Hellseher oder Gesundbeter. Die weisen Frauen sind oft zugleich Kartenlegerinnen und Wahrsagerinnen“[48]. Letztere sind hier sozusagen der Vollständigkeit halber angeführt; es herrscht der Eindruck vor — sicherlich als Folge der „Hexenprozesse“, so wie sie uns Baumhauer[49] aufgearbeitet hat —, daß Kruses Augenmerk maßgeblich auf die Hexenbanner gerichtet ist. Diese werden „vom Volk auch Hexenmeister genannt“[50].

Von besonderer Wichtigkeit ist für Kruse die Frage, woher die besonderen Fähigkeiten stammen? „Die meisten Hexenbanner und weisen Frauen erlernen ihre düstere Weisheit aus okkulten Büchern wie ‚Das 6. und 7. Buch Moses‘, ‚Das Romanus Büchlein‘, ‚Geheimnisse der Nigromantie‘, die sie auch — wie ich wiederholt gesehen habe — bei ihrem Kundendienst mit sich führen. Ihnen entnehmen sie die Anweisungen für das Bannzeichen, die Beschwörungsformeln und die ekelhaften und unsittlichen Rezepte“[51].

45. Kruse, Hexen (wie Anm. 5), S. 13.
46. Ebenda, S. 21 f.
47. Ebenda, S. 22.
48. Ebenda, S. 41.
49. Baumhauer, Johann Kruse (wie Anm. 8).
50. Kruse, Hexen (wie Anm. 5), S. 41.
51. Ebenda, S. 42.

Von diesen Büchern sah Kruse eine große Gefahr, die „geistige Seuche“, ausgehen; seine Einschätzung können wir im bewußten Rückgriff auf die historische Hexenverfolgung folgendermaßen beschreiben lassen: „In den Hexenbannern erkennt er Inquisitoren, in den Mosesbüchern den ‚Hexenhammer‘, ohne gegenläufige ‚Spuren‘ zu berücksichtigen. Kruse kann nur eine grausame, verfolgende Seite des Volksglaubens sehen, es erscheint daher folgerichtig, wenn er nach staatlicher Unterdrückung dieses Relikts einer ‚finsteren Epoche‘ ruft“[52].

Nach diesen grundsätzlichen Präliminarien ist es an der Zeit, das hexenbannerische Tun eingehender zu beschreiben, weil dadurch der Hexenverdacht entsteht und die Verfolgung beginnt. „Kommt ein Hilfesuchender zu einem Hexenbanner, so stellt dieser in der Regel die Frage: ‚Haben Sie jemand, der ihnen nicht gut gesonnen ist?‘ In den meisten Fällen nennt der Besucher irgendeine ihm verdächtige Person oder spricht eine Vermutung aus. Kann er keine Antwort geben, so fragt der Hexenbanner: ‚Kennen Sie nicht ein altes Weib, das nichts zu beißen und zu brechen hat und doch lebt?‘ In vielen Fällen wird der Verdacht des Besuchers durch geschickte Fragen auf eine bestimmte Person im Dorfe gelenkt, vor der er sich in acht zu nehmen hat und die er in keinem Fall in sein Haus lassen darf“[53]. Wiederholen wir diesen für ein Gemeinwesen konsequenzreichen Vorgang anders formuliert: „Irgendwann in diesen Tagen erfolgt auch die folgenschwere Unterhaltung, durch die sich der Hexenverdacht auf eine bestimmte Person konzentriert. Die Erklärung, ein möglicher ‚Feind‘ der Familie sei die für die Krankheiten verantwortliche ‚böse Gewalt‘, wird, einmal von [dem Hexenbanner] Ebelmann [aus Dithmarschen] angerissen, von der Klientin schnell akzeptiert, ist sie doch selbst auch eine Kennerin des dörflichen Magie-Kodex“[54]. Damit ist der Hexereiverdacht konkretisiert, personalisiert, die „Verfolgung“ hebt über die üble Nachrede an.

Hexenbanner wirken angeblich für das Gute, Hexen angeblich für das Böse[55]; beide tun dieses mit übernatürlichen, Magie genannten Kräften. Diese Polarität können wir weltanschaulich — im Rahmen des Christentums — personalisieren: Hexenbanner sind „Abgesandte Gottes“[56], Hexen sind „Teufelsdienerinnen“[57], sind „schlechte Menschen ... im Bund mit dem Bösen“[58].

„Jede Hexe treibt mit dem Teufel Unzucht ... Die fleischliche Vermischung mit dem Teufel trägt der Hexe besondere Zeichen, wie Muttermale, Warzen, Barthaare und andere Unschönheiten, ein“[59]. Nun ist es endlich heraus, wogegen sein aufgeklärter Geist sich offensichtlich zu wehren scheint: Die fleischliche Vermischung mit dem Teufel ist eine wesentliche Voraussetzung für das Werden einer Teufelsbuhlin. Die Teufelsbuhlschaft ist ein wesentlicher Bestandteil. „Über die Gründe, weshalb eine Frau leichter dem Teufel dient

52. Hauschild, Hexen in Deutschland (wie Anm. 9), S. 165 f.
53. Kruse, Hexen (wie Anm. 5), S. 43.
54. Baumhauer, Johann Kruse (wie Anm. 8), S. 267.
55. Zur Unterscheidung der Magie vgl. É. Delcambre, Le concept de la sorcellerie dans le duché de Lorraine au XVIe au XVIIe siècle. Nancy, 1951, S. 9 f.
56. Kruse, Hexen (wie Anm. 5), S. 44.
57. Ebenda, S. 21.
58. Ebenda, S. 50.
59. Ebenda, S. 185.

als ein Mann, heißt es, daß sie leichtgläubiger und ihre Zunge schlüpfriger sei. Sie sei mehr zu Zorn und Ungeduld geneigt, und Herrschsucht und Rachsucht seien ihre besonderen Untugenden. Das Weib lügt und ist eitel. Sie ist voll sündiger Begierde und die Verführerin zu allem Bösen seit Eva. Sie ist unersättlich im Verlangen, ihre Begierden zu stillen. Vor allem sind es verlassene Bräute und Witwen, die sich wegen der Fleischeslust dem Teufel verschreiben. Jede Hexe treibt mit dem Teufel Unzucht und weiß sich auch sonst auf mancherlei Weise Liebesgenüsse zu verschaffen.“[60]

*

Es ist nicht erstaunlich, daß die Geschichte der Hexerei soviel Aufmerksamkeit erfahren hat. Es fällt auch nicht schwer, nachzuvollziehen, warum dieses Thema soviel Emotionen bei denen freisetzen sollte, die sich um seine Erforschung bemüht haben. Hexenprozesse enthalten viel Brutales, viel sexuell Perverses und vieles, das auf den ersten Blick lächerlich oder fantastisch anmutet. Divergierende Auffassungen bestehen unter den namhaften Forschern über alle grundlegenden Probleme, die Geschichte dieses Phänomens betreffend: Wann begannen und endeten die Hexenanklagen und der Hexenglaube? Was bedingte das offenbare Anwachsen der Anklagen während des 15. und 16. Jahrhunderts in Europa, und was führte zu ihrem augenfälligen Niedergang im 17. und 18. Jahrhundert? Existierten Hexen wirklich? Kann eine besondere Gruppe von Menschen — etwa die Gebildeten — für die Verfolgungen und für den Hexenglauben verantwortlich gemacht werden? Zu den umstrittensten Themen gehört, allerdings gewöhnlich mehr un- als ausgesprochen, der Gebrauch der Ausdrücke „Hexerei“ und „Zauberei“. Da viele der Argumente aus unterschiedlichen Definitionen entstanden sind, ist es wichtig, so früh als möglich die den verschiedenen Worten beigelegte Bedeutung darzulegen. Bekanntermaßen ist es nicht einfach, Hexerei, Zauberei und Magie zu definieren. Es gibt hierüber keinen Konsensus der Meinungen — weder unter den gegenwärtigen Historikern und Anthropologen (denen die historische Hexenforschung viel verdankt) noch unter den Autoren des 16. und 17. Jahrhunderts. Hinzu kommt, daß selbst die historischen Quellen, die Hexenprozesse, keine eindeutige Sprache sprechen. Dennoch muß gefragt, untersucht und geklärt werden, ob die Bezeichnung „Hexerei“ jedweder Art von magischer Aktivität oder ritueller okkulter Handlung beilegbar ist. Dies trifft auch für Wahrsager zu, die die Zukunft vorhersagten, ebenso auf Wünschelrutengänger, die verlorengegangenes Eigentum aufspürten, ganz zu schweigen von den „weisen Frauen“, die die Kranken mit Zauber- und Segenssprüchen heilten. Selbst die zeitgenössischen Naturwissenschaftler, deren Tätigkeiten den Unkundigen verwirrten, wurden zuweilen der Hexerei verdächtigt, während dieses „Etikett“ nur allzu gern und leicht von streitsüchtigen Protestanten der katholischen Kirche wegen ihres Ritus angehängt worden ist. Die Theologen mißtrauten und mißtrauen jedem Anspruch auf übersinnliche Praktiken, den ihre eigene Kirche nicht gutgeheißen hat: Ein Zauberer, der Geister beschwor, lediglich um okkultes Wissen zu gewinnen und nicht in der Absicht, jemandem zu schaden, war eine Hexe[61].

60. Ebenda.

61. Macfarlane, Witchcraft (wie Anm. 32), S. 3; K. Thomas, The Relevance of Social Anthropolo-

An dieser Stelle wären nun einige historische Fälle und ihre gerichtlichen Folgen ausführlich zu erörtern, worauf ich jedoch der Kürze halber verzichte[62].Ich beschränke mich auf die für den hier behandelten Zusammenhang wichtigsten Ergebnisse:

Die verschiedenen Fälle sind durch die Gerichte hinsichtlich des Strafwürdigen beurteilt worden als Beleidigung (1793) und als Aberglauben (1710 und 1735), d.h. als nicht hinreichender Glauben bzw. als Unglauben in dem Verstoß gegen das Gebot, Gottes Namen nicht unrecht zu führen, und auch — eine sehr, sehr ferne Erinnerung an den Vorwurf des Götzendienstes — keine anderen Götter neben Gott zu haben. Der Nebengott klang in den Reden von den Hexen hindurch, vor allem in den Untersuchungen, ob die Beschuldigten etwa mit Hilfe des Teufels geschadet hätten. Von letzterem konnten sich die Gerichte nicht überzeugen. Nach dem Teufelspakt wurde nicht geforscht; wie weit die Frage nach der Hilfe des Teufels geschadet hätten. Von letzterem konnten sich die Gerichte nicht überzeugen. Nach dem Teufelspakt wurde nicht geforscht; wie weit die Frage nach der Hilfe des Teufels diesen irgendwie voraussetzt, darüber könnte gestritten werden. Entscheidend ist aber, daß diese Frage überhaupt nicht gestellt worden ist. Wir werden sehen, daß hierin neben anderem der Unterschied zum eigentlichen Hexenbegriff liegt.

Der Fall von 1793 ist diesen wie jenen Fragen und damit verbundenen Vorstellungen völlig entrückt. Es wird zwar noch von bösen Leuten oder Hexen erzählt; das Gericht kümmert sich aber nur insoweit darum, als es eine Beleidigung zu ahnden gilt. Was für eine Zäsur, ja Zeitenwende, der Mentalitäten und Ordnungsvorstellungen hinsichtlich des Religiösen im staatlichen Bereich und unter dessen Schutz dieses bedeutet, muß nochmals betont werden. Das Hexerische, das sogenannte Hexerische, nämlich das Übernatürliche, das Merkwürdige, das „Unterhaben" einer Frau, erscheint als eine subjektive Reminiszenz an ein einstmals allgemeinverpflichtendes Wissen um letztendliche Wahrheiten. Der Kontext — die Einbindung in eine bestimmte, sich aggressiv behauptende, objektiv vorausgesetzte Weltordnung — ist aufgelöst. Übriggeblieben sind einzelne Wunderlichkeiten, die andere Menschen verletzen, beleidigen, die aber nicht mehr das Seelenheil verderben und die religiöse Weltordnung in Frage stellen können und daher nicht die volle obrigkeitliche Sanktion herausfordern. Bei einem Zeitgenossen, bei Johann Christoph Adelung, finden wir dafür in dessen „Grammatisch-kritischem Wörterbuch der Hochdeutschen Mundart" von 1793 unter Aberglauben denjenigen „Zustand des Gemüths [definiert], da man äußern Handlungen und Erscheinungen mehr Kraft beylegt, als ihrer eigentlichen Beschaffenheit gemäß ist. In engerer Bedeutung, der Glaube an eingebildete unsichtbar wirkende Ursachen, die Neigung, natürlichen Dingen übernatürliche Kräfte beyzulegen"[63]. Als moderne Abwandlung dieser Definition lautet die nachfolgende: „Der Aberglaube ist ein Fürwahrhalten, welches sein Dasein und seine Stärke dadurch empfängt, daß der Mensch seinen rein subjektiven Gemütszuständen das Recht einräumt zu entscheiden, was außer ihm wirklich ist und wirklich geschieht"[64].

gy to the Historical Study of English Witchcraft. In: Witchcraft. Confessions and Accusations. Hg. v. M. Douglas. London, New York, Sydney, Toronto, Wellington 1970, S. 48.

62. Hierüber ist eine erweiterte Publikation vorgesehen.

63. J. Chr. Adelung, Grammatisch-kritisches Wörterbuch der Hochdeutschen Mundart. Bd. 1. Leipzig 1973, Sp. 30 f.

64. Strümpel zit. nach E. Hoffmann-Krayer, Artikel „Aberglaube". In: Handwörterbuch des deut-

„Eine wesentliche Verschiebung hat der Begriff des Aberglaubens durchgemacht. Während man in älterer Zeit unter Aberglaube Anschauungen und Handlungen verstand, denen wirklich vorhandene Dämonenkräfte zugrunde liegen, pflegt man heute im landläufigen Sinne den Aberglauben als Wahnglauben aufzufassen, der irrtümlich solche unsichtbar wirkenden Kräfte voraussetzt"[65].

Im Gegensatz zu dem Fall von 1793 wird in den Fällen aus der ersten Hälfte des 18. Jahrhunderts die Wirksamkeit von Dämonenkräften noch irgendwie als Frage des Glaubens — vielleicht sollte man schon sagen: der Sittlichkeit — vorausgesetzt, und zwar nicht subjektiv, worüber der einzelne entscheidet, sondern noch allgemeinverbindlich mit der Obrigkeit als einer Art Sittlichkeitspolizei. Die „Hexerey" ist eben, um erneut mit Adelung die Sache anzupacken, „die Zauberey, die Hervorbringung gewisser Wirkungen durch Hülfe des Teufels"[66]. — Dies sah das Gericht selbst 1710 nicht gegeben, wenngleich es die grundsätzliche Möglichkeit dieser „Hülfe" realer als 1735 einschätzte. — Wenn letzteres mit Adelungs Erläuterungen zu dem Stichwort „Hexe" verglichen wird, nehmen wir etwas Abweichendes wahr, das in der Sinnentleerung des spezifischen Hexenbegriffs der Verfolgungszeit auf den Fall von 1793 beziehbar ist: „Die Hexe ... [ist] eine noch im gemeinen Leben und der vertraulichen Sprechart übliche Benennung einer Zauberin [Merke: Des Teufels wird hierbei nicht gedacht]. Figürlich auch eine listige verschlagene Weibsperson; ingleichen im verächtlichen Verstande, eine alte Frau. [Etwa in der Redensart:] Daß doch immer die alte Hexe dabey seyn muß! (Weiße)"[67]. Dieses läßt sich mit der uns bereits bekannten Feststellung kommentieren: „Das Wort aber, unser Hauptzeuge ... verliert an Gewicht"[68]. Wenn Adelung fortfährt, lokale Bezeichnungen aufzuzählen, steigert sich dieser Vorgang. Er nähert sich der oft gebrandmarkten folkloristischen Sammelei von Nostalgien, die aus dem kulturgeschichtlichen Zusammenhang reißt und daher höchstens für den Fachmann deutbar und damit aussagefähig ist: „Auch die großbärtige Schwalbe, welche auch unter dem Nahmen des Milchsaugers, Ziegensaugers, Kindermelkerns, Nachtvogels u. s. f. bekannt ist, ... wird häufig Hexe genannt, weil sie dem Wahne des großen Haufens nach, den Menschen und Thieren zur Nachtzeit die Milch aussaugen soll. ... Übrigens wird eine Hexe in Schlesien eine Bielweise (im Slavischen ist bielo weiß), im Österreichischen eine Bockschickerinn, in Oberschwaben eine Druth, bey dem Pictorius ein Glasterweib, von dem veralteten galstern, bezaubern, im Fries. Wicke, im Angels. Wicca, Engl. Witch u. s. f. genannt"[69].

Die Fülle der Bezeichnungen für hexerische und/oder zauberische Wesen teilt mit dem Begriff „Aberglauben" das Schicksal der Erklärungsbedürftigkeit. „Der Begriff des Aberglaubens bestimmt sich jeweils von dem religiösen oder wissenschaftlichen Standpunkt seines Darstellers aus. Inhaltlich ist der Begriff des Aberglaubens nicht festgelegt. Er wird immer von dem eigenen, als wahr oder richtig empfundenen Standpunkt auf einen zweiten,

schen Aberglaubens. Bd. 1. Berlin und Leipzig 1927, S. 66.

65. Hoffmann-Krayer, Aberglaube (wie Anm. 64), Sp. 78.

66. Adelung, Wöterbuch (wie Anm. 63), Bd. 2, 1796, Sp. 1167 f.

67. Ebenda, Sp. 1166.

68. K.-S. Kramer, Volksleben in Holstein (1550-1800). Eine Volkskunde aufgrund archivalischer Quellen. Kiel 1987, S. 322.

69. Adelung, Wörterbuch (wie Anm. 63), Bd. 2, 1796, Sp. 1166.

vom richtigen Glauben, Verhalten abweichenden, d.h. abergläubischen Zustand angewendet. Aberglaube taucht als solcher immer da auf, wo der ursprünglich wahre Glaube in Frage gestellt ist. In Abgrenzung zum Glauben setzt der Aberglauben übersinnliches Geschehen in unmittelbare Kausalverknüpfung zur sinnlich-sichtbaren Wirklichkeit, wenngleich beiden die Beziehung auf ein Übersinnliches gemeinsam ist. Der Aberglaube ist kein Mangel an Glauben, sondern vielmehr verkehrter (‚Wider-') Glaube [für 1710 und 1735 meine ich aber doch mehr die zuerst genannte Schattierung wahrgenommen zu haben, jedenfalls in Abgrenzung zum Nachfolgenden]. In der religionskritischen Sicht des Thomas v. Aquin[70] ist Aberglaube ‚vitium religionis', exzessive, ausschweifende Verkehrung der Tugend der Gottesverehrung, des Kultes, Glaubens, Gehorsams und der Ehrerbietung durch Götzendienst[71], Aberglauben[72] und superstitiose Praktiken"[73].

*

Alle diese zuletzt bezeichneten Vergehen — Unglaube als schwerster Glaubensfrevel oder Götzendienst, das ist Ketzerei oder Häresie — hängen nach der lehrmäßigen Vorstellung an den eigentlichen Hexen, den historischen des 16. und 17. Jahrhunderts vornehmlich. Begriffsbestimmend ist, daß die Hexe die Frau des Teufels ist, weil sie mit ihm einen Pakt geschlossen und Buhlschaft getrieben hat; daß die Geschlechter u.U. austauschbar sind, sei nochmals hervorgehoben. Das Moment, willentlich eine solche Verbindung eingegangen zu sein, ist ganz entscheidend. „Die Hexe verdankte jegliche Macht, die sie besitzen dürfte, ihrem Pakt mit dem Teufel, und ihr erstes Vergehen hieß nicht Verletzung anderer, sondern Häresie. Fürwahr, egal ob sie andere schädigte oder nicht, sie war des Todes, weil sie Gott treulos geworden war"[74].

Den eigentlichen Hexenbegriff möchte ich in der Aussage von Gretie Fincks aus dem Jahre 1643 vor der Preetzer Klostergerichtsbarkeit vorführen: „Fur ungefehr 30 Jharen habe sie von einer Annen Oßbars geheißen, zu Koyem [Köhn] wohnend, zaubern gelernet, hette sich dem Teuffel uf 3 Jharzent ergeben, hette bei ihr geschlaffen und dieselbe ufm Rugken gezeichnet, seine Natur wehre kalt und heist derselbige Caifas. Ihrem Sohn wie auch Jasper Fincken habe sie einem ieden eine Kuhe umbgebracht mit Kraut, welches ufm Velde zu finden. In ihres Sohnes Kindt hette sie den bösen Geist gewisen und demselben ein Kraut, welches der Teuffel ihr zugebracht, eingegeben in einem holzern Leffel mit Bier. Ufm Schlesier Barge hette sie mit andern ihren Gesellen, deren 6 oder 7, ihre Zusamenkunfft gehabt, deren Nahmen aber wuste sie nicht. Arent Dosen habe sie auch 2 Kinder

70. S. th. II-II, 92-96.

71. Ebenda, 94.

72. Ebenda, 95.

73. Ebenda, 96. — Das Ganze zitiert nach: Lexikon des Mittelalters. Bd. 1. München und München 1980, Sp. 29; vgl. D. Harmening, Superstitio. Überlieferungs- und theoriegeschichtliche Untersuchungen zur kirchlich-theologischen Aberglaubensliteratur des Mittelalters. Berlin 1979.

74. Thomas, English Witchcraft (wie Anm. 61), S. 49; vgl. H. C. E. Midelfort, Witch Hunting in Southwestern Germany 1562-1684. The Social and Intellectual Foundations. Stanford, California, 1972, S. 16; Macfarlane, Witchcraft (wie Anm. 32), S. 12 u. 16.

umbgebracht mit einem Kraut, welches der Teuffel ihr zugebracht. Selbig Kraut hette sie den Kindern in einem Leffel vol Bier eingeben. Ein mehrs gethan zu haben, konte sie sich nicht erinnern, wole aber darauf leben und sterben und dem lieben Gott ihre Seele uberantworten“[75]. Es interessieren in diesem Zusammenhang nicht so sehr die Einzelheiten, sondern die mannigfachen Bestandteile, wie das Vorhandensein einer Lehrmeisterin, was auf eine teuflische Anhängerschaft hindeutet, der Teufelspakt (die Ergebung in die teuflische Gewalt, bei der die Lehrmeisterin nachhilft), die Besiegelung desselben durch die Teufelsbuhlschaft, das Treffen mit Gleichgesinnten auf dem sogenannten Sabbat und die vielfältigen zauberischen Schädigungen bis hin zum Mord. Alle genannten Momente mit der erwähnten Akzentuierung des Teufelspakts gehören zu dem eigentlichen Hexenbegriff. Charakterisierbar ist dieser als Sammel- oder Kollektivbegriff. Seine Gefährlichkeit bestand nicht zuletzt in seiner anpassungsfähigen Vielfältigkeit und Ausbaufähigkeit, so daß er alle Arten von volkstümlichen Magievorstellungen in sich aufnehmen konnte, ohne den wesentlichen, den lehrmäßigen Überbau (Pakt und Buhlschaft) zu verwässern. Joseph Hansen hat festgestellt, daß dieser Begriff um 1480 vorlag. Er hat ihn als Sammel- oder Kollektivbegriff in seinem seinerzeit epochalen Werk „Zauberwahn, Inquisition und Hexenprozeß im Mittelalter und die Entstehung der großen Hexenverfolgung“[76] in die Forschung eingeführt. In seinem Vorwort vertritt er eine Statik dieses Begriffes für die Zeit nach 1500, die in seltenem Widerspruch zu historischem Denken, das immer Wandel einschließt, steht: „Eine neue Untersuchung dieses Problems hat aber, wenn sie Aussichten auf eine wirkliche Erklärung bieten soll ... selbstverständlich nicht im 16. und 17. Jahrhundert einzusetzen und zu der Flut von Einzelprozessen aus dieser Zeit, mit denen das seit langem rege Erklärungsbedürfnis die Literatur bereits mehr als notwendig überschwemmt hat, neue Details zu liefern, die nichts weiter bieten können, als eine Bestätigung des allen bekannten Bildes voll grausiger Einförmigkeit“[77]. Hier irrte der Autor gründlich. Seit einiger Zeit können wir statt dessen eine blühende lokalgeschichtliche Forschung über die beiden geschmähten Jahrhunderte beobachten. Als ein Beispiel ist die Arbeit des Amerikaners Eric Midelfort über die Hexenverfolgung im Südwesten Deutschlands in den Jahren 1562-1684[78] herauszustellen. Er hat die fundierteste Kritik an Hansen geübt; vielleicht ist es nicht zufällig, daß sie von einem Ausländer herrührt. Midelfort beschreibt das schwierige Erbe, das Hansen hinterlassen hat: „Wie wir gesehen haben [aufgrund von Midelforts Forschungen], war die mittelalterliche Hexenlehre nicht der monolithische Block von unbestrittenen Aberglaubensvorstellungen, sondern eher ein Körper von Ideen, der das ganze 16. Jh. hindurch und noch darüber hinaus biegsam blieb. Es stimmt nicht, daß im 16. Jh. nichts Neues zu der Hexenlehre hinzugekommen ist. Zu einer solchen Schlußfolgerung gelangte dennoch die große Autorität in der Hexenforschung, Joseph Hansen. Er behauptete, daß sich um 1540 das gesamte Recht, die scholastische Lehre wie auch das Blendwerk der okkulten Details bereits derart verfestigt hatten, daß alles für ein Jahrhundert danach im wesentlichen unverändert bleiben mußte. Hansen schloß, daß der Ausbruch der Hexenprozesse nach 1540 nichts anderes offenbarte, ‚als das naturgemäße

75. Landesarchiv Schleswig-Holstein, Abt. 119, Nr. 80, 21.7.1643.

76. München 1900.

77. Hansen, Zauberwahn (wie Anm. 19), S. V.

78. Vgl. Anm. 74.

Ausklingen des mittelalterlichen Geistes, der durch die Reformationsbewegung überhaupt nur teilweise beseitigt, in dieser Frage aber kaum berührt wurde und noch weit in die neuzeitlichen Jahrhunderte hineinragt'[79]. Eine solche Behauptung beruht auf einer Einteilung der Hexenlehre in eine Menge von wesentlichen Vorstellungen. Sicherlich, nach 1540 wurden — wenn überhaupt — wenige neue Elemente dem Konglomerat von Magie bzw. Zauberei und Hexerei hinzugefügt. Nachfolgende Historiker haben sich damit zufrieden gegeben, mit Details aus Hansens Analyse herumzubasteln, und dabei nicht erkannt, daß Hexenprozesse keineswegs von einer besonders vollständigen oder ausgearbeiteten Lehre abhängig waren. Wir haben gesehen, daß lediglich drei, relativ einfache, aber entscheidende Ideen die Voraussetzung für eine Hexenverfolgung waren; in vielen Regionen wurden Hexen erfolgreich ohne irgendeine Dämonologie verfolgt. Hansens Meinung, daß die Hexenprozesse lediglich das ‚naturgemäße Ausklingen des mittelalterlichen Geistes' spiegeln, verhinderte intelligente Vergleiche; wenn man seiner Analyse folgt, dann konnte man lediglich das sporadische, aber unaufhaltsame Anwachsen von Modernität und Rationalismus in Europa aufzeichnen. Wenn man jedoch diesen vorgegebenen Rahmen verläßt, dann stellen sich eine Anzahl von sehr interessanten Fragen"[80]. So gerieten z.B. — bezeichnenderweise wieder in den ausländischen, vor allem in den angelsächsischen Untersuchungen — solche wichtigen Fragen in den Brennpunkt wie: Hexerei und Gesellschaft, Hexenglaube und Sozialstruktur, die Funktion der Hexerei als spannungslösendes Mittel bzw. die Nützlichkeit des Hexenglaubens und infolgedessen das Verhältnis Hexe—Ankläger. Ich fahre schlagwortartig mit zentralen Aussagen dieser Forschungsrichtung innerhalb der historischen Hexenforschung fort: „Für Hexereibeschuldigungen waren somit frühere Animositäten die Grundlage"[81]. — „Das Grundproblem besteht also darin zu erkennen, wie die anfängliche Hexereibeschuldigung zustande kam. Wir haben bisher gesehen, daß die Hexe eine dem Opfer bereits bekannte Person war"[82]. — „Wir müssen uns jedoch fragen, weshalb in einigen Gesellschaften die ‚Hexerei' als Erklärung gebraucht wird und in anderen nicht"[83].

Was Hexerei in dieser oder jener Gegend zur Zeit der Verfolgung heißen konnte, ist interessant zu untersuchen. Mit Joseph Hansens Definition — so nützlich sie als Orientierungshilfe unbestritten sein mag — ist diese Frage nicht zu lösen. Gretie Fincks' Aussage ist zwar als ein Beispiel für den lehrmäßigen Hexenbegriff herangezogen worden; verglichen mit anderen, die mehr Katholizität und Dämonologie voraussetzen, ist sie eine regionale Spielart. Wir können uns auch — gerade dank der angelsächsischen Forschung — weit weniger lehrmäßige, d.h. in diesem Fall kontinentaleuropäische Hexenbegriffe denken. In ihnen fehlt der Teufel ursprünglich weitestgehend; volkstümliche Zaubereivorstellungen, auch Hexenvorstellungen genannt, überwiegen oder machen gar das Bild aus. Mit einem

79. Hansen, Zauberwahn (wie Anm. 19), S. 4.

80. Nach Midelfort, Witch Hunting (wie Anm. 74), S. 30.

81. K. Thomas, Die Hexen und ihre soziale Umwelt. In: Die Hexen der Neuzeit. Studien zur Sozialgeschichte eines kulturellen Deutungsmusters. Hg. v. C. Honegger. Frankfurt am M. 1978, S. 256-308.

82. Ebenda.

83. A. Macfarlane, Anthropologische Interpretation des Hexenwesens. In: Die Hexen der Neuzeit (wie Anm. 81), S. 237.

Fall aus der zweiten Hälfte des 16. Jahrhunderts veranschauliche ich die Richtung des Gesagten trotz des im nachfolgenden Bekenntnis unter 4. - 6. präsenten Teufels. Von dem eigentlichen Geschehen zwischen Zorn und Unfällen[84] erhalten wir noch einen lebhaften Eindruck. Nimmt sich dagegen das Hexerische nicht aufgepfropft aus? Schauplatz ist Heiligenhafen an der Ostsee gewesen: „Anno 1518 den 8. May. Catrine Schapherdeschen bekenntnuß od. Uhrgicht. 1. Bekent, dat se Peter Berges Koye [Kühe] ihn de Moratzen [Sumpf] mith Ursulen Mollers gefoeret, 2. Ursula habbe den Duvuell dartho gehadt, dat de Koye ihn de Moratzen gekamen und se hebbe dartho geholpen, 3. Dit hebbe se darumb gedhan, dat Peter Berg ehr wegen eines Lammes, so ehme vmbgekamen, gefloeket [geflucht], hirtho se Krueth [Kraut] gebruket, 4. Ehr Affgott [Abgott] hete Lucifer, de hebbe ehr befalen, de Koye ihn de Moratzen tho jagende, hedde ein Horn vor dem koppe, vnd Schwarter gestaldt, 5. Ehr Affgott hedde ehr gesecht, dat se moste Godt den Heren vorsaken [versuchen], dat hedde se gedhan, 6. Ehrem Affgode hedde se lauen moethen, Lyff und Seele tho befelende, 7. Geske Symons vp Vemeren, thor Borch [Burg auf Fehmarn], so All gestoruen, allse se nicht Anders wethe, hebbe ehr de toueryе [Zauberei] geleret, de se vyff [fünf] Jahr geweten hebbe, 8. Desse Catrine Hartich Reymer I rode [rote] bunthe Kho betouert [bezaubert], sy Aber nicht gestoruen daruon, 9. So hebbe se ock Schuldt dartho, dat Hartich Reymers swyne [Schweine] dholl geworden, dat he se vmb — 8 Mark beher [Bier] Schuldt gemanet, 10. Sy se ock schuldig dartho, dat Hans Wilder Szeliger vom Lebende tho Dode gekamen, Sy darumb gescheen, dat ehme nha dem wagen I Lahm [Lamm] gefolget und nha gelopen, dho hedde se ehme gefloketh, 11. Dat se dorch deße bekentnuß vnd Aueldade [Übeltat] des gerichtes des Vueres [Feuers] woll werdt, Tuegen [Zeugen] Jochim Ladehoff, Daniell Bukow, Michell Kroeger, vnd Markus Tamme, Ordell [Urteil] is de straffe des Vueres [Feuers], welches gescheen des Sonauendes vor Pfingsten“[85].

Regionale Vielfalt möchte ich außerdem mit einem Überblick über Kieler Fälle aus dem Zeitraum zwischen 1530 und 1676 dokumentieren[86]. Pakt und Buhlschaft mit dem Teufel (samt dessen Zeugungsfähigkeit) sind vertreten. Daß es sich um Ketzerei — um Abgötterei — handelt, ist nicht zu übersehen. Schadenzauber heißt: Todbringender Zauber für Tiere und krankheitsbringender — bis hin zur Besessenheit — für Menschen. Ein Fall von Liebeszauber ist angedeutet. Der Flug durch die Luft (den ich in Stadt-Schleswiger Fällen um die Mitte des 16. Jh. antraf[87]) und die Fähigkeit der Hexen, sich in Tiere zu verwandeln, fehlen hingegen völlig. Belegt ist lediglich die Verwandlungsfähigkeit, die Vielgestaltigkeit, des Teufels (Mensch, Teufelsgestalt mit Kuhfuß, Hund, Maus, Elster). Die Salbe, die der Lehrmeinung zufolge zur Präparation der Hexen für den Flug benötigt wurde, ist zwar erwähnt, wurde aber nicht zu dem besagten Zweck benutzt. Von dem zum sog. Sabbat Gehörigen oder auf ihn Verweisenden wird nur der Hexentanz erwähnt. Aus dem

84. Vgl. Macfarlane, Witchcraft (wie Anm. 32), S. 189.

85. R. Brinkmann, Verbrennung der Zauberinnen in Heiligenhafen. In: Jahrbücher für die Landeskunde der Herzogthümer Schleswig-Holstein und Lauenburg 2 (1859), S. 241 f.; die Transkription ist unverändert übernommen worden.

86. Alles im Nachfolgenden nach D. Unverhau, Kieler Hexen und Zauberer zur Zeit der großen Verfolgung (1530-1676). In: Mitteilungen der Gesellschaft für Kieler Stadtgeschichte 68 (1981), S. 41 ff.; auch als Schrift des Kieler Stadt- und Schiffahrtsmuseums 1981.

87. Unverhau, Von Toverschen (wie Anm. 30), S. 31 ff.

„Rahmen" fallen Fälle, in denen der Schadenzauber so gut wie fehlt. Es überwiegt die durch den Teufelspakt begangene Abgötterei[88].

Davon wiederum heben sich Vorfälle ab, in denen das Teuflische dem volkstümlicheren „Raden, Wicken und Seegnen" (Raten, Wahrsagen und Segnen bzw. Beschwören) fast völlig überlagert ist. Beschwörungsformeln sind uns in den Kieler Fällen nicht überliefert. Von symbolischen Handlungen, die sie begleiten, wie Streichen mit der Hand, Besprechen mit Wasser, Anspucken, Spucken, Bekreuzigen u.ä., erfahren wir ebenfalls nichts. Dies unterscheidet sich von der diesbezüglichen Mitteilsamkeit der Fälle von 1710 und 1735, worin solche Aktionen als Bestandteile der mit der Heilkunde aufs engste verbundenen Hexenbannung auftreten. In den Kieler Hexenfällen (!) ist dagegen von Heilversuchen nie eindeutig die Rede. Es begegnet uns der Krankheitszauber vielfältig als eine Spielart des Schadenzaubers. Zu fragen ist, ob wir in diesen Krankheitszaubern das durch die Hexenverfolger verzerrte, nämlich kriminalisierte Bild der heilkundigen Frau, der „Hexe" als Ärztin oder als Wickersche, vor uns haben. Wenn wir nicht gar mit der Möglichkeit zu rechnen haben, daß Streitereien so ausgelegt wurden, weil eine der Hexerei verdächtigte Frau eben böse zu sein hatte. Daß dieses lehrmäßige Hexenbild nicht in allen historischen Hexenprozessen anzutreffen ist, darauf wurde mit Verweis auf Volkstümlicheres kurz zuvor hingewiesen. Es mag manchen erstaunen, daß unsere „aufgeklärteren"[89] Beispiele aus den Jahren 1710 und 1735 frühere Vorgänger haben. Die Charakterisierung „aufgeklärt" wird damit — selbst wenn die Anführungsstriche schon etwas in dieser Richtung signalisieren sollten — relativiert. Die Gerichte nämlich waren die Träger dieser Aufklärung vor der Aufklärung als Epoche. Sie untersuchten schon früher magische oder zauberische Einzelbestandteile des umfassenderen Hexenbegriffs, ohne das verhängnisvolle Wesentliche desselben (Teufelspakt und Teufelsbuhlschaft) zu implizieren. Die Folter wurde nicht immer angewandt. In dem Entsetzen über deren Anwendung dürfen wir nicht vergessen, daß sie ein Rechtsmittel war. Sie hat dem lehrmäßigen Hexenbegriff den Schein der Wirklichkeit verschafft, indem die armen Beschuldigten unter Gewaltanwendung diesen Hexenbegriff als ihre Wirklichkeit bestätigten, bestätigen mußten. Jegliches Unterscheidungsvermögen ging den Obrigkeiten, die Gericht hielten, dennoch nicht ganz ab. Sonst könnten wir uns das Vorhandensein volkstümlicherer Hexenbilder und nicht mit der Todesstrafe endender Verfahren nicht erklären. Wenn auch nicht die Obrigkeit bzw. die Justiz insgesamt, aber einzelne Vertreter sind sich immer der Problematik der Hexenprozesse während deren hoher Zeit bewußt gewesen[90]. Schließlich wurde das Vertrauen in das Verfahren, vor allem in das Beweisrecht der Hexenprozesse, zutiefst erschüttert[91]. Infolgedessen mußten die Menschen nach einem neuen Weltbild suchen, das ihnen die Beziehungen zwischen Gott, dem Teufel und der Welt erklärte[92]. Dieser Kontext hat wohl das verstärkte Hervortreten von Hexenbannerin-

88. Trinke Preetzen und Hinrich Busch 1676.

89. Vgl. Baumhauer, Johann Kruse (wie Anm. 8), S. 183 ff.

90. Vgl. Unverhau, Von Toverschen (wie Anm. 30), S. 48; diese Bedenken eines Ratssekretärs jetzt wiederholt bei W. Behringer, Hexen und Hexenprozesse in Deutschland (= dtv dokumente). München 1988, S. 126.

91. Vgl. K. Thomas, Religion and the Decline of Magic. Studies in popular beliefs in sixteenth and seventeenth century England. London 1971, S. 452.

92. Vgl. Midelfort, Witch Hunting (wie Anm. 74), S. 196.

nen und Hexenbannern verursacht. Aufgrund des sich abzeichnenden radikalen Wandels in der Rechtsprechung mußte das Verlangen nach Wiedergutmachung für erlittene Zauber- oder Hexenschäden anders befriedigt werden. Die privat geübte Abwehr über das Hexenbannen trat statt des öffentlichen Kampfes der Gerichte gegen die Hexen hervor[93]. Bisher hatte das beste Heilverfahren darin bestanden, die Hexe anzuklagen und sie dank der eigenen Beschuldigungen hinrichten zu lassen. Die Möglichkeit, so etwas mit einem legal geführten Prozeß bewerkstelligen zu können, muß eine furchtbare Verführung für die damaligen Menschen gewesen sein. Über die Abgründe der menschlichen Psyche dürfen wir uns keinen Illusionen hingeben. Der Zweck solcher Hexenprozesse erschöpfte sich jedoch nicht in der Absicht, dem geschädigten Opfer die Genugtuung der Rache zuteil werden zu lassen; wir müssen trotz aller Fragwürdigkeit den Heilsaspekt benennen: Das sollte die Erlösung des glaubensabtrünnigen Täters sein[94]. Welch ein tiefgreifender Wandel nicht nur die Justiz, sondern die Gesellschaft in all ihren Vorstellungen, vor allem in den Sünden- und Glaubensvorstellungen, ergreifen mußte, um diese Anschauung zu verlassen, läßt sich hier nicht mehr ausführen.

In Schleswig-Holstein verbrannte man die letzten Hexen vermutlich 1687 auf Depenau[95]. Mit dem Ende der Hexenprozesse ist dieses Datum nicht gleichzusetzen. Die Folter wurde offiziell erst 1770 abgeschafft[96]. Diese Verordnung setzt einen Schlußpunkt unter einen bereits sich vollzogen habenden Wandel in der Rechtsfindung. An unseren Beispielen, den nicht mehr peinlich geführten Prozessen von 1710 und 1735, läßt sich dieses ablesen. Sie kennen den eigentlichen, umfassenden, von dem einen auf das andere Verbrechen schließenden Hexenbegriff nicht mehr. Es verschwand damit der eigentliche Hexenprozeß. Der „Teufelskreis“ war gebrochen. Wer heutzutage — wie Kruse[97] — beklagt, daß das Gesetz das Wort „Hexe“ nicht kennt, verkennt diesen schrecklichen Zusammenhang und mißachtet den Fortschritt, der im Desolatwerden dieses Deliktes liegt, und läßt sich von der guten Absicht, den als „Hexen“ Verleumdeten wirksam helfen zu wollen, hinreißen.

*

*Schlußbetrachtung: Kontinuität — Diskontinuität?*

Wie aber wird dem Menschen zu mehr Humanität im Umgang miteinander verholfen? Verbote, auf deren heilende Kraft Kruse setzte, sind ziemlich untaugliche Mittel. Und wie

93. Vgl. I. Schöck, Hexenglaube in der Gegenwart. Empirische Untersuchungen in Südwestdeutschland (= Untersuchungen des Ludwig-Uhland-Instituts der Universität Tübingen 45). Tübingen 1978, S. 97.

94. Vgl. Thomas, Religion (wie Anm. 91), S. 268.

95. B. Hoffmann, Die Hexenverfolgung in Schleswig-Holstein zwischen Reformation und Aufklärung (= Schriften des Vereins für Schleswig-Holsteinische Kirchengeschichte II. Reihe 34/35). 1976/1977, S. 118 u. 151.

96. Chronologische Sammlung der im Jahre 1770 ergangenen königlichen Verordnungen und Verfügungen. Kiel, 1800, S. 96.

97. Kruse, Hexen (wie Anm. 5).

steht es mit der Vernunft, von der er sich leiten ließ? Der Mensch ist zwar ein vernunftbegabtes Wesen, aber er besitzt auch eine Seele und damit Ängste. „Wie ist es möglich, daß noch heute Menschen zu gegenzauberischen Mitteln greifen, um die Heilung eines Leidens zu erwirken?" fragte Kruse[98] und offenbarte damit seine Fortschrittsgläubigkeit zum einen und sein Unverständnis für menschliche Komplexität zum andern. Zuweilen blitzt etwas von Verständnis dafür bei ihm auf, etwa wenn es heißt: „Es ist bequemer, die Schuld von sich auf andere abzuwälzen und einen Mitmenschen der Hexerei zu verdächtigen"[99].

Warum greift der Mensch in der heutigen Zeit zu — gemessen an den wissenschaftlichen Möglichkeiten — inadäquaten Therapien? Ich sehe hierbei bewußt einmal von der enormen Steigerung der Fragwürdigkeit ab, die unsere moderne Welt gerade in den Jahren nach Kruses Tod zusätzlich erfahren hat. Ist der Mensch magiebegabt im Sinne eines Wesenszuges?

Wenn wir denn Magie als den Einsatz von ineffektiven Techniken zur Beschwichtigung von Angst in denjenigen Fällen bezeichnen wollen, in denen effektivere nicht verfügbar sind, dann können wir diese Frage im Sinn einer Grundkonstante menschlicher Gesellschaften bejahen[100]. Als Historikerin, die vornehmlich das jeweilige Besondere einer Epoche begreifen will und dabei von historischem Wandel ausgeht, zögere ich, die Frage nach den grundmenschlichen Verhaltensweisen affirmativer zu beantworten. Trotz langlebiger Magietechniken — wir haben ja zahlreiche Beweise dafür erlebt — und anscheinend grundmenschlicher Verhaltensweisen ist für mich der historische, der gesellschaftliche, der politische, der religiöse Kontext entscheidend. Das ist der wandelschaffende Faktor. Ich bemühe die Geschichte zur Verdeutlichung: „Die Humanisten [des 15. Jh. beispielsweise] machten sich das Ausmaß des geistigen Umbruchs, den sie eingeleitet hatten, nicht klar. Sie dachten, es ginge vor allem um eine Änderung der Form und viel weniger des Inhalts. Sie wollten nicht mehr auf ‚barbarische' Weise reden hören, nicht mehr stereotyp malen und nicht mehr in störrischen, unharmonischen Formen bauen. Doch der Einsatz bei diesem Spiel betraf weit mehr als nur Stil, Farben oder architektonische Strukturen. All diese neuen Ausdrucksformen kündigten, genauer gesagt, eine völlige Umwälzung der abendländischen Kultur an und implizierten sie"[101].

Die abendländische Welt, von der der Hexenbegriff der Verfolgungszeit ein schreckliches, aber keineswegs marginales Zeugnis ablegt, ist schon längst zur Disposition gestellt. Im heutigen — staatlich doch bei uns zumindest von der Verfassung her garantierten — Pluralismus der Meinungen kann nicht von einer neuzeitlichen Hexenverfolgung gesprochen werden; daß die Hexerei einen schweren Angriff auf das Christentum darstellte, ist uns in diesem Rahmen ganz fremd geworden. Ich wage zu behaupten, daß Kruse das Ausmaß der Schrecklichkeit und das Wesen der historischen Hexenprozesse nicht aufgegangen sind, weil sich ihm die historische Perspektive nicht richtig erschlossen hat. Als Beispiel möge dienen: „Manche Hexe geht, obwohl sie sich dem Teufel verschworen hat, heuchlerisch zum Abendmahl. Die Hostie, so haben mir viele Abergläubische erzählt, läßt sie am

98. Ebenda.

99. Ebenda, S. 191.

100. Vgl. Thomas, Religion (wie Anm. 91), S. 668.

101. R. Romano u. A. Tenenti, Die Grundlegung der modernen Welt. Spätmittelalter, Renaissance, Reformation (= Fischer Weltgeschichte 12). Frankfurt am M. 1967, S. 162.

Gaumen kleben und nimmt sie nachher aus dem Mund, um damit bösen Zauber zu treiben“[102]. Seine Sichtweise, die im angeführten Beispiel Unverständnis für den hexerischen Götzendienst belegt, ist eine Folge seines „Aufgeklärtseins“, das ihm auch große Schwierigkeiten beim Begreifen der magischen Welt bereitet hat. Letzteres ist allerdings nicht unwesentlich eine Folge der damaligen volkskundlichen „Literatur“, die — wohl wegen der Entfremdung zwischen Ethnologie und Volkskunde[103] — die Magievorstellungen nicht als soziale Phänomene zu behandeln wußte. Zuzustimmen ist, daß noch immer „eine wahre Ethnographie des deutschen Hexenglaubens“[104] fehlt; Baumhauers Rückgriff beispielsweise auf die Sagensammlungen, die den modernen Hexenbegriff beeinflußt haben sollen, ist mehr behauptet als nachvollziehbar bewiesen[105]. Es klafft eine Lücke zwischen der historischen Hexe der Verfolgungszeit und der modernen Hexe Krusescher Provenienz; von den allerneuesten rede ich nicht[106]. Einige hier dargelegte Beispiele aus Gerichtsunterlagen sollten bei Gleichheit der Form (Magietechniken, menschliche Reaktionen u.ä.) den grundlegenden Wandel im historischen Kontext religiöser Vorstellungen andeuten. Kruse hatte historische Reminiszenzen, die uns in der Interpretation anderer den Eindruck suggerieren, er habe den modernen Hexenglauben ganz aus dem Nacherleben des 16. Jahrhunderts heraus betrachtet[107]. Nicht von ungefähr ist bereits kritisch bemerkt worden: „Das Kruse-Material läuft im Kreis herum und ergänzt sich mit sich selbst“[108].

102. Kruse, Hexen (Anm. 5), S. 17.

103. Vgl. Hauschild, Hexen in Deutschland (wie Anm. 9), S. 170.

104. Ebenda, S. 181.

105. Baumhauer, Johann Kruse (wie Anm. 8), S. 288.

106. Vgl. D. Unverhau, „Ich bin eine Hexe“ — Frauenbewegung und historische Hexenverfolgung. In: Kieler Blätter für Volkskunde 16 (1986), S. 61 ff.

107. Vgl. oben.

108. Wanderer, zit. nach Baumhauer, Johann Kruse (wie Anm. 8), S. 74.

Hans-Joska Pintschovius

# „Heute wie zu allen Zeiten ...“ — Hexerei vor deutschen Gerichten

Die Feuer der Inquisition sind verglimmt, Hexenprozesse verweisen wir in die finstere Zeit des Hexenwahns. Zuweilen in der Presse auftauchende Berichte über Hexenvorkommnisse in dörflichen Gemeinschaften erscheinen uns als düstere Relikte eines primitiven Aberglaubens, mehr noch: als Zeitungsstoff für die „Sauregurkenzeit“. Feldforschungsergebnisse der letzten Jahre belegen jedoch eindrucksvoll, daß der Schadenzauber noch immer lebendig ist. Noch heute glauben Menschen an Mächte der schwarzen Magie, an böse Personen, die Mensch und Tier mit einem schädigenden Zauber belegen. Gemeinhin pflegen wir solcherart Zauberer als Hexer bzw. Hexe zu bezeichnen, und zuweilen sprechen auch die Betroffenen von der Hexe, die ihnen Schaden zufügte. Zum Verbrechenskatalog der von der mittelalterlichen Theologie geschaffenen Hexe reichte der Schadenzauber allein nicht aus. Die Folterprotokolle zeigen dies in den Fragen der gerichtlichen Vernehmung: Teufelsbuhlschaft, Kult fremder Gottheiten, Flug zum Blocksberg und die Teilnahme am sogenannten Sabbat waren weitere Indizien, die von den Unglücklichen gestanden werden mußten und die erst eine Verurteilung möglich machten. Der Schadenzauber ist nur ein Teil des Hexenvorwurfs. Die Gerichtsprotokolle belegen immer wieder eindrucksvoll, daß die Schadenzaubervorwürfe fast immer aus der Nachbarschaft kommen. Zuweilen sind ganze Dorfschaften als Zeugen aufgeboten, die eidlich beschwören, von einem Schadenzauber betroffen worden zu sein. Entsprechend der Vorstellung der ‚Carolina‘ (die Peinliche Gerichtsordnung Kaiser Karls V. von 1532), daß im Falle einer solchen Anzeige „es genug Ursach zu peynlicher Frage sei“, liefen selbstverständlich derartige Prozesse meist tödlich ab. Auch nach dem Ende der großen Hexenprozesse haben sich die Gerichte mit solcherart Schadenzauber zu beschäftigen. Am 18. September des Jahres 1701 erscheint der Bauer Joachim Freitag aus dem Dorfe Runz vor dem Amtmann zu Stove um seine Ehefrau vor einem Hexenvorwurf zu schützen. Die Nachbarstochter erleide seit einem Jahr böse Anfälle, so berichtet er, Stunden sei sie ohne Sinnen. Wieder bei Bewußtsein erkläre sie ihren Zustand mit einem schädigenden Butterbrot, welches ihr die Freitag gegeben habe. Der Gerichtsherr sah sich außerstande, ein Urteil zu fällen. Er verweist auf die offenkundige Geisteskrankheit der Nachbarstochter und bittet die zankenden Parteien um Ruhe und Geduld. Gnädige landsherrschaftliche Verordnungen haben in dieser Zeit den Feuertod für Zauberei abgeschafft — dennoch: Aberglaube und zauberische Praktiken bleiben bei strenger Strafe verboten. Gebildete Bürger, die interessiert das „rohe, ungebildete Volk auf dem platten Lande“ wissenschaftlicher Betrachtungen unterzogen, berichteten in Almanachen und Intelligenzblättern empört von Zauberei und Aberglauben in dörflichen Gemeinschaften; aufgeklärte Lehrer schreiben mitleidsvolle Berichte über den ungebrochenen Hexenglauben, der nicht einmal vor der Tür des Schulhauses haltmache. Unter der Überschrift „Die Dummheit stirbt nicht aus“ verfaßt ein Dorfschullehrer Kröger eine Petition an seine Obrigkeit, beklagt den lebendigen Aberglauben und Geisterglauben und fordert mehr Anstrengungen in der Förderung des ländlichen Bildungswesens. Als Lehrer glaubt er genug Autorität zu besitzen, die Leute eines besseren zu belehren, doch schließlich macht er die gleiche Erfahrung wie Kirche und Administration: Die Hexengläubigen und dörflichen Heiler, die Banner und Witfrauen ziehen sich zurück, praktizieren im Untergrund, trotzig ihr Wissen nach außen abschirmend.

Doch hin und wieder hatten und haben sich heute noch die Gerichte mit dem Hexenglauben zu befassen. Solcherart Prozesse wurden stets von der Öffentlichkeit mit Aufmerksamkeit betrachtet. Die Medien wissen um den exotischen Reiz der Hexe. Die Berichterstattung hat freilich den aufklärerischen, belehrenden Ton der alten Schulmeister weitgehend übernommen. Es ist dies zu erwähnen, weil bei der Analyse der Hexenprozesse in neuester Zeit die sogenannte „herrschende Meinung“ bei der Beurteilung durch die Gerichte eine nicht zu unterschätzende Rolle spielt. Seit Beginn des 19. Jahrhunderts wurde die Hexerei nicht mehr mit Strafe bedroht, und dennoch mußte über alte Glaubensvorstellungen zuweilen verhandelt werden. Insbesondere erregten in den 30er Jahren des vorigen Jahrhunderts Vampirprozesse in Preußen eine breite Öffentlichkeit. Für die Polizei und die Gerichte war der Tatbestand klar: Vermeintliche Wiedergänger werden von ihren Familienangehörigen aus ihrem Grab geholt und gepfählt, der Kopf wird abgeschlagen oder ein Geldstück in den verwesenden Schlund hineinpraktiziert. Das ist eindeutig Störung der Totenruhe und Leichenschändung. Die Richter hatten nicht Mühe, das Strafmaß festzusetzen. Berühmt ist der Fall des preußischen Gutsbesitzers Joseph Poblocki geworden, der im Oktober 1870 vor dem Kreisgericht zu Lauenburg in Pommern verhandelt wurde. Er und sein Arbeitsmann hatten zwei verstorbenen Familienmitgliedern den Kopf vorschriftsmäßig mit einem Spaten abgeschlagen. Sie erhielten dafür 4 Monate Gefängnis. Die erste Berufungsinstanz bestätigte das Urteil und wollte dem Argument des Gutsbesitzers nicht folgen, daß er in Notwehr gehandelt habe. Auch wenn seine abergläubischen Glaubensvorstellungen ihn hätten fürchten lassen, von den Toten nachgeholt zu werden, meinte das Gericht, rechtfertige dies nicht eine gänzliche Entschuldigung. Der Fall ging schließlich an das Appellationsgericht nach Köslin. Dieses Gericht sprach die Angeklagten frei. Der Hauptangeklagte habe sich tatsächlich in relativer Notwehr befunden, da er in seinem Vampirglauben und den damit verbundenen Ängsten gar nicht anders habe handeln können. Der Staatsanwalt versuchte, mit dem Hinweis auf die finanziellen Verhältnisse des Gutsbesitzers — er habe es sich leisten können, seinen Angehörigen eine gute Schulbildung zukommen zu lassen, und eine solche müsse auch bei ihm vorausgesetzt werden — das Argument des Gerichts zu widerlegen. Das Obertribunal jedenfalls sprach die Angeklagten frei, auch wenn sie abscheuliche Zauberei betrieben hätten. Es ist in der Tat auffallend, wie milde die Gerichte jener Zeit urteilten.

In einem Prozeß, der gleichermaßen weit über die Grenzen der Provinz Hannover Beachtung fand, ging es um die von einem Medizinalrat zur Anklage gebrachte Quacksalberei eines berühmten traditionellen Heilers, des Schäfers Ast aus der Lüneburger Heide, der auch ein wenig Hexen zu bannen verstand. Auch hier zeigte sich das Gericht mit etlichen Freisprüchen außerordentlich milde. Nur in einem Fall konnte der Medizinalrat Belastungszeugen beibringen, die bestätigten, daß der kundige Heiler von einem Arztbesuch abgeraten hatte, so daß das Gericht ihn zu einer Haftstrafe von drei Monaten verurteilte.

In auffälliger Hilflosigkeit registrierten in den 50er Jahren Strafverfolgungsorgane und Gerichte in der Bundesrepublik Deutschland eine beängstigende Zunahme von Schadenzauberprozessen. Juristisch waren es Delikte bzw. Straftatbestände der Paragraphen 168 (Totenruhe), 185 (Beleidigung), 186 (üble Nachrede), 230 (Körperverletzung) und schließlich 307 (Brandstiftung) des Strafgesetzbuches, die jedoch alle einen zauberischen Hintergrund hatten. Die Begriffe „Okkulttäter“ und „Okkultkriminalität“ sind im Strafgesetzbuch nicht zu finden, umschreiben aber in der Praxis der Strafverfolgungsbehörden den Täterkreis der Zauberer und Zauberinnen.

Der Fall Bruno Gröning, der seit 1948 weltweit beachtete Wunderheilungen durchführte und — eskortiert von einem Stab geschäftstüchtiger Nutznießer — triumphale Auftritte inszenierte, ist für jene Jahre des Nachkriegsdeutschland symptomatisch. Ein einfacher sogenannter Hexenbanner, der mit Enthexungsmitteln von Bauernhof zu Bauernhof reiste, erlangte über Nacht eine messianische Popularität. Gröning oder der Dithmarscher Heiler Eberling, Chrometzka, Step und die Bardowik: die Liste der Wundertäter und ihrer Prozesse ließe sich beliebig fortsetzen. Der Wunderheiler und Magier Gröning wurde aber von den Einheimischen, seinem alten Kundenstamm, nicht mehr so recht anerkannt, weil er über seine Kunst sprach und sie sogar öffentlich anpries. Damit verlor er seine Glaubwürdigkeit, da die Eingeweihten natürlich wußten, daß man über seine magischen Fähigkeiten nicht sprechen darf. Daß Gröning trotzdem so populär war, erklärte mir ein konkurrierender Heiler: „Vor allem waren es die Entwurzelten der Nachkriegszeit, Flüchtlingsfrauen und Heimatlose, die ihn konsultierten. Sie hatten ihre stillen Helfer mit dem Verlust der Heimat verloren und suchten nun derartige überregionale Magier, die in einer Sogwirkung weitere Gläubige anzogen.“ Während Ermittlungsbehörden und Staatsanwaltschaft die Öffentlichkeit vor den geschäftstüchtigen Wundertätern zu schützen suchten und offenbar recht aktiv Okkulttäter verfolgten, zeigten sich die Richter weiterhin unsicher, zumal manche Prozesse durch endlose gutachterliche Auseinandersetzungen recht unbefriedigend ausgingen. Der Hexenfahnder Johannes Kruse aus Hamburg stritt sich mit dem Volkskundler Peukert mit dem Ergebnis juristischer Ratlosigkeit. Sollte nun anachronistischer Hexenwahn ausgerottet werden oder gesundes Kulturgut, alter Volksglaube, bewahrt werden? Auch die Gerichte vermochten dies nicht zu entscheiden.

Brauchbare und praktikable Hilfe für die Juristen war das Urteil des Bundesgerichtshofes vom November 1955, in dem festgestellt wurde, daß das Heilpraktikergesetz im Sinne der Volksgesundheit verhindern solle, daß Kranke in die Hände von Unkundigen gelangen und Ängste der Leidenden geschäftlich ausgenutzt werden. Mit diesem höchstrichterlichen Urteil war Klarheit geschaffen. Es stellte die Wunderheiler unter Strafe, die gegen das Heilpraktikergesetz verstießen. Doch dies betraf nicht den Schadenzauber und die dazugehörigen Hexenbanner. So sind Schadenzauberfälle außerordentlich selten an die Gerichte gelangt, obwohl gerade sie in der Nachkriegszeit besonders häufig zu verzeichnen sind. Der Grund für die Zunahme der Schadenzauberfälle lag am Zustrom von Flüchtlingen, insbesondere von alleinstehenden Frauen, in die dörflichen Gemeinden. Sie wurden mißtrauisch von den einheimischen Frauen beobachtet und entsprechend dem alten Grundmuster der Außenseiterbehandlung sehr leicht als Hexen bezichtigt.

Ein Fall schädigender Zauberei erregte einiges Aufsehen und wurde vor einem Lüneburger Gericht verhandelt. Es ist der schicksalhafte Fall der Irma B. In erschütternder Weise offenbart er das Elend des Schadenzaubers. Er fand seinen Abschluß mit der Einweisung einer jungen Frau, der Irma B., in eine Landesheilanstalt. Beteiligt waren eine schadenzaubergläubige Familie und der dörfliche Schmied. Der Abbauer B. war im Dorf voll integriert. Seine kleine Landwirtschaft wohlbestellt, Haus und Hof sauber und ordentlich, wie allenthalben bekundet wurde. Bereits vor dem Krieg führte der Abbauer ein Auto — und dies, so sagte der Dorfpolizist etwas mißbilligend, obwohl die Bauern damals noch keine Autos hatten. Die Tochter zeigte ihren Freundinnen zuweilen eine außergewöhnliche Kollektion wertvoller Schmuckstücke, die der Vater erworben hatte. Nachbarn beobachteten, daß auf der Wäscheleine echte Frotteetücher hingen. Ahnungslos demonstrierte die Familie B. vor der ganzen Dorfgemeinschaft einen wohlbegründeten Wohlstand. „Man nahm vom Besten", erzählte mir eine Nachbarin etwas spitz. Und in der „schlechten Zeit" bekamen sie Pakete aus Amerika, verbreitete mißgünstig der Postbote. Zehn Jahre später wurden während der Feldforschungsarbeiten im Dorf solcherart Normenverstöße noch mitgeteilt. Man wußte zwar auch noch zu erzählen, daß Irma B. ein fröhliches, lebenslustiges Mädchen gewesen war, das gerne tanzte und mit seiner Freundin in die nahe Stadt zum Einkaufen fuhr. Doch alles war überschattet vom bald spürbaren Neid der Nachbarn. Die Familie fürchtete sich entsprechend den wohlbekannten Sanktionen für Normenverstöße vor den Mitbewohnern. So war es ein folgerichtiger Schluß des Vaters, als sein Pferd an Hufrolle erkrankte, dies einem Schadenzauber zuzuschreiben. Ein Hexenbanner wurde konsultiert, der an Türen und Fenstern ein Bannmittel anbrachte und die Weisung gab, sämtliche Fenster zu vernageln und das Stallfenster luftdicht abzuschließen. Der Hinweis, daß der Nächste, der nach diesen Maßnahmen den Hof betreten würde, die böse Person sei, wurde verhängnisvoll. Es war die beste Freundin der Tochter des Hauses. Darauf folgte eine totale Isolierung von der Außenwelt. Der Postbote durfte das Grundstück nicht mehr betreten, auch wohlmeinende Besucher wurden vom Hof gewiesen. All dies nun forderte die Nachbarn heraus, die ohnehin mit Argwohn betrachtete Familie mit Spott und Hohn zu verfolgen. Die Außenseiter waren festgemacht, und es galt nun, in einer Offensive psychischen Terrors das schwächste Glied der Familie zu treffen, nämlich die Tochter als Hexe zu bezichtigen. Freilich war dies auch ein Selbstschutz der Nachbarn, die nicht von der Familie B. als Schadenbringer bezichtigt werden wollten. Besonders taten sich der Postbote und der Schmied in der Terrorisierung der Familie hervor. Man umkreiste das Haus mit dem Motorrad, verkleidete sich als Geist, stellte ausgehöhlte Rüben, in die Gesichter geschnitten worden waren und die von innen erleuchtet wurden, auf die Gartenpforte. Kinder bespritzten Irma mit Jauche. Schließlich entschloß sich der Vater, Anzeige zu erstatten. Der Prozeßverlauf verdeutlicht die Schwierigkeit, in derartigen Fällen Recht zu sprechen. Die Beklagten, der Schmied und der Postbote, waren sich ihrer Zeugen sicher. Der Kläger, mit der Dorfgemeinschaft vor dem Gericht konfrontiert, fest an den bösen Zauber glaubend, wirkte psychisch krank; und folglich ließ der Richter von Vater und Tochter ein psychiatrisches Gutachten anfertigen. Während der Alte noch im Laufe des Prozesses starb, zeigte sich bei der Tochter, daß sie den psychischen Druck nicht durchhielt. Sie mußte in eine Landesheilanstalt eingewiesen werden. Heute lebt sie wurzellos in einem Arzthaushalt. Die Früchte eines arbeitsreichen Lebens, als Aussteuer für die Tochter gedacht, wurden für einen langen Anstaltsaufenthalt eingezogen. Als Beweisstück lag damals auf dem Richtertisch ein Reisigbesen, den die Nachbarn als Hexenzeichen vor die Tür der Unglücklichen gestellt hatten. Drohend schwenkte der Richter diesen Besen über Zeugen und Beteiligten, um damit zu demonstrieren, wie ein solch nützliches Arbeitsgerät zum Symbol für Geisterbeschwörung und Aberglauben werden kann. Es war dies ein klassischer Hexenprozeß, der wieder einmal deutlich zeigte, daß das Phänomen „Hexe" in unsere Rechtsordnung nicht mehr passen will; die Richter waren in der Strafzumessung hilflos.

Seit Anfang der 80er Jahre mehren sich nun allerdings in Zivil- und Strafprozessen „Hexenprozesse" neuerer Art, die durch die Beteiligung der protestantischen Kirche, wenn nicht sogar von dieser initiiert, eine andere Qualität erhalten. Es mag dies auf die Arbeit der sogenannten „Beauftragten für Weltanschauungsfragen" zurückzuführen sein. Sie erweisen sich bisweilen durchaus auch als tätige Beobachter des neuen „Ketzerunwesens". In diesem Zusammenhang sei auf den Fall der 46jährigen Tontechnikerin Sigrun Koy verwiesen. Sie ist seit 1984 in zweiter Ehe mit einem ebenfalls geschiedenen Mann verheiratet. Diese Frau glaubt, mediale Fähigkeiten zu besitzen. Nach Feierabend nutzt sie das Buchstabenbrett, auf dem sie einen Teller kreisen läßt, um, so erklärt sie diese Kunst, Weisungen aus dem Unbewußten zu empfangen. Außerdem läßt sie das Pendel kreisen und führt die Wünschelrute. Ihre Fähigkeiten erklärt sie mit einer besonderen Sensibilität, vergleicht sie mit Wetterfühligkeit. Unversehens wurde Frau Koy in die Scheidungsauseinandersetzung ihres Mannes hineingezogen, der um das Besuchsrecht seiner Kinder aus erster Ehe zu kämpfen hat. Bei einer vereinbarten Kindesübergabe bezichtigte die Kindesmutter die „neue" Frau ihres Mannes in einem emotional-eifersüchtigen Ausbruch als Hexe, die nicht mit ihren Kindern in Berührung kommen dürfe. Sie war fest davon überzeugt, daß anläßlich eines früheren Besuches die Kinder durch Frau Koy mit einem Mittel beeinflußt worden waren. Ihr Rechtsanwalt formulierte dies so: „So übersandte Frau K. den Kindern ein Wattebausch in einem Glasröhrchen mit einer sehr stark riechenden parfumartigen Essenz. Das ist eine typische Verhaltensweise, die ähnlich wie ein Amulett wirken soll, daß ein starkes unbewußtes Erinnerungsbild entsteht, so daß bei jedem erneuten Auftreten dieses Geruchs, den man natürlich jeder Zeit wieder praktizieren kann, eine Erinnerung und schließlich eine Bindung entsteht. Diese Art der Einflußnahme ist eine Manipulation, die Fachleute als gefährlich ansehen." Mit dieser Argumentation wandte sich die Kindesmutter an das Familiengericht. Doch der Richter wollte diesem eindeutigen Schadenzauberunsinn nicht folgen und räumte dem Vater weiterhin das uneingeschränkte Besuchsrecht ein. Er ermahnte die Mutter, mehr Selbstvertrauen in ihre Erziehungsfähigkeiten zu setzen. Es wurde ihr auch erklärt, daß es sich um Parfumproben handelte, die anläßlich eines gemeinsamen Stadtbummels aus einer Drogerie stammten. Doch der Rechtsanwalt hatte ja Fachleute angegeben, die die Gefährlichkeit solcher Praktiken bestätigen sollten. Es lag der Brief eines Oberkirchenrates der Vereinigten Evangelisch-Lutherischen Kirche Deutschlands an die Kindesmutter vor. Zwischenzeitlich erreichte den Kindesvater ein Telegramm des Oberlandesgerichts Schleswig, in dem ihm bis auf weiteres der Umgang mit seinen Kindern verboten wurde. Die Verhandlung erfolgte recht bald. Noch vor der Eröffnung übergab der vorsitzende Richter dem Kindesvater die Stellungnahme des Oberkirchenrates, der u.a. schrieb: „Betr.: Okkulte Behaftung ... Es muß eindringlich vor den Gefahren der Geistergläubigkeit und dämonischen Bindungen gewarnt werden ... Menschen im Spiritismus werden nicht mit Gott, sondern mit den Gesetzen Gottes konfrontiert ... das ist keine harmlose Spielerei. Ich kann daher ihre Sorge nur teilen, daß bei der einerseits offenkundigen psychischen Abhängigkeit und vielleicht auch Labilität ihres Mannes, andererseits angesichts der okkulten Praxis und Stärke seiner Partnerin — es Ihnen nicht möglich erscheint, Ihre Kinder zu Ihrem Manne zu schicken, sobald Sie sicher sind, daß auch sie mit der Frau zusammentreffen. Medial veranlagte und sich gebende Menschen sind oft von einer Durchsetzungskraft, die sie von der rationalen Kritik nicht mehr erreichen läßt." Die starke Hexe und der schwache Mann: ein wohlbekanntes Grundmuster vergangener Hexenprozesse. Dieser Brief muß den vorsitzenden Richter außerordentlich beeindruckt haben. Als Frau Koy als Zeugin vor das Gericht trat, fuhr er über den Tisch und sagte: „Sie beschwören doch Geister!" Das Besuchsrecht wurde eingeschränkt; die Begründung ist in der Neuen Juristischen Wochenzeitung veröffentlicht. Schließlich verbot das Amtsgericht zu Schwarzenbeck dem Vater mit Hinweis auf den OLG-Beschluß jeglichen Kindeskontakt. Mit diesem Beschluß konnte im Umfeld der Frau Koy eine Hexenjagd beginnen.

Doch die Bezichtigte wehrte sich und erhob Widerrufklage beim Landgericht Celle gegen den Oberkirchenrat. Noch vor dem Prozeß beeilten sich die Beschöfe, dem bedrängten Amtsbruder zu Hilfe zu eilen, der ohne mit den Betroffenen zu reden eine so harsche Stellungnahme gefertigt hatte. Um Gefahr vom Amtsbruder abzuwenden, mußten die Bischöfe seinen Brief zur Angelegenheit der Kirche machen. In diesem Sinne gaben sie folgende Erklärung ab: „Wie Berichte aus allen Teilen der Bundesrepublik zeigen, breitet sich zunehmend eine Welle okkultistischer Betätigung aus, die neben Erwachsenen auch zahlreiche Jugendliche erfaßt. Magische Selbst- und Fernheilmethoden, Wahrsagerei, Hellsehen, Personen, die sich als Hexen bezeichnen, Astrologen, Satansbeschwörer und gar Tötungsrituale ... Wer sich auf solche Dinge einläßt, betreibt keine harmlose Spielerei, sondern liefert sich der Macht des Bösen aus. Aus Sorge um den Menschen, aufgrund des ersten Gebotes in der Auslegung Luthers, warnt die Kirche heute wie zu allen Zeiten vor okkulten Praktiken jeder Art. Konkrete Beispiele aus jüngster Zeit zeigen, daß zunehmend jüngere Menschen sich dem Spiritismus zuwenden, Kinder sind besonders feinfühlig und neugierig." Am 13. März 1987 wies der 13. Senat des LG Celle die Klage der Frau Koy ab, mit dem Hinweis, sie hätte nicht gegen den Oberkirchenrat klagen dürfen, wohl aber gegen die Kirche.

„Heute wie zu allen Zeiten", so heißt es in der Bischofserklärung, „warnt die Kirche vor okkulten Praktiken". Man hat sich daran zu erinnern, daß sie nicht immer nur warnte. Die Dämonen, in deren Macht der Okkultist sich nach kirchlicher Auffassung begibt, erinnern aber auch an Luther und seinen ganz persönlichen Teufelswahn. Die gefallenen Engel, von denen — angeblich — bei Moses (I, Kap. 6) berichtet wird, die Stifter des Heidentums, die den Menschen mit Wahrsagerei, Astrologie und magischen Künsten zu täuschen trachten, in Wirklichkeit aber Verderben bringen, sie treiben demnach immer noch ihr Unwesen. Doch als Dienerin der Dämonen, als Hexe also, versteht sich Frau Koy nicht. Ihr Interesse ist auch nicht die Dämonenlehre der alten Kirchenväter und Reformatoren; sie beschäftigt sich mit einer — wie auch immer zu wertenden — wissenschaftlichen Disziplin: der sogenannten Parapsychologie.

In jüngster Zeit hatte sich vor dem Landgericht Lüneburg nicht eine Hexe, sondern Satan zu verantworten. Sein bürgerlicher Name: Michael Eschner, Oberpriester des Thelema-Ordens. Dieser Orden war in Berlin als eingetragener religiöser Verein organisiert. Vereinsziel ist die Verbreitung der Lehren des Gesetzes von Thelema, wie sie von Aleister Crowley 1904 festgelegt wurden. Crowley selbst, so wird von Eschner behauptet, habe vorausgesagt, daß dieser sein Nachfolger sei. Die Satanssekte wurde in Berlin 1985 aufgelöst. Etliche Vereinsmitglieder sind ihrem Priester in den niedersächsischen Landkreis Lüchow/Dannenberg gefolgt, wo mehrere Häuser gekauft wurden und der Orden sich als „Netzwerk Thelema" neu formierte. Nicht mehr als Verein, sondern als satanistische Untergrundbewegung. Lange schon beobachteten die Beauftragten für Weltanschauungsfragen diesen, in der Tat sehr obskuren Verein. Verschiedene Straftatbestände wurden den Verantwortlichen des Ordens von den Behörden vorgeworfen. Nach Auftauchen des Ordens im Regierungsbezirk Lüneburg entfachte der evangelische Superintendent Thielko Tileman eine Diskussion über die Möglichkeit eines Verbots. Seine Begründung: Der Orden vertrete die Ansicht, daß die Zukunft im Zeichen Satans stehe. Damit sei diese Gemeinschaft eine Art Gegenreligion zum öffentlichen Glauben. Es ist nicht zu verkennen, daß diese Gruppe außerordentlich bedenklich ist und ihre Rituale gegen guten Brauch und Sitte verstoßen. Gleichwohl zeigt es sich, daß die Kirche zuweilen die seelsorgerischen Aufgaben hinter massive Einflußnahme auf die Behörden stellt. Der Satansprozeß vor dem Lüneburger Gericht zeigt, daß die geschickten Anwälte des Ordens eindrucksvoll das Grundrecht der Glaubens- und Gewissensfreiheit anzuführen wissen. Es wird in Zukunft für die Richter keine leichte Aufgabe sein, angemessen auf die solcherart sich formierende „New-Age-Bewegung" zu reagieren, denn unser Strafgesetzbuch kennt kein Verbrechen der Zauberei, und der Begriff „herrschende Meinung" als Hilfe bei der Urteilsfindung dürfte angesichts der wachsenden Neureligionen nicht mehr so leicht anwendbar sein.

Josef Röll

# Zaubereiannoncen

In seinem Artikel „Okkultkommerz"[1] behandelt Dieter Harmening Zauberbücher, Magisches und magische Utensilien, wie sie dem Leser durch Kleinanzeigen bestimmter Zeitungen und Schriften angeboten werden. Um das Okkulte und den damit zusammenhängenden Okkultkommerz als spezielle Problematik deutlich machen zu können, grenzt er es begrifflich aus seinem übergeordneten Zusammenhang, dem Aberglauben, heraus. Demnach übernimmt Aberglaube Althergebrachtes ohne weiteres Nachdenken: weil es schon immer so war. Das Okkulte dagegen behauptet, in das Wesen der Dinge einzudringen und eine besondere Kenntnis und Einsicht in seine Gegenstände zu besitzen. Harmening wird in seinem folgenden Beitrag mit den dargebotenen Materialien die geistesgeschichtlichen Grundlagen und Zusammenhänge rekonstruieren. Daraus wird erkennbar, daß, was uns heute als Magie und Zauberei gilt, zeitweise einherging mit der Grundlegung und Entwicklung der Natur- und Geisteswissenschaften. Gemäß den ihr zur Verfügung stehenden Quellen und Methoden war es eine Wissenschaft von der Welt und der in ihr wirkenden göttlichen Prinzipien. Folglich reichen ihre Wurzeln bis zu den Anfängen christlich-dogmatischen Denkens hinunter. Von dort skizziert Harmening die geistesgeschichtlichen Zusammenhänge in ihrer Entwicklung, deren Inhalt er kurz umreißt. Im Hinblick auf diese Darstellung wollen die nachfolgenden Überlegungen das Problem des Okkultkommerzes an exemplarischen Beispielen diskutieren. Dabei sollen die Schwierigkeiten deutlich werden, durch die sich das Material eindeutiger Klassifizierungen und wirksamer Untersuchungskriterien entziehen kann.

Gegenstand der Betrachtung sind bestimmte Kleinanzeigen wie: „Parabol-Richtmikrofon", „Wahrsager", „Hypnotisieren", „Hellseherin", „Kahl-Haarprobleme?", „Lotto-Glück", „Das 6. und 7. Buch Moses", „Für Männer", „Geistheilung", „Partypuppen", „Polizeifunk", „Horoskope", „Detektivausrüstungen" oder „Berufs-Astrologe". Diese Liste wäre noch um vieles erweiterbar und enthielte dennoch immer wieder die gleichen Stichworte. Betrachtet man die Zeitschriften und Hefte, denen sie entnommen sind: „Heim und Welt", „Freizeit Revue", „7 Tage", „Frau mit Herz", „Das Neue Zeitalter" und die sogenannten „Groschenromane" des „Bastei" Verlags, dann sieht der eine oder andere vielleicht seine schon immer gehegten Vorurteile bestätigt, oder es geht ihm wie dem Mädchen am Kiosk, das mir behilflich war, die verschiedenen Zeitschriften auf solche und ähnliche Inserate abzusuchen. Sie versicherte mir lebhaft, daß: „diese Anzeigen sowieso keiner ernst nimmt" und ließ durchblicken, was sie von Herrn Schmidt hält, der regelmäßig „Das Neue Zeitalter" kauft. Hier beginnen bereits die Schwierigkeiten. Solche Kriterien genü-

1. S. unten. S. 103-114.

gen nicht einmal das Material kenntlich zu machen, noch weniger es ausreichend zu beschreiben. Denn gleiche oder zumindest vergleichbare Anzeigen finden sich, bis auf wenige Ausnahmen, in fast allen Zeitschriften und Illustrierten des deutschen Angebots. Es kann jedoch nicht die Aufgabe dieser Überlegungen sein, Marktanalysen über die verschiedenen Druckschriften anzustellen.

Stellt man das dargebotene Material jedoch thematisch gegliedert zusammen, wird erkennbar, daß sich hinter der verwirrenden Flut dieser Anzeigen nur wenige Probleme verbergen. Sie alle zeichnen sich dadurch aus, daß sie eine paranormale Welt zum Gegenstand haben. Damit soll jedoch nur ausgesagt werden, daß diese Welt und ihre Probleme nicht für jedermann in der Alltagswelt zugänglich sind, sondern nur bestimmten Kreisen. Vergleicht man den Inhalt der genannten Zeitschriften und Hefte mit den Anzeigen, wird deutlich, wie sehr beide voneinander abhängen, weil das eine dem anderen ergänzend gegenübersteht.

So finden sich in der Zeitung „Heim und Welt“ nicht nur Inserate des Hellsehers Schamabandi, der sich selbst „Europas bekanntester Parapsychologe“[2] nennt und Rat und Hilfe in allen Lebenslagen verspricht, sondern auch Artikel: „Schambandi: Uraltes Wissen wird zur Vision“, die über ihn berichten und ihn zu Wort kommen lassen. Auf diese Weise gibt man ihm die Möglichkeit, im Rahmen einer Serie über „Deutschlands erfolgreichste Seher“ eine Kostprobe seiner Kunst zu liefern. Vergleichbares geschieht auch in der Zeitschrift „Das Neue Zeitalter“. 1985 noch mit dem Zusatz: „Huters Magazin der Zukunft“ herausgegeben, erscheint es heute mit dem anspruchsvollen Untertitel: „Aktuelles Magazin für Grenzwissenschaften“. Dort findet sich in der Serie „Große Hellseherinnen unserer Zeit“, ein Bericht darüber, wie die Seherin und Parapsychologin Ina Molnar, „bundesweit als ‚Ina‘ bekannt“ den Tod ihres Kindes voraussah. Gleich daneben eine Anzeige in der sie Seancen und Jenseitskontakte anbietet.[3] Bemerkenswert sind auch die Konstellationen, die in Groschenheften gefunden werden. So wird im Anschluß an Jason Darks mordreiche Kurzgeschichte „Doktor Tod“ unter anderem ein Kurs gegen Erröten, Schüchternheit und Kontaktmangel angeboten. Erwähnt sei schließlich noch die „astrologische und magische Zeitschrift „Kristallkugel“, die viersprachig: Deutsch, Englich, Französisch und Arabisch erscheint. Sie enthält zwar nicht im üblichen Sinne Kleinanzeigen, wirbt jedoch als Sprachrohr des „Weltbekannten Magiers und Hellsehers, Lousi Al Alousi“, auch bekannt als „Der Bucklige von Bagdad“, für dessen magische Zirkel, Veranstaltungen und Künste.

Um eine bessere Übersicht zu gewinnen, sollen die Annoncen zunächst in zwei übergreifenden Zusammenhängen thematisiert werden, die die zugrundeliegenden Absichten nicht verschleiern, und so das Auffinden psychischer und sozialer Zusammenhänge, denen sie zugehören, erleichtern. Auch hier verdeutlichen Überschneidungen die Vielschichtigkeit der Aspekte und Ebenen, die den Themen zugehören. Es sind: 1. Erfolg, Macht, Reichtum und 2. Weltanschauungen.

Die zuerst aufgeführten Punkte zielen augenscheinlich auf Demonstration des „Ego“ gegenüber anderen. Erfolg kann in mannigfaltiger Weise erlebt und gezeigt werden: Ob man ein Musikinstrument wie die Heimorgel dreimal schneller als gewöhnlich lernt, durch

2. „Heim und Welt“ (HuW) 1985, Nr. 25, S. 4.
3. „Das Neue Zeitalter“ (DNZ) 1985, Nr. 25, S. 28f.

ein Supergedächtnis bis ins hohe Alter anderen geistig voraus ist, oder mit „Superlearning" spielend mehrere Fremdsprachen lernt. Alles trägt zur Hebung des Selbstwer(t)gefühls und Achtung durch die anderen bei. Dem Erfolg kann aber auch durch „Gezinkte Spielkarten" auf die Sprünge geholfen werden. Wem dies alles zu mühselig ist, der entscheidet sich am besten gleich für das „Lotto-Perfekt-System" mit garantiertem Rückgaberecht innerhalb von 7 Tagen und tut es Herrn Roth gleich, der innerhalb weniger Wochen 50 DM in 2,3 Millionen verwandelte. „Der Schlüssel zum Erfolg" wird von verschiedenen Agenturen der „United Human Organisation" kurz: „UHO" angeboten. Deren Abteilung „bep" bietet für 890 DM das „Bewußtseins-Erweiterungs-Programm" an, ein Lernprogramm, gedruckt oder auf Cassetten, in drei Sammelordnern, das es Managern ermöglicht auf das spirituelle Wissen vergangener Hochkulturen zurückzugreifen. Daß mit diesem Wissen Erfolg garantiert ist, braucht nicht betont zu werden.

Auch das Glück in der Liebe muß man nicht dem Zufall überlassen. Mit einem attraktiven Frauenrücken suggeriert eine Kosmetikfirma: „Manche Männer sind erfolgreicher als andere" und wirbt so für eine Pflegecreme gegen rauhe Männerhände. „Erfolgreich selbständig", diese Devise bürgt nicht nur für den Ausweg aus einer ungesicherten Existenz, man entzieht sich als sein eigener Chef auch dem Machtbereich eines Vorgesetzten, indem man nun selbst Macht ausübt und als Ziel der Bemühungen zu Reichtum gelangt. Um dieses Ziel leichter zu erreichen, bietet der „Norman Rentrop Verlag" ein breites Spektrum unterstüzender Fachliteratur zwischen 50 und 100 DM an, die dem angehenden Unternehmer auf seinem Weg nach oben behilflich sein soll.

Das Gefühl der Macht kann aber auch nur demonstriert werden. Ob die „FBI Sirene 69" eingesetzt wird, um sich vor anderen herauszustellen oder Waffen, die frei verkäuflich sind, ihrem Besitzer ein Gefühl der Überlegenheit verleihen, ist im Einzelfall weder auszumachen noch wichtig. Gesetzlich Verbotenes wird auf cleveren Umwegen an den Mann gebracht. Das „Parabol-Richtmikrofon", „ideal für akustische Beobachtungen aus größerer Entfernung (Tierbeobachtungen, Reportagen usw.)", wird seinen eigentlichen Verwendungszweck wohl im „usw." finden. Ob Einbrüche in die Persönlichkeit eines anderen durch „Gedankenlesen" vollzogen oder durch „Hypnotisieren — jetzt schnell und leicht mit Garantie erlernbar!", andere Menschen willenlos gemacht und der eigenen Macht unterworfen werden sollen, spiegelt nur in verschiedenen Variationen das Anliegen solchen Unterfangens.

Um zu Reichtum zu gelangen, werden verschiedene Möglichkeiten angeboten. So kann man technische Hilfsmittel z.B. elektronische „Schatzsuchgeräte" in Anspruch nehmen, sich die nächsten Lottozahlen per Computer ermitteln lassen oder einen Kredit von 5, 10 oder 20.000 DM nehmen, selbstverständlich „ohne Schufa Auskunft". Die einfachste Lösung, „in einem Jahr Millionär" zu werden, bietet Lousi Al Alousi[4] an: Da genügt es schon, sich jeden Montag sauber zu waschen, mit geschnittenen Nägeln und, als Mann, natürlich rasiert, den ganzen Tag über zu denken „Ich bin schon Millionär!" Der Reichtum stellt sich dann ein. Eine Bedingung allerdings bleibt: kein Schweinefleisch essen!

Mit dem Stichwort Weltanschauungen sollen hier Annoncen erfaßt werden, in denen Astrologen, Hellseher, Wunderheiler, Geistheiler, Wahrsager und Medien ihre Dienste anbieten. Auf der Grundlage esoterischen Wissens, das aus alten Weisheitslehren, Parapsycho-

4. „Kristallkugel" (KK) 1985, Nr. 6, S. 54.

Lousi Al-Alousi
Weltbekannter Magier/Hellseher aus dem Orient/Bagdad – Berater vieler Scheichs, Prinzen und Königsfamilien – sieht Vergangenheit, Gegenwart, Zukunft. Problemlösung – Partnerzusammenführung.
Lousi Al-Alousi deutet Ihnen Ihr gesamtes Leben, Vergangenheit, Gegenwart, Zukunft und was das Schicksal für Sie verborgen hält. Ebenso Ihre persönlichen Lottozahlen. Außerdem bekommen Sie einen Talisman, der Glück in der Liebe, Geld und Gesundheit bringt.
Senden Sie Ihren Namen, Geburtsdatum, ein Foto und DM 60,– sowie Ihre Adresse an: Lousi Al-Alousi, Hindenburgdamm 99, 1000 Berlin 45.
Sie erhalten umgehend ausführlich Rückantwort.
Telefon (0 30) 8 34 55 24 oder 8 34 40 10, Telex 186 231 Lousi D
Deutsche Bank, Berlin, Konto-Nr. 4 365 821, BLZ 100 700 00
Magier – Hellseher – Stuttgart
Partnerzusammenführung und Trennung durch Magie sowie Hilfe in allen Lebenslagen. Bekannt durch Presse im In- und Ausland.
Josef Sowinski, Nittelwaldstraße 45,
7000 Stuttgart 1 (Botnang)
Telefon (07 11) 69 67 14/63 23 90
Weissagen am Telefon:
Ulm (07 31) 6 24 09
Bei bedrängenden Problemen und Schicksalsfragen erhalten Sie per Telefon sofort SEHERISCHEN RAT und MAGISCHE HILFE. – Persönliche Termine nach Vereinbarung.
Täglich 9–12 und 15–19 Uhr (außer Samstag und Sonntag)
Jürgen Raith, Postfach 33 70, Bahnhofstr. 18, 7900 Ulm
Wahrsagerin-Hellseherin
in München (089) 53 16 88
Katalin Pertold aus Budapest
intern. bekannt durch Funk, Fernsehen und Presse, hilft und berät Sie, löst Ihre Probleme, blickt in Ihre Zukunft!
Hellseherin
Madame Michele (mit langjähriger Praxis) zeigt Ihnen den Weg in die
Z u k u n f t.
(Partner-/Berufs- und Gesundheitsprobleme) Honorar sfr 50.–
Tel. (00 41 61) 87 53 66
ab 14.00 Uhr
CH-4310 Rheinfelden, Postfach

Abb. 1

**DIE KUNST DES MAGISCHEN TÖTENS**
Das neue Buch der Hexe von Wien Ela Hard
180 Seiten Halfleder 39,90 DM im Buchhandel oder durch
arte factum Verlag, Postfach 82 01 19, D-8500 Nürnberg 80

*Neu erschienen!*
**Das 6. u. 7. Buch Moses**
*Das Geheimnis aller Geheimnisse*
Das ist Moses magische Geisterkunst. Beide Bücher werden in einem Band versiegelt geliefert. DM 19,50 bei Voreins. o. DM 26,20 bei NN nur durch
**FORMAT-VERSAND, Abt. U**
**33 Braunschweig, Postfach 3862**

Möchten Sie etwas Konkretes über
**Magie – Geheimwissen**
erfahren? Fordern Sie unseren kostenlosen Ratgeber an. Versandhaus H. Simon/I, Postfach 1364, D 6234 Hattersheim 1

**MAGIE**
Weißmagische Beeinflussungen u. Hilfe Karten-Hand-Hellsehen auch per Telefon Gratis-Info anfordern. Tel. (0 76 21) 20 68
MADAME BAUER
Postfach 11 51, 7850 Lörrach

Gute Hexe
hilft Ihnen. Senden Sie Foto u. einige Kopfhaare m Ihrem Geb.-Datum u. Ort u. Ihren Fragen an E. Seidl, Pf. 32 00 22, 89 Augsburg

Ungarische Hellseherin-Magierin
Erfolgreiche Hilfe gegen **schwarze** Magie in hoffnungslosen Schwierigkeiten, Partnerzusammenführung. **Pertold, Tel. München 0 89/2 01 51 35**

Erfahrene Chirologin zeigt durch mediale Fähigkeit vorhandene Krankheitsherde auf und wie man sich zuverlässig dagegen schützen kann – Näheres über Telefonkontakt 0 78 23 / 7 38 (Waltraut Fässler)

**Zukunftsdeutung**
Hilfe in allen Lebenslagen. Auch schriftlich 02203/64422 bis 20 Uhr

Handleserin Clarissa
bekannt durch Presse, Funk und Fernsehen. Terminabsprache unter 0 40 / 2 70 07 14

**Wollen auch Sie Millionär werden?**
Dies können Sie realisieren, durch ein Mitspiel in unserer alternativen, medial-orientierten Spielgemeinschaft! Wir vergeben ständig Anteile f. unsere gewinnträchtigen Lotto-Erfolgssysteme. Gratisinfo gegen Rückporto! **ASTRO-DIENST**, Büro für grenzwissenschaftliche Studien – Abtlg. f. med. Mathematik – **An den Anlagen 21, D-3526 Trendelburg 6**

Manager - Massagen
Harmonie u.m.g. Streß
Info: 0221 / 24 43 63

**Schweiz:** Für ein esoterisches Kongreß- und Bildungszentrum suchen wir Genossenschafter. Steuerfreie Anteilscheine zu Fr 10 000,-. Berghotel mit 130 Betten in der Nähe von Luzern. Info: Joh. Minder, Matthäusstr. 14, CH-4007 Basel

**Deutsche Schweiz!** Aktiver, frohmütiger Rentner, 70er, sucht bis 1. 10. bei alleinstehender Esoterikerin 2 gr. Zimmer mit Kochgel. Ehem. Sekretärin für gelegentl. Mitarbeit bei Briefberatung angenehm. Auch abseits gelegenes Haus kein Hindernis. Eine freie, gegenseitig fördernde Partnerschaft wird angestrebt. Sinn für Tier- u. Umweltschutz wird erwartet sowie für die Gesetze nach Murphy, Shinn usw. Bildzuschriften m. näheren Angaben (Mietpreis, Lage, Geb.dat.) werden sofort beantwortet und Foto retourniert. Diskretion zugesichert und erwartet. Briefl. u. pers. Kontaktaufnahme im Mai. Zuschrift bitte an Onkel Hannes, Postf. 8, A-4563 Micheldorf/O.Ö.

**Hellseherin und Magierin**
hilft bei allen geschäftl. u. priv. Problemen. Partnerzusammenführung oder Trennung.
Telefon: 0 40 / 6 41 86 86

**Weissagen am Telefon**
Sphärische Sofortauskunft auch Sa. und So. bis 22.00. **Keine Vorauszahlung.** Horoskope, Karmaanalyse von Hand erarbeitet.
Hr. Spreitzer, Postfach 60 07 01
D-5000 Köln 60, T. 02 21/72 40 04-05

Abb. 2

logie, Psychologie, Religiosität, Magie und Technik zusammengesucht ist, formulieren sie ihre Welt. Diese zu erkennen ist jedoch nur der befähigt, der über entsprechendes Wissen und Kenntnisse verfügt.

In jenen Welten herrschen andere Prinzipien als in dieser, der Welt der Dinge. Wer jene richtig zu sehen und zu deuten versteht, dem eröffnen sie ihre Geheimnisse.

Die Erde, die Sterne, die uns umgebende Welt, ja der gesamte Kosmos, ist von wirksamen Strahlen, Energien und Zusammenhängen erfüllt. Jeder einzelne Teil ist Informationsträger eines komplexen Bauplans, der nur durch Weisheitslehren und adäquates Verständnis erschlossen und gedeutet zu werden braucht, um uns in vielerlei Weise dienstbar zu sein. Wer seine verborgenen Wirkkräfte unterschätzt oder gar nicht beachtet wird leicht ein Opfer der gefährlichen Kräfte, die in Form von Erdstrahlen, schlechtem Karma oder böser Mächte allgegenwärtig wirksam sind.

Diese Liste könnte beliebig erweitert werden. Isoliert betrachtet sind die meisten der angesprochenen Themen weder magisch, noch läßt sich eine einsehbare Verbindung zu Zauberei oder Hexerei herstellen. Diese Verbindung entsteht erst durch die Zusammenhänge, in denen sie auftauchen. Sie alle entstammen einem Umfeld, das sich der Realität der Alltagswelt entzieht. Es wird ein exklusives Milieu des Irrationalen produziert, in dem dennoch notwendige Zusammenhänge bestehen.

Besondere Aufmerksamkeit verdient eine Gruppe von Anzeigen, die den Grundlagenfundus des angeführten enthält: „Magie-Geheimwissen“, „Das 6. und 7. Buch Moses“, „Die Kunst des magischen Tötens“, „Weißmagische Beeinflussung“.

Die Magie wird unterteilt in eine „schwarze Magie“ und eine „weiße Magie“. Die einzelnen Magier und Anbieter von Zaubereiartikeln legen in der Regel Wert darauf festzustellen, welcher von beiden sie angehören. In der Praxis sind sie aber nicht exakt getrennt. Mit der „schwarzen Magie“, „schwarzen Kunst“ oder „magia innaturalis“ arbeiten die Teufelszauberer, Hexen und alle bösen Mächte. Ihr steht die „weiße Magie“ gegenüber, „magia naturalis“, deren Wirkung durch tiefere Kenntnis und Einblicke in das Wesen der Dinge und das Zusammenspiel der himmlischen Mächte zustandekommt.

Lousi Al Alousi, der „Bucklige von Bagdad“, stellt das in seinem Artikel[5]: „Historie der schwarzen Magie“ so dar: „Die weiße Magie ist eine magische Prozedur, durch die in der Regel ein positives Ergebnis erreicht werden kann. Diese Art Magie ist überhaupt die allererste Art, die schon seit Urzeiten existiert.“ Sie wurde verwendet, um reiche Ernte, Segen, Güte oder Jagdglück herbeizuführen, als Heilmittel gegen Krankheiten und böse Geister. „... besonders gut ist uns die Weiße Magie von den Ägyptern überliefert, die sie seit jeher angewendet haben.“ Daneben die Schwarze Magie, die für boshafte Wünsche und Verwünschungen zuständig ist. Diese schwarze Magie war allerdings strafbar, und die Magier, die diese Art von Magie betreiben (z.B. Hexen), wurden lebendig verbrannt.“

Das grundlegende Wissen über die Magie wird Zauberbüchern entnommen, die unter den Anzeigen eine besondere Stellung einnehmen. Im Gegensatz zu Annoncen, die spezielle Probleme ansprechen und für einen breiten Adressatenkreis differenziert aufgefächert sind, um potentielle Kunden möglichst effektiv zu erfassen, bieten sie meist ein breites Spektrum magischer Mittel an, wie z.B. Amulette oder Talismane, die universell einsetzbar sind.

5. Ebenda, S. 48.

Zu den bekanntesten und weitverbreitesten Zauberbüchern zählt „Das 6.und 7. Buch Moses“[6], das wie vergleichbare Titel der Zauberliteratur, die in den betrachteten Medien zu finden sind, der Hausväterliteratur zugeordnet werden kann. Der Begriff Hausväterliteratur wurde für diese Literatur zuerst von Will Erich Peuckert verwandt. Er bezeichnet Druckschriften, die Alltagsproblemen im familiären Bereich mit magischen Praktiken zu Leibe rücken. Sie stammen insgesamt nicht aus „uralten Quellen“, ebensowenig, wie sie vor dem 18. Jahrhundert in Umlauf waren. Hier und da mögen ältere Texte in sie eingegangen sein. Allerdings gründet ihre „Geistigkeit“ in Schichten des magischen Bewußtseins, die sich der Datierung entziehen und zu den generellen Möglichkeiten des „Welthabens“ gehören.

Die Aufmachung der Zauberbücher ist bemerkenswert. Früher zeichneten die Verlage solche Bücher durch die äußere Gestaltung als magische Schriften aus, indem sie sie, schwarz eingebunden, „mit weißen, roten oder goldenen Buchstaben auf schwarzes Papier geschrieben“[7] edierten. Diese aufwendigen und teueren Erkennungszeichen hat der Zauberbuchverleger Masuch drastisch gestutzt. Er entläßt seine Produktionen in „versiegeltem“ Zustand, verschlossen durch einen Totenkopf-Aufkleber, als Symbol „Gift“ vom Apothekenschrank bekannt.

Drei Qualitätshinweise gelten für alle Ausgaben von Zauberbüchern, um ihre besondere Brauchbarkeit hervorzuheben: hohes Alter, geheimnisumwitterte Quellen und verbürgte Autorschaft eines alten Weisen. Die Berufung auf ihr hohes Alter vermittelt dem Leser das Gefühl, daß ihre Inhalte auf lange, bewährte Traditionen zurückgehen. Verbunden mit der Behauptung, sie entstammten ägyptischen, kabbalistischen oder mittelalterlichen Quellen, soll ihr Wahrheitsanspruch widerspruchsfest gemacht werden. Die Autorschaft wird in der Regel bekannten und nahezu mythischen Größen der Vergangenheit zugeschrieben, die aufgrund sprichwörtlich gewordener Eigenschaften, wie der „Weisheit Salomos“, allgemeines Interesses garantierten. Aber auch Aristoteles, Albertus Magnus und natürlich Dr. Faust werden als Autoren von Zauberbüchern genannt.

Die Moses zugeschriebenen Zauberbücher sind das „Das 6. und 7. Buch Moses“ und „Das Buch Jezira: Achtes und neuntes Buch Moses oder der ägyptische Hausschatz, mit den 101 Geheimnissen aller Geheimnisse, die älteste kabalistische Urkunde der Hebräer, nebst den zweiunddreißig Wegen der Weisheit“. Beide Bücher enthalten in exemplarischer Weise die genannten Merkmale und sollen im folgenden näher betrachtet werden. Bereits im Titel und Vorwort wird mit blumigen Superlativen versichert, daß der Inhalt aus uralten Quellen geschöpft sei. Die Echtheit dieser Quellen anzuzweifeln, hieße die Geschichte selbst bezweifeln und wie könnten bewährte Mittel, die aus ägyptischer Zeit auf uns gekommen sind, nicht wirksam sein?

Vergleicht man die Themen des „6. und 7. Buch Moses“ mit den angeführten Annoncen, erweisen sich diese unzweideutig als Erbschaften aus der Hausväterliteratur. Im 7. Kapitel, „Der Schatz“, führt Luzifer, der in dem vorangegangenen Kapitel mittels Zauberei herbeigeholt wurde, den Karzisten (Zauberlehrling) als untergebener Geist zum Schatz. Dafür bieten unsere Annoncen „Schatzsuchgeräte“, den „Schlüssel zum Erfolg“, ein „hohes

6. Das 6. und 7. Buch Moses. Hg. v. F.H. Masuch. Braunschweig 1950.

7. Handwörterbuch des deutschen Aberglaubens. Band 5. Berlin 1933. Nachdruck Berlin, New York 1987, Sp. 820f.

Einkommen" und „hohe Barkredite" an. „Gespräche mit Toten zu führen" lautet eine andere Überschrift[8]. Nach Vollzug verschiedener ritueller Handlungen kann der Karzist mit einem Verstorbenen seiner Wahl sprechen oder Gewißheit erlangen, ob ein Abwesender noch lebt oder schon tot ist. In einem Brief[9] bot mir Frau Molnar an: „Sie können sich mit einer Person (dann bitte Vor-/Fam.Namen wie Sterbedatum) über mich unterhalten, oder ich bringe Sie mit Ihrem eigenen geistigen Führer in Kontakt."

„Der Spiegel Salomonis"[10] ermöglicht es, jedem in Gehirn und Herz zu sehen sowie in seine Vergangenheit und Zukunft zu blicken. Um Mitmenschen effektiver belauschen zu können und sein Wissen über Andere ausweiten zu können, leisten Gedankenleser und Hypnosekurse ihre Dienste. Parabol-Richtmikrofone und Abhör-Anlagen werden parallel angepriesen. Traditionelles magisches Gerät wird in Glasfiberausführung oder edlem Metall versandt. Die Herstellung einer Wünschelrute[11], die zu Wasser und Quellen führt, muß heute nicht mehr unter magischen Ritualen vollzogen werden: der Bauer-Versand hält sie mit anderem magischen Gerät sowie Pendel und Zauberstäbe in Luxusausführung bereit.

Der Zauberei- und Okkulthandel findet immer eine Formulierung, um sich Trends und Ticks anzupassen: Bio-Rhythmus, östliche Weisheit, High-Tech, Computer, Hochfrequenz. „Das Neue Zeitalter" war vor wenigen Jahren mit Themen der Regenbogenpresse befaßt, nahm aus esoterischem Wissen Stellung zum Leben und Schaffen prominenter Persönlichkeiten. Heute steht dort Ökologie, Umweltverschmutzung und Ernährung im Mittelpunkt. Magische Informationen und Dienste blieben aber im Anzeigenteil dabei: Aura- und Hellseher, Magier, Wahrsager; Astrologie, Parapsychologie, Esoterik, Kartenlegen, Handanalyse, Zaubergerät, individuelle Amulette, Reinkarnation, Fernheilung per Telefon, Seminare für Geistheilung, Geheimwissen (praktisch anwendbar), magische Partnerzusammenführung, östliche Weisheitslehren, Mantras, Mandalas, Wunderheiler auf den Philippinen, persönlicher Kontakt zum Schutzengel.

Als „esoterische Schriften" rückt sich das meiste in die Nähe des Zeitgeistes: „New Age" oder „Öko" macht sich geheimnisvoll zugleich und unverdächtig und läßt sich Beweise liefern aus Film, Funk und Fernsehen: Peter Kreuder, Cher Bono und Ruth Maria Kubitschek wissen Bescheid: „‚Die kosmischen Kräfte wirken durch die Steine, die ich immer bei mir habe", erklärt Frau Kubitschek, und streut Achate, Quarze, einen Amethyst auf den Tisch. ‚Bergkristall öffnet das Bewußtsein, der Citrin hilft in Geldnot, ein Rosenquarz stärkt das Herz.'"[12]

*

Als Schriften und Mittel, die sich nicht nur von ihrem okkulten Gehalt her, sondern vor allem auch von den angezielten Käuferschichten mit ihren angezielten Ängsten und darin gründenden Bedürfnissen beschreiben lassen, führen diese Produktionen, vom Konsumenten her gesehen, immer wieder in die Unsäglichkeiten eines Gespräches der Recht-

8. 6. Buch Moses, 9. Kapitel.
9. Brief vom 15.07.1985.
10. 6. Buch Moses, 10. Kapitel.
11. Ebenda, 11. Kapitel.
12. „Neue Revue" 1985, Nr. 51, S. 19.

fertigung oder Zurückweisung. Solange der Rekurs auf „unbekannte“ Kräfte und „Geheimnisse“ des Kosmos offenbleibt, und das bleibt er, mit Goethe, immer, ist dem „Okkulten“ und der okkulten Praxis nicht beizukommen. Und der Vorwurf der Dummheit fällt auf den rationalistischen Kritiker selbst zurück, dem es an der Ahnung des Geheimnisvollen mangele. Der Vorwurf des beschränkten Rationalisten, der nur seine Zahlenreihen zu studieren in der Lage wäre und das als den Weg zur Wahrheit ausgäbe, liegt dann in den Weiterungen solcher Gespräche. Damit rückt die Thematik aber auch in den Umkreis dessen, zu dem sie gehört: in das persönliche Gefühl des Numinosen und des Religiösen. Auf diesen Bereich geführt, wird man die Bereitschaft des Menschen zu glauben akzeptieren und das als Gegensatz zur rationalistischen Omnipotenzanmaßung aus Labor und Rechenwerkstatt begreifen und den Versuch, dem zu entkommen, auch anders als nur negativ beurteilen können.

Etwas anderes ist die Wahrheitsbehauptung mit ihrem intellektualistischen Brimborium. Sie bleibt nicht auf das durchsichtige Taktieren der Produzenten des Okkulten und seiner Vermarktung beschränkt, sondern „verschmutzt“ auch das Denken der Konsumenten, indem es dort zu beweisen sucht, wo nichts zu beweisen ist.

Wie ein Motiv des Märchens vom „Schneewittchen“ nicht die Gattung Märchen für den Bereich rationalistischer Einsichten rettet, indem es aus der Geschichte der Spiegelmanufaktur und Bergwerksarbeit im Spessart ableitbar wird, sondern als Märchenmotiv von der Fähigkeit des Menschen, Märchen zu erzählen und zu verstehen, erklärbar wird und als Motiv in den Gesamtzusammenhang einer Kulturgeschichte des Märchens gehört, so wird auch das „Okkulte“ nicht durch den Nachweis von Erdstrahlen und ihrer Wirkung legitimiert, sondern vom okkulten Bedürfnis des Menschen, nach Einbettung seiner Existenz mit ihren ganz persönlichen Bedürfnissen in ein umgreifendes „Geheimnisvolles“ (vgl. Harmening, unten S. 112). Vom Verständnis der Legitimität des „okkulten“ Bedürfnisses her wird aber auch das unsägliche Schindluder der Produzenten qualifizierbar, die ja nicht nur etwas versprechen, was ihr Angebot nicht halten kann, sondern, was gezeigt werden sollte, auf die existenzellen Bedürfnisse und Ängste ihrer Adressaten zielen, um Kapital daraus zu schlagen.

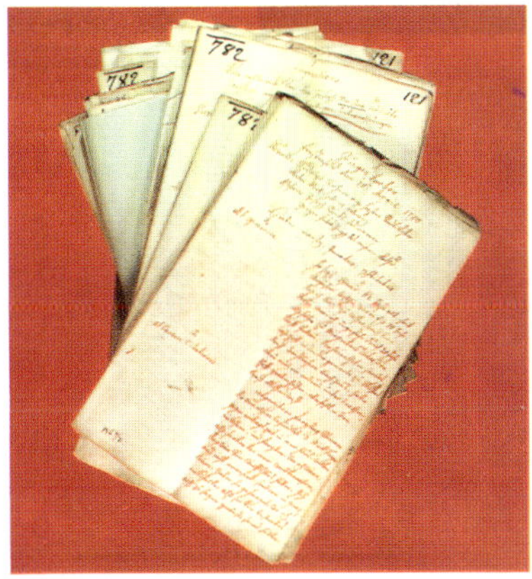

Akten eines Zaubereiprozesses.

Katharina Paldauf, die „Blumenhexe" auf der Riegersburg.

Tafel I: H. Valentinitsch, Hexen und Zauberer, Graz 1987

Tafel II: „Prana-Katalog", Freiburg 1988, Nr. 2

Tafel III: „Der Dorfalchemist", Jan Steen (1626-1679); Wallace Collection, London

Tafel IV: „Pretiosissimum Donum Dei", 17. Jh.; Bibliothèque de L'Arsenal, Paris

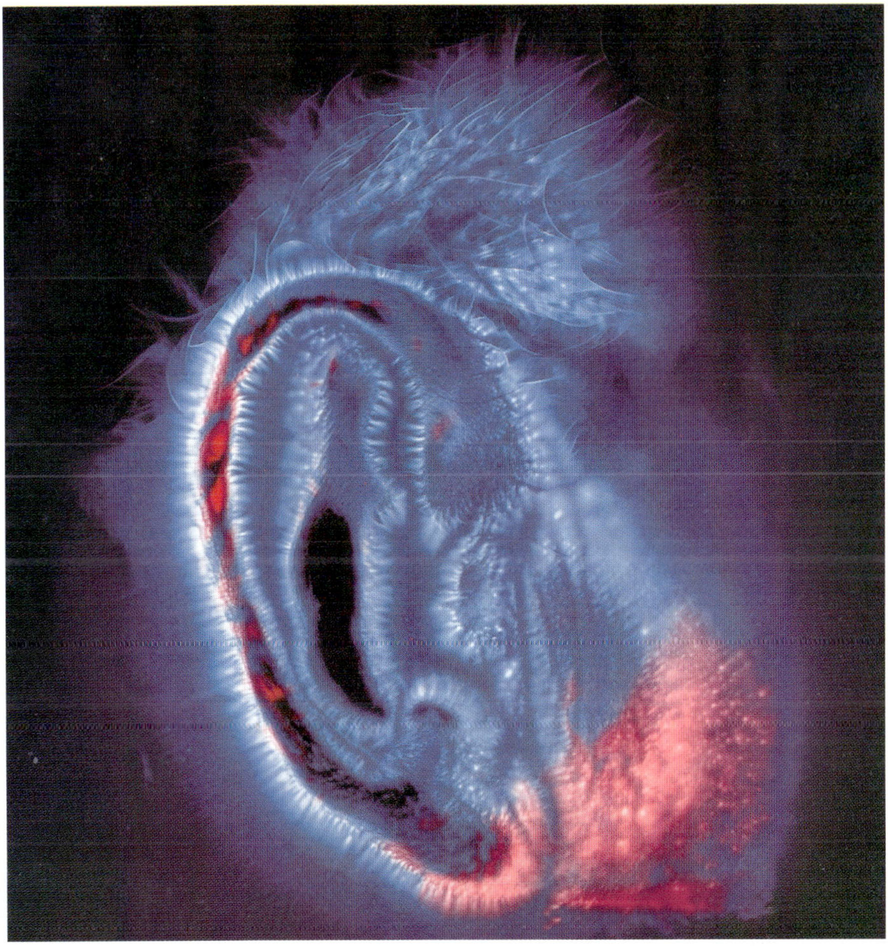

Tafel V: „Aura“ (Corona): aus Geheimnisse des Unbekannten: Übersinnliche Kräfte, Amsterdam 1988

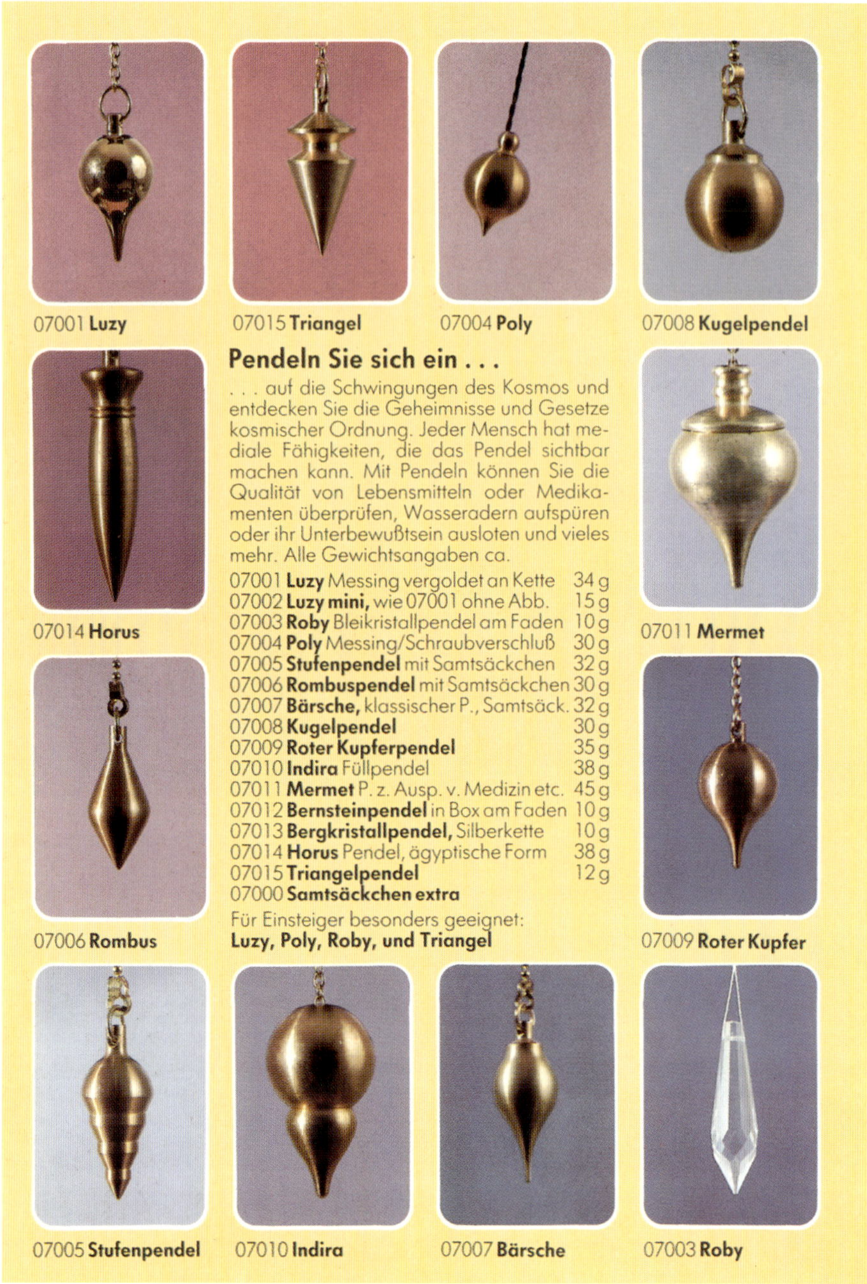


Tafel VI: Werbung, „Nützliches für's Neue Zeitalter" (Aquarius)

Tafel VII: „Supplément à L'Express", Paris 1986, Nr. 1816

Tafel VIII: „Wenn Hexen auf Bestellung morden", „Hörzu-Serie", Oktober 1987

Tafel IX: „Stern", 1986, Nr. 38

Die Hexe Attis, bürgerlich Silke Beyn, meditiert in Trance vor einem lodernden Feuer. Seit dem Mittelalter ist Feuer für die Hexen ein Symbol für Lebensfreude

# Die Hexen sind wieder da

**Hexen im Mittelalter: Die Handschrift von 1514 zeigt, wie Frauen damals mit Zangen gefoltert und auf dem Scheiterhaufen verbrannt wurden**

Sie tanzen wie im Mittelalter in Trance ums Feuer und glauben an die Kraft der Kräuter und des Kosmos. Es gibt wieder Hexen in Deutschland. In mehr als 70 Städten sind sie in geheimen Zirkeln zusammengeschlossen

**Hexen heute: Die 32jährige Silke Beyn fährt Mercedes mit Sonderausstattung**

Die Hexe Attis wohnt in einer kleinen, modern eingerichteten Wohnung in der Nähe der Hamburger Alster. Bürgerlich heißt sie Silke Beyn. Sie ist 32 Jahre alt, unverheiratet, studierte Psychotherapeutin und verdient ihr Geld mit Horoskopen. Drei Sitzungen zu 200 Mark, Studenten zahlen ein Drittel. Auf ihrem weißen Schreibtisch steht ein rotes Tastentelefon, auf einem Samttuch liegen einige Tierknochen, ein Baumorakel und ein rundes goldenes Amulett. Vor dem Mietshaus parkt ihr neuer weißer Mercedes.

Silke Beyn ist keine bucklige Waldhexe aus dem Mittelalter, die mit ihrem „bösen Blick" Tiere und Menschen verhext. Und doch sagt diese Frau ganz bewußt und in aller Öffentlichkeit: „Ich bin eine Hexe."

Immer mehr Frauen in Deutschland bekennen sich wie die Hamburgerin zum Hexenglauben. Sektenexperten der Kirchen schätzen die Zahl der „neuen Hexen" auf über 10 000. Die Dunkelziffer dürfte doppelt so hoch sein. Denn: Immerhin halten 6,8 Millionen Deutsche „Hexerei für möglich", wie das Allensbacher Institut für Demoskopie herausfand. Was aber treibt Frauen heute dazu, wie die Hexen von einst germanische Fruchtbarkeitsriten zu zelebrieren?

Tafel X: „Hörzu", 1986, 1. August

Tafel XI: „Bastei“ Verlag, o.J.

Tafel XII: „Bastei“ Velag, o.J.

## DAS GESCHÄFT MIT DEM SPUK

**Die eine fährt im weißen Mercedes vor, die andere verdient mühelos 4000 Mark im Monat. Beide bezeichnen sich als Hexen. Rund 10 000 gibt es schon in Deutschland. Mit der Leichtgläubigkeit ihrer Anhänger machen viele gut Kasse – durch Liebeszauber, Handauflegen, Hexenkurse. Und ein ganzer Industriezweig lebt von der okkulten Welle**

Tafel XIII: „Geschäfte mit dem Spuk: Hexen in Deutschland", „Quick", 1987, Nr. 46

DämonenKiller
Horror-Serie
Roman um Geister, Hexen und Vampire
NEAL DAVENPORT
Hexensabbat
Neu-Auflage
Nr. 30
DM 1,60
Österreich S 12,–
Schweiz sfr 1,70
Italien Lire 1300
Frankreich FF 5,–
Niederlande hfl 2,–
Spanien Ptas 100,–

Tafel XIV

Tafel XV: 1987, Nr. 11

Tafel XVI: „Bastei“ Verlag, o.J.

Marianne Stumpf-Dumbsky

# Kopfweh von der Sammeltasse
# Theorie und Praxis eines Rutlers

Daß Wünschelruten anzeigen, glauben inzwischen auch Skeptiker. Schon werden Kurse angeboten, in denen jeder den Umgang mit der Rute erlernen kann. Denn jeder Mensch hat die Fähigkeit, mit Hilfe der Rute die seinem Wohlbefinden zuwiderlaufenden Strömungen zu orten: „Urlaub mit der Wünschelrute" — ein Angebot aus dem Bayerischen Wald.

Herr B., dessen Theorie und Praxis näher betrachtet werden soll, stellt fest, daß die Rute gewissermaßen eine Antenne sei, die auf bestimmte „Strahlungslängen" reagiere. Und der „Radiästhesist" müsse für entsprechende Schwingungen passende Längen der Rute finden, um sie zu orten: Paßt die Antennenlänge, trifft er die Strahlung. Es kann natürlich auch sein, daß eine Fehldiagnose passiert, wenn der Rutler hinsichtlich bestimmter Strahlungslängen nicht sensibel ist.

Ein beigezogener Kollege kann aber helfen.

Den Grad einer Erkrankung erfährt Herr B. über das Messen der menschlichen „Aura" (Tafel V). Dieses Energiefeld, das den Menschen umgibt, hat bei einem gesunden Menschen einen Durchmesser von 34 cm. Im Bereich der kranken Körperstelle weist die „Aura" eine Ausbuchtung auf. Bei einem Krebskranken spürt er die Ausbuchtung auch ohne Rute, wenn er auf den Menschen zugeht. Die krankhafte Erweiterung der menschlichen Ausstrahlung könne einige Kilometer betragen. Wie weit auch immer sich die „Aura" verändert hat: Herr B. befragt die Rute, bis zu welchem Ausmaß sie zurückzubringen ist und inwieweit er etwas dazu beitragen kann.

Häufige Krankheitsursachen sind durch Strahlen bewirkt. Herr B. kennt neben elektrischen Strahlen, die durch die Stromversorgung verursacht werden, vier Arten:

Erdstrahlen haben ihre Ursachen in Wasseradern, Verwerfungen und Rissen in der Erdkruste. Sie sind so mannigfaltig, daß sie fast in jedem Haus nachzuweisen sind. In ihrer Nähe soll man nicht arbeiten oder schlafen. Babys und Hunde reagieren sehr stark auf einen schlechten Schlafplatz. Ein Hund legt sich niemals auf eine schlechte Stelle. Die Katze dagegen liebt diese Plätze besonders und fühlt sich auf ihnen wohl.

Kosmische Strahlen gehören zur Schöpfung und umlaufen gitterartig die Welt. Sie werden als das „zweite Gitter" bezeichnet. In ihren Strahlungsbereich fallen besonders gute Wachstumszonen. Die Birke z.B. hat wie sonst kein Baum die Fähigkeit, eine bestimmte Schwingung aus dem Kosmos aufzunehmen. Man kann sich immer wieder etwas Gutes tun, wenn man beim Spaziergang einen solch positiven Baum umarmt, um sich dabei positiv aufzuladen, was heilungsfördernd bei Krankheiten ist. Geomantische Zonen umlaufen straßenartig die Welt und sind etwa eine Meile breit. Herr B. vermutet, daß das Maß der Meile von ihnen seinen Ursprung hat. Alte Klöster, so sagt er, seien immer entlang solcher „Straßen" gebaut. Befindet sich an der Kirche ein rundes Fenster, das stilmäßig oder auch örtlich deplaciert erscheint, kann man davon ausgehen, daß sich unter ihm eine besonders positive Stelle befindet, an der man sich ebenfalls positiv aufladen und Kraft gewinnen kann. Auch der Altarplatz markiert eine besonders energiereiche Stelle. Somit habe nicht allein der priesterliche Segen auf die Gläubigen gewirkt, vielmehr sei er von den ausgehenden positiven Schwingungen des heiligen Ortes („locus sanctus") verstärkt worden. An solchen Stellen hätten sich häufig vorgeschichtliche, mythische Orte nachweisen lassen. Noch mächtiger als ein priesterlicher sei der bischöfliche Segen, da der Krummstab des Bischofs die Schwingungen durch seine Windung verstärke.

Das Curry-Netz oder Diagonal-Netz verläuft gitterartig über die Erde. Es handelt sich um Strahlungswände, die 80 cm dick und in der Höhe unbegrenzt sein können. Diese „Streifen" verlaufen von NW nach SO und von NO nach SW und stehen aufeinander im rechten Winkel und sind in unserer Gegend ca. 3,5 m voneinander entfernt. Viele Menschen spüren über dem Curry-Netz Nervosität, Unruhe, Vibrieren, Krämpfe, Herzstechen, Ohrensausen. An den Kreuzungen und besonders dort, wo Wasser und Curry-Netz zusammenfallen, befinden sich die schwersten Störzonen. Hier treten gewöhnlich auch die chronisch schwersten Krankheiten auf.

Die Schwingungen selbst lassen sich in „rechtsdrehende" und „linksdrehende" unterscheiden. Rechtsdrehend bedeutet Herrn B., daß der Pendel sich im Uhrzeigersinn bewegt; dort die Vögel ihre Nistplätze haben; dort Heilungen erwirkt werden können; dort gute Schlafplätze sind; und sich rechtsdrehende Punkte für magische Zwecke benutzen lassen. Linksdrehende Schwingungen verursachen schwere Krankheiten und Krebs, stören das Wachstum der Bäume; an ihrem Ort wachsen Pflanzen, die als Heilmittel bekannt sind. Nichts existiert in der Schöpfung, das nicht seine eigenen Schwingung hat. Jedoch sind diejenigen, die von der Schöpfung ausgehen, nicht schädlich, da sich der Mensch dagegen schützen kann. Nicht natürliche, sondern geschaffene Schwingungen „belasten alles": Das Planetensystem wird verändert, das Gleichgewicht der Schöpfung gestört. Zu ihnen gehören u.a. die elektrischen Strahlen, verursacht durch die Zivilisation: Stromversorgungsnetz, Rundfunk und Fernsehsender, Spaltung radioaktiver Stoffe.

Handwerkliche Unterschiede im Umgang mit Schwingungen, Strahlen und Auren muß Herr B. nicht weiter beachten. Seine Rute beantwortet mit „Ja" oder „Nein" seine Fragen; Herr B. stellt seine Diagnose „mental". Dabei ist die Rute das „Medium", die das, was „in seinem Hinterkopf" ist, ins Bewußtsein bringt. Er fragt sich selbst, seinen Geist: denn „Geist ist universell und alles durchdringbar." Das Wissen hat er bereits, die Rute bringt es an die Oberfläche.

Praktisch sieht das so aus: Wird er in ein Haus gerufen, um die Schlafstelle zu untersuchen, muß er nicht, wei andere sonst, direkt vor Ort „messen". Er geht lediglich vor die Zimmertür und fragt: „Ist in diesem Raum eine Störung?" Im zutreffenden Fall bewegt sich die Rute nach oben, ansonsten bleibt sie ohne Bewegung. Sagt die Rute „ja", wird die Störstelle vermessen. Denn die Rute vermißt: Alles schwingt, positiv oder negativ für den betroffenen Menschen, je nachdem. Das ist zu ermitteln, zu suchen. Herr B. muß seine Fragen so formulieren, daß binäre Antworten — „ja" oder „nein" — möglich werden. Er

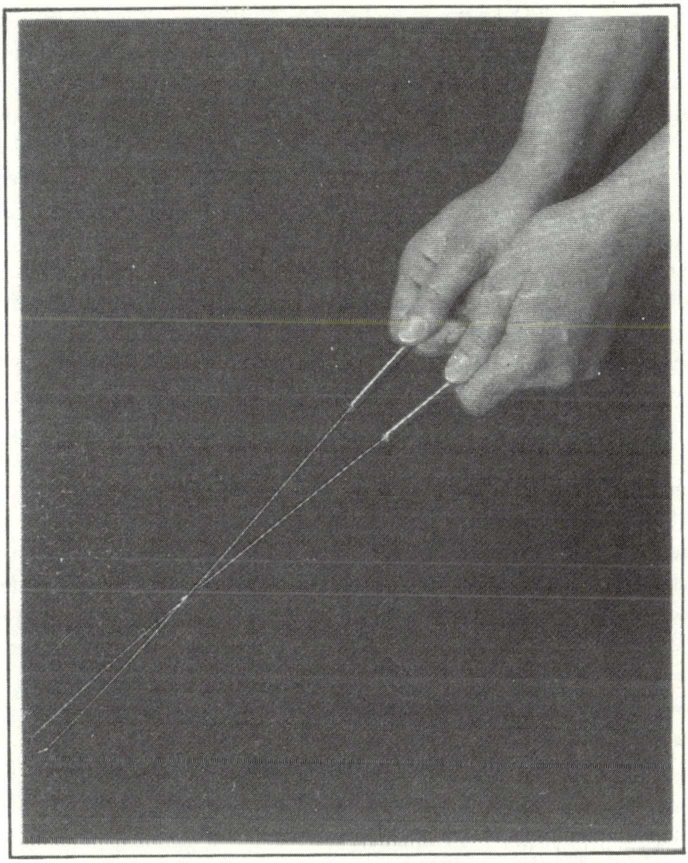

# Stahlwünschelrute

In der Praxis erprobt, mit sehr gutem Ausschlag.
**Griffe aus Kupfer, Länge ca. 35 cm.**

Abb. 1: „Prana-Katalog“ 1989, Nr. 1

kommt einer Sache auf den Grund, wenn er sie mit Fragen einkreist, die sich gegenseitig ausschließen. Bei der „Untersuchung" eines Patienten geht er so vor: Er fragt: „Ist der Mensch belastet? Kopf? Hals? Brust? Bauch? Beine?" Ist eine Störung vorhanden, sagt die Rute „ja". Er fragt auch, in welche Richtung und wie weit das Bett des Schläfers verschoben werden muß. Oder: zeigt die Rute einen Wasserlauf unterm Bett an, wird er fragen, welcher Körperteil davon beeinträchtigt werde. Gefährlich seien eigentlich nur die Ränder der Wasseradern. Läuft der eine Rand über den Brustbereich und der andere über die Beine, so ist hier die Störung zu suchen. Eine Wasserader, die breiter ist als der Mensch groß, ist unschädlich, solange der nicht der Länge nach darüber schläft. Ist dies der Fall, „wird der Mensch verrückt". Liegt die Ursache von Krankheit oder Unwohlsein nicht and er Beschaffenheit der Schlafstelle, wird Herr B. seine Fragen an das Umfeld des Patienten richten. Während seiner zwölfjährigen Tätigkeit hat Herr B. sich einen standardisierten Fragenkatalog erarbeitet. Bei noch nicht vorgekommenen Problemen findet er spontan-intuitiv die passende Frage.

Einige „Sender mit negativen Schwingungen" und ihre entsprechenden Wirkungen seien aufgeführt:

Keramik, deren Grundstoff Ton ist, der wiederum Blei beinhaltet, gibt negative Schwingungen ab. Die wirken schädigend auf Magen, Blase und Zähne, verursachen „Blutverseuchen". — Trockenblumengestecke enthalten ein Präparierungsmittel, das „Ohren und Zähne belastet". — Eine Jukapalme belastet Leber, Galle und Magen. — Mikrowellenherde „verursachen starke Schäden", die sich „auf den ganzen Körper auswirken". — Manche Mineralwasser und Biere sind bis zu 80% negativ belastet. Das kann seine Ursache an der Wasserqualität oder auch am Brauverfahren haben. — Fliesen sind sehr häufig radioaktiv. Hier empfiehlt Herr B., die Fliesen siebenmal mit einem Eimer Wasser, dem sieben Eßlöffel Johanniskrautöl zugegeben sind, abzuwaschen. Die Radioaktivität ist dekontaminiert. — Fernseher und Computer belasten den Zuschauer sehr stark mit ihren Strahlen. Ein Kunststoffkamm, dessen Zacken nach hinten, vom Bildschirm weg, zeigen, vermag die Strahlung in Richtung der Zacken zu lenken; allerdings muß darauf geachtet werden, daß sie nicht in Richtung eines Schlaf- oder Arbeitsplatzes zeigen.

Eine Frau klagte lange Zeit über Kopfschmerzen. Verursacht wurden sie, wie Herr B. herausfand, von einer Sammeltasse, die die Tochter zur Kommunion geschenkt bekommen hatte, dann aber in den Speicher verbrachte. Von dort aus belastete sie die Mutter der Beschenkten. Solche negativen Ausstrahlungen können von der Materie als solcher ausgehen oder — und das sei sehr häufig der Fall — vom „geistigen Wert" des Geschenkes: So kam die Sammeltasse mit negativen Gedanken beladen ins Heim der Frau mit den Kopfschmerzen. Der Schenker habe nicht von Herzen, sondern einzig aus Pflichtgründen geschenkt, oder, schlimmer, er habe die Tasse „besprochen", somit bewußt die Schädigung der Beschenkten verursacht.

Ein Mädchen ließ öfter „was in die Hosen gehen". Der Grund sei ein gefriergetrockneter Tee gewesen, dessen Aufguß im Kindergarten gereicht worden und radioaktiv gewesen sei. Denn in den Ferien blieb „die Hose trocken."

Menschen mit starken Gemütsschwankungen sind mitunter Opfer von Mitmenschen, die von den Betroffenen Energie „abzapfen" wie „Vampire". Hier hilft das Aufstellen einer bestimmten Menge Salpeter und/oder, wenn ein bestimmtes Gebet siebenmal gesprochen wird.

Ein gutes Allheilmittel ist Kupfersulfat. Herr B. gibt ein Stück Stoff, das mit dem Patienten in Berührung gekommen ist, in einen Behälter mit einem Stück Kupfersulfat. Das „nimmt die Krankheit weg“, gleich wo das Behältnis sich befindet, „selbst wenn es in New York stehen würde“, täte es seine Wirkung.

Dieter Harmening

# Okkultkommerz — Vermarktete Reste magischer Traditionen

**MOSESBÜCHER**
»Die 3 echt. alt. (Faksimile) Mosesb. (Philadelphia), teilw. üb. 400 S., 6./7. B. M., Buch Jezira (8./9.). Der feuerige Drache (10., 11. u. 12.) zus. 96,—, einz. 39,—. Per NN + 4,50 VZ portofrei. *(Format-Versand, Braunschweig)*

---

**DAS ORIGINAL SATOR-SCHUTZ- UND GLÜCKSAMULETT**
»Dieses Kryptogramm verleiht dem von Satoryus geschaffenen SATOR-Amulett seine göttlich-magische Wirkkraft. Satoryus selbst imprägniert jedes einzelne SATOR-Amulett im magischen Feuer mit den persönlichen Daten und gerechten Wünschen seines rechtmäßigen Trägers.« *(Satoryus, Basel)*

---

**DER STEIN DES FEUERS**
»Vor einigen Wochen bestellte ich bei Ihnen den ‚Stein des Feuers' für meinen Mann, der einen Herzinfarkt erlitten hatte. Die Ärzte hatten ihn aufgegeben. Er überlebte! Die Ärzte stehen vor einem Rätsel — nicht aber ich. Bitte senden Sie auch mir einen Glücksstein. Ich brauche viel Kraft, denn alles lastet auf meinen Schultern.«

**SYSTEM DER WUNDERGABE DES MIDAS**
»Sie sind dabei, die herrliche Welt der Wundergaben des Midas zu betreten ... eine Welt, in der Sie die Macht haben, andere Menschen dazu zu bewegen, genau das zu tun, was Sie wollen ... eine Welt, in der Sie Geld anziehen wie ein gigantischer Magnet.« *(Madison Trust, Basel)*

---

**ZODIASKOP**
»Setzen Sie einfach Ihr Geburtsdatum auf den untenstehenden Probegutschein und Sie erhalten in diskreter Verpackung diesen wunderschönen Talisman, in dessen Mitte sich ein biomagnetischer Quell befindet. Darüber gravieren wir Ihnen Ihr persönliches Tierkreiszeichen ein, welches Sie nach Wunsch verschieden ausrichten können. [...] Dank dieser Scheibe mit magnetischer Anziehungskraft werden Sie in den Besitz der unbesiegbaren Kräfte des Tierkreises gelangen.« *(Rocour, Münchenstein, Schweiz)*

Zeitungen und Schriften wie „Heim und Welt", „Sieben Tage", „Wahre Geschichten", „Das neue Zeitalter", „Bastei Gespenster Krimi", „Heimatglocken" und ähnliche Produktionen, wie sie Josef Röll gerade dargestellt hat, verbreiten diese erstaunlichen Angebote! Daneben stehen Offerten mit Überschriften wie „Tätowiert", „Heim-Nebenverdienst", „Lebensechte Puppen", „Schlagertexte", „Erröten", „Sex-Filme", „Schüchternheit", „Werden Sie Ihr eigener Chef!" Von hier aus ließen sich erste Striche eines Psychogramms der vom Okkultkommerz anvisierten Konsumschichten zeichnen. Ob damit allerdings der tatsächliche Umfang des Rezipientenkreises umgrenzt ist, muß vorerst fraglich bleiben. „Amutex" (Hamburg) zitiert etwa Peter Kreuder, „den beliebten Komponisten", über seinen „Stein des Feuers" und macht damit auch andere Konsumschichten des Okkultkommerzes sichtbar.

Offensichtlich besteht ein Okkultbedürfnis. Die Breite und Intensität des Marktes kann als Spiegelung dieses Bedürfnisses angesehen werden. Wie läßt sich dieses Bedürfnis charakterisieren? Auf welcher Ebene der menschlichen Gemüts- und Erkenntniskräfte baut sich der Umgang mit dem Okkulten auf? Und wo begründet sich im Menschen die Hoffnung, die er in diese Dinge setzt?

Mit „okkult" sollen Glaubensformen, Praktiken und Dinge bezeichnet werden, die zwar im Sprachgebrauch allgemein dem „Aberglauben" zugerechnet werden, sich von diesem aber begrifflich scheiden lassen: „Aberglauben" zielt auf verbreitete Glaubensinhalte, Vorstellungen und Aktionen, die sich hinsichtlich ihrer Legitimation allein auf die Verbindlichkeit ihres traditionellen Herkommens berufen („das hat man schon immer"). Das „Okkulte" dagegen sucht sich als besondere Art der Erkenntnis und „Technologie" zu legitimieren, als Wissen und unbekannte oder vergessene Zusammenhänge und Wirkungskräfte. Der Verweis auf das hohe Alter des Okkulten ist dabei ein besonders auffälliges Moment der Werbestrategie. Der Funktion nach ist er Versuch eines letztinstanzlichen Altersbeweises. Das Angebot jedoch selbst stammt aus Quellen, die noch von heute aus direkt erreichbar sind:

## Zauberbücher

Ende des 18. Jahrhunderts setzten die Erst- und Neudrucke nach alten Textfunden der Zauberliteratur ein: In Johann Christoph Adelungs „Geschichte der menschlichen Narrheit" (1784), in Georg C. Horsts „Zauberbibliothek" (1821-26) und in J. Scheibles historisch-antiquarischer Sammlung „Das Kloster" (1846). Kommerzielle Neudrucke erscheinen schon 1802 in Leipzig und halten bis heute an. Es sind Textsammlungen heterogenster Art und sehr verschiedener Herkunft, mit fingierten Autoren (Moses, Salomon, Albertus Magnus, Dr. Faust) und Druckorten (Rom, Venedig, Toledo), geheimnisvollen Fundorten (Verliese des Vatikans, angekettet in Klosterkellern), mit Verweis auf eine Niederschrift mit Blut oder Phosophor, mit schwarz-rotem Totenkopfsiegel verklebt und aufgemacht wie eine Handbibel mit schwarzem Einband und Rotschnitt. Inhaltlich umfassen sie Gebete, Andachten, epische Heil- und Zauberberichte, Teufelsbeschwörungen, Zaubertexte, Zauberspiegel, Amulettformeln und magische Hausmittel.

Abb. 1: Werbezettel (Ausriß)

„O ihr sterblichen Wesen, ihr schwachen, gebrechlichen Menschen! Höret meine Warnung, ich beschwöre euch; erzittert vor eurer Verwegenheit, wenn ihr verblendet genug seid, zu glauben, ihr seid in irgendeine bedeutende Tiefe des Wissens und wahrer Wissenschaft eingedrungen... Versucht es nur einmal euern Geist über eure gewöhnliche Sphäre zu erheben, und ich sage euch, ihr wedet beschämt zurückbegen... Nachdem man diese großen, erhabenen und furchtbaren Worte und diese Anfangsbuchstaben (A, E, A, I, A, S, M, O, M, V, Z), deren Bedeutung zu erfassen keines Sterblichen Verstand reif und mächtig genug ist und welche auszusprechen selbst der Weise nicht wagte, zweimal gesprochen hat, so wird der Geist unfehlbar erscheinen! Die Erde wird erbeben und alle Himmel werden erzittern und es wird euch so furchtbar und erschauerlich durch alle Gebeine rieseln, als stündet ihr mitten in Gewitterwolken, umzüngelt von Tausenden von Blitzen und Donnern. Aber alles dauert nicht länger als das Zucken einer Augenwimper. Wenn alles Licht plötzlich verschwunden ist, dann wird vor euch ein Wesen stehen, so schön wie keine Erdentochter je eines geboren hat! Das Antlitz ein Ebenbild Gottes, nur leicht entstellt durch einen Zug von Hochmut, durch ein unheimliches Gefunkel der Augen und einen Anflug von höhnischer Verneinung in den Mundwinkeln: das ist der große Lucifer, der gefallene Erzengel und Oberster aller Teufel, der Herr der Unterwelt".

In der Zeit zwischen den Weltkriegen wird diese Literatur v.a. von Hans Bartels in Berlin verlegt, in den fünfziger Jahren im Planet-Verlag von H.F. Masuch und Schnell (den der Hamburger Volksschullehrer Kruse (siehe den Beitrag von Dagmar Unverhau) 1953 in den „Braunschweiger Hexenprozeß" verwickelte). Zuletzt brachte Karin Kramer in Berlin das „6. u. 7. Buch Moses" heraus. Der Freiburger „Aurum Verlag" (Edition Ambra) verlegt die fälschlich Albertus Magnus zugeschriebenen „Egyptischen Geheimnisse" aus dem Anfang des 19. Jahrunderts sowie des Johannes Staricius „Geheimnisvoller Heldenschatz". Über den Versandhandel, „Format-Versand" Hamburg oder „Buch-Ritzerfeld" Nürnberg etwa, werden und wurden diese Bücher an ihre Adresaten geschleust. Hier tauchen dann auch das „Buch Jezira" mit Fausts „Höllenzwang" auf sowie die „Clavicula Salomonis" und „Der feuerige Drache", beide als 8. bis 12. Buch Moses.

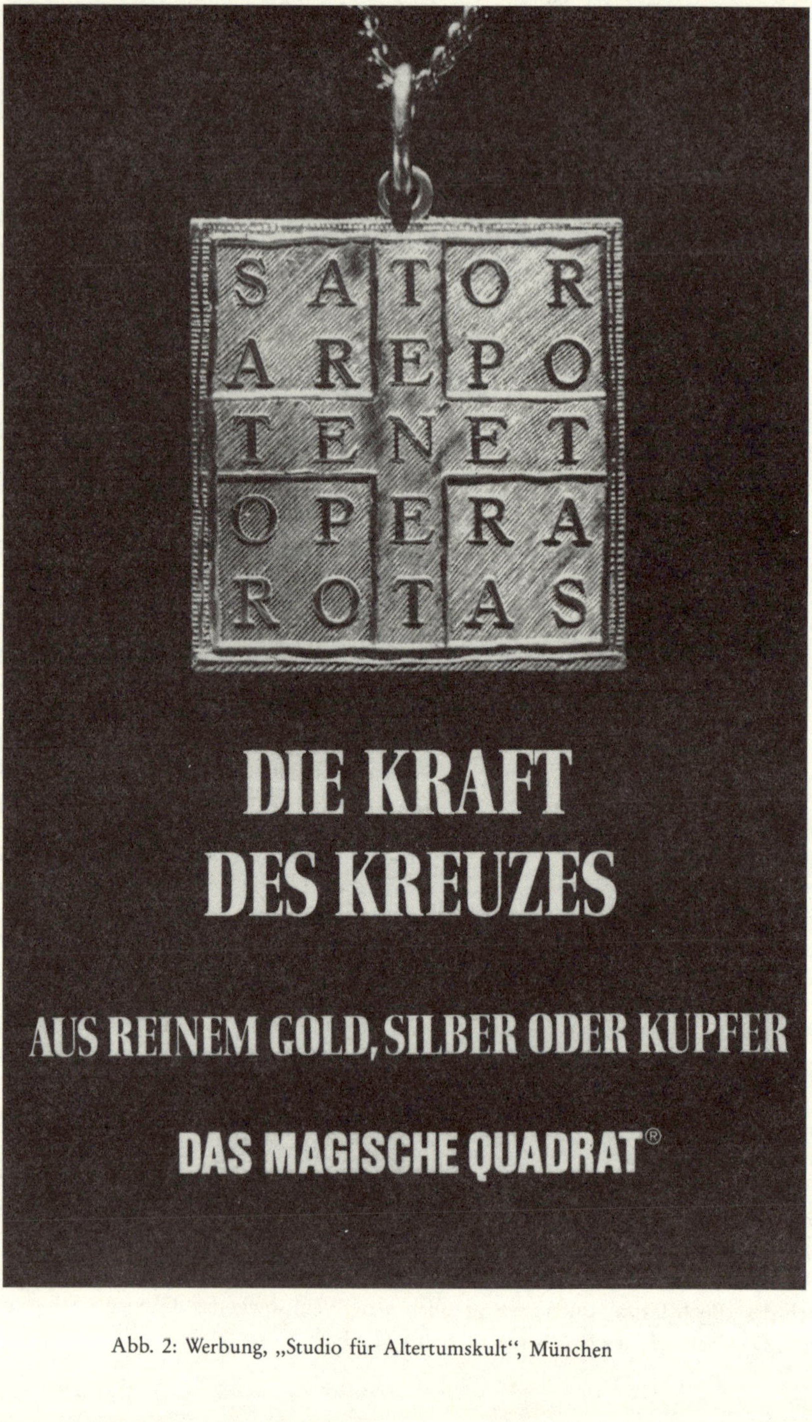


Abb. 2: Werbung, „Studio für Altertumskult", München

Abb. 3: Werbung, „Dracomagnet“

## Amulette

Der moderne Amuletthandel taktiert in der Regel vorsichtig am Betrugsparagraphen des Strafgesetzbuches vorbei. Wo er mit Briefen dankbarer Kunden seine Wohltaten preisen läßt – „Kreuz der tausend Wohltaten" (Diflam X., Frankreich) – erscheint das Amulett häufig in der Wirksamkeit eines Placebos. Auffällig sind aber auch die direkten Versprechungen von Erfolgen in moderner Schatzheberei: Lottogewinne zu machen oder Geld „wie ein gigantischer Magnet" anzuziehen. Der „Madison Trust" des Züricher Kaufmanns Adolf Gast agiert in dieser Richtung bis ins Metaphysische hinein. Mit seiner „Millionen-Kreditkarte" („One Million Dollar Charge Card") verheißt er die Möglichkeit des Zugriffs auf ein jenseitiges Konto, das jedem, der geboren werde, per Geburt offenstehe. Der Umweg über die nicht einsehbare Funktion des Amuletts wird durch die Reduktion des modernen Gemüts auf sein Vertrauen in die Funktion bargeldlosen Scheckverkehrs abgekürzt.
Aber wie soll so etwas geschehen? Dunkelheit wird angestrebt. Das ist ein Prinzip der Produktion des Okkulten. Sie ist zur Verwirrung des Konsumenten und zum rechtfertigenden Vorbehalt des Produzenten gesucht und verdichtet worden. Es kann nur als geschickter Versuch angesehen werden, dem Okkult-Gläubigen für den Fall des Versagens seine Dummheit vorweg zu bestätigen, wenn der „Madison Trust" einen „System-Beratungsdienst zur Verfügung" stellen will, um eine sachgemäße Handhabung des „Goldenen Schlüssels" (des Midas) zu gewährleisten.

Von neuen Erfindungen wie dem „sagenhaften Kupfferreif" (Tina-Versand), dem „elastischen Magnet-Armband" (Amutex, Hamburg) und modernistischem Nonsens abgesehen, wie „biomagnetischer Quell" (Zodiaskop), gründen fast alle Züge der verkauften Amulette in der abendländischen Tradition. Thematische Anleihen werden auf das System der Tierkreiszeichen genommen oder anderweitig Astrologisches, auf Zahlen- und Buchstabenmystik, auf alchemistische Symbole. Verweist das schon vor allem auf antike Traditionen, so soll dieser Bezug in seiner Dignität noch gesteigert werden durch Berufung auf hohes Alter. Denn so etwas stamme „aus den ältesten Kulturen", sei „ägyptischen Ursprungs", wäre „schon im Altertum bekannt" gewesen, hätte „Jahrhunderte überdauert"; darüber könne man etwas lesen „in einem Manuskript des 10. oder 11. Jahrhunderts" oder in Schriftstücken, die „aus dem ägyptischen Gräberfeld in Theben" erhoben seien.

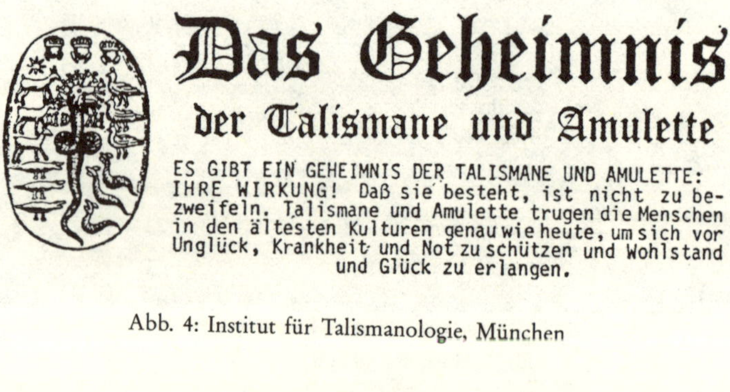


Abb. 4: Institut für Talismanologie, München

Den offensichtlich ausgedehnten Konsum solcher Dinge vor Augen, mag man die Reichweite menschlicher Dummheit beklagen. Doch verkennt die apodiktische Qualifizierung dieser Reste abendländischer Zaubertraditionen als puren Schwachsinn leicht die spezifische Geistigkeit, die hinter der Zauberbuch- und Amulettrezeption steht. Damit vergibt sie sich aber auch die Möglichkeit der Frage nach dem kulturhistorischen und geistesgeschichtlichen Stellenwert der Überlieferung: Zwar vielfältig fragmentiert, verstümmelt und verballhornt, gehören ihre Vorläufer doch in das Vorfeld der modernen Naturwissenschaften, der „Magia naturalis", und mit dieser in die Nachfolge spätantik-neuplatonischer Kosmologie. In dieser Herkunft sind sie unseren Zeitungs- und Jahrmarktshoroskopen ebenso verschwistert wie der stets heftig befehdeten Astrologie.

## Theoretische Grundlagen

Ein mit dem Seelenleben des Menschen eng verbundener Grundsatz magischen Denkens geht davon aus, daß ähnliche Dinge und Verhältnisse Wirkungen aufeinander ausüben: Wie die Affekte eines Menschen ähnliche bei einem anderen bewirken können — „Lachen steckt an" — so stellt man sich auch die Dinge der äußeren Welt in Verhältnissen der Ähnlichkeit „sympathetisch" („mitleidend") aufeinander einwirkend vor. Magisches Handeln ist Praxis dieser Vorstellung und somit bildhaftes Handeln, in dem die Manipulation eines Ähnlichen Ähnliches bewirken soll. Die Verknüpfung solcher Ähnlichkeiten, etwa nach dem Schema Gold und Gelbsucht, Rot und Feuer, Springen und Wachsen, Fließen und Vergehen, wird dabei durchaus als notwendig empfunden. Wo nun die Vorstellung einer wechselseitigen Wirkung von Ähnlichkeiten zum systematischen Prinzip des Zusammenhangs des Kosmos gemacht wird, entsteht ein Weltbild nach strukturalen Gesichtspunkten, in dem die Dinge nach morphologischen Aspekten geordnet und wechselseitig aufeinander bezogen werden.

Die neuplatonische, theologisch-naturphilosophische Spekulation hat ein solches System entwickelt. Es gründet in der Annahme eines Kosmos, in dem aus einem obersten Prinzip (das „Eine") durch zeitlose Ausstrahlung („Emanation") der Geist, aus dem Geist das Psychische, aus dem Psychischen der Stoff hervorgeht. Diese Stufen des Kosmos wurden als Potenzen aufgefaßt, die unter dem Einfluß des spätantiken Engel- und Dämonenglaubens zu anthropomorphen Gestalten gerieten. Je weiter „oben" diese Gestalten angesiedelt waren, desto mehr näherten sie sich dem Charakter von Göttern und Dämonen, je weiter „unten", desto mehr dem des Psychisch-Spirituellen. Systematische Einheit erhielt die Vielfalt dieser Gestalten vom Gedanken einer kosmischen Sympathie her. Dadurch wurde es möglich, den Kosmos zu gliedern in „Serien", die von „oben" nach „unten" reichten und jede Einzelheit als Glied einer Kette begreifbar machen konnten.

Für das Verständnis der abendländischen Magiegeschichte ist es notwendig, sich von dem System dieses Zusammenhanges und der sympathetisch bestimmten Reihen deutliche Vorstellungen zu machen. Der griechische Philosoph Proklos (410-485) hat es bis ins Detail ausgearbeitet: Der Schöpfer aller Dinge sei der Demiurg. Die beiden Endglieder in der Kette der beseelten Wesen bildeten einerseits die Götter, andererseits die sterblichen Menschen und Tiere auf Erden. Da es aber ganz unmöglich sei anzunehmen, daß der Schöpfer sofort und unmittelbar nach dem Göttlichen, der höchsten Stufe der beseelten Wesen, das Sterbliche, also die tiefste Stufe, geschaffen habe, müsse man notwendigerweise Mittelglieder annehmen. Denn man unterscheide Engel, Dämonen und Heroen. Diese drei Arten hingen mit den übergeordneten Göttern zusammen, und um jeden Gott gebe es eine ihm eigentümliche Anzahl von Engeln, Dämonen und Heroen, die dieser Gott führe, dessen Natur und Wesenheit sich wiederum in den ihm folgenden Mittelwesen spiegele. Daher gebe es so viele Arten von Engeln, Dämonen unmd Heroen als es Arten von Göttern gibt. Für die Dämonen macht Proklos weitere Unterklassen sichtbar, die sich hinsichtlich ihrer Funktionen unterscheiden, so daß einer ersten Klasse zukäme, die präexistenten Seelen mit ihren Sternen zu verbinden, einer zweiten, den Abstieg der Seelen in die Leiber und den Aufstieg zum Göttlichen zu leiten, einer dritten, die Verbindung zwischen den Göttern und der sichtbaren Natur zu vollziehen. Eine vierte Klasse verleihe den verschiedenen Geschöpfen auf Erden Leben und Vernunft, eine fünfte sei für das rein Körperliche dieser Geschöpfe zuständig, eine sechste schließlich bewahre und behüte die unbelebte Materie und sorge dafür, daß das hier unten schon matte Bild der göttlichen Ideen noch erhalten bleibe. Auf diese Weise seien sie auch die Hüter und Bewahrer der alles miteinander verbindenen Sympathie.

Wer nun Kenntnis hat vom Wesen der Götter, Engel, Dämonen und Heroen, wer weiß, welche Tiere, Pflanzen, Steine und so fort ihnen sympathisch oder antipathisch sind, wer endlich auch ihren „wahren Namen" kennt, der kann sie alle in seinen Dienst zwingen. (Hopfner)

In der arabischen Umformung der neuplatonischen Kosmologie, wie sie uns der „Picatrix" (lateinisch 1256) vermittelt, werden die Sympathiereihen weithin entmythologisiert und zu astrologisch determinierten Ketten: Die Planeten bringen auf ihrem Weg, der sie einmal hinauf (Apogäum) an die Fixsternkombinationen (Tierkreiszeichen), dann wieder herab (Perigäum) an die irdische Welt führt, die himmlischen Formen und Kräfte von „oben" nach „unten". Eine astrologische Magie, wie sie der „Picatrix" beschreibt, sucht nun dieser, jeweils zu ihrer Zeit der Erde mitgeteilten „oberen" Einflüsse habhaft zu werden. Will sie etwa ein Amulett fertigen, so läßt sie die wirkenden Urbilder und Kräfte eines Planeten sich einem Substrat einprägen, das zur Reihe des Planeten gehört. Durch Vereinigung möglichst aller dem Planetengott zugeordneten Reihenelemente versucht sie zudem, einen Raum, gleichsam einen Akkumulator, zu schaffen, in dem die Kraft des Planeten wirken kann. Denn der „Sinn der Talismane liegt in ihrer Verknüpfung mit den Himmelskörpern" (Picatrix). Agrippa von Nettesheim, der seine „Occulta Philosophie" (1510) vielfältig auf den „Picatrix" stützt, faßt zusammen, was in unzähligen Handschriften über solche astrologisch determinierten Reihenbildungen im Abendland überliefert worden ist:

> „Dem Mars gehören unter den Elementen das Feuer, desgleichen alles Scharfe und Brenzliche; unter den Säften die Galle; unter den Geschmäcken die bittern, scharfen, auf der Zunge brennenden, und die, welche zu Tränen reizen; unter den Metallen das Eisen, das rote Erz, und alles feurige, rötliche und schwerfelige; unter den Steinen der Diamant, der Magnet, der Blutstein, der Japis, der Amthyst; unter den Pflanzen und Bäumen die Nieswurz, der Knoblauch, die Euphorbie, der Meerrettich, der Rettich, der Seidelbast, der Sturmhut, die Purgierwinde und alle wegen ihres Überschusses an Wärme giftigen Pflanzen, ebenso die, welche mit stechenden Dornen bewaffnet sind oder durch ihre Berührung auf der Haut ein Brennen verursachen, stechen oder Blasen ziehen, wie die Disteln, die Nessel, die brennenden Waldreben; ferner solche, deren Genuß zu Tränen reizt, wie die Zwiebeln, der Lauch, der Senf; endlich sind auch alle stacheligen Bäume, sowie der Kornelkirschenbaum dem Mars heilig. Unter den Tieren gehören ihm die kriegerischen, räuberischen, kühnen und achtsamen an, wie das

> Pferd, das Maultier, der Bock, der Wolf, der Panther, der wilde Esel; auch die giftigen Schlangen und Drachen, und alles, was die Menschen verfolgt, wie Flöhe und Mücken, und der Hundskopf wegen seines Jähzorns; ferner alle räuberischen, fleischfressenden und Beine zermalmenden Vögel, wie der Adler, der Falke, der Habicht, der Geier; solche Vögel, die man Unglück bringende und Tod weissagende nennt, wie die Nachteulen, das Käuzchen, die Weihe; die, welche immer hungrig und raubgierig sind, oder die krächzen und gleichsam Laute des Erstickens von sich geben, wie die Raben und Krähen; auch der Specht ist vor anderen dem Mars heilig. Unter den Fischen besitzt er den Hecht, die Seebarbe, den Stachelrochen, den Seewidder, den Seebock, den Seewolf, welche sämtlich sehr gefräßig und räuberisch sind".

Es ist nicht möglich, hier den Weg weiter zu verfolgen, den die Beschäftigung mit diesem Bild der Welt genommen hat. Letzte Spuren davon finden sich noch im vermarkteten Zauberbuch und Amulett der Gegenwart: Geheime Buchstaben, Zeichen und Siegel, Bilder und Symbole sowie die Bevorzugung zaubermächtiger Metalle.

Aber spätantik-neuplatonische Kosmologie hat noch einen anderen Weg durch das Abendland genommen. Er führte direkt in die Katastrophe der Hexenverfolung. Die Richtung dieses Weges ist schon früh festgelegt worden durch Augustinus (354-430). In seiner Auseinandersetzung mit der Dämonenlehre des Neuplatonismus skizziert er Grundzüge einer christlichen Dämonologie: Die Dämonen seien in Wirklichkeit die gefallenen Engel (Teufel). Sie lebten in der Luft. Weil sei einen luftartigen Körper besäßen, könnten sie in den Menschen eindringen und diesem Trugbilder vorspiegeln. Die körperlichen und intellektuellen Vorzüge ihrer Geistnatur befähigten sie zudem zu vielen Betrügereien. So hätten sie auch die Magie und die Zauberei erfunden; letztlich zu dem Zweck, von denen, die sich mit ihnen abgeben, für Götter gehalten zu werden.

Während die neuplatonische Kosmologie die Götter/Dämonen/Sterne mit nahezu naturgesetzlich wirkendem Automatismus zwingen wollte, geht Augustinus davon aus, daß die Dämonen zu ihrem Tun „eingeladen" würden. Entsprechend ist in den Reihenelementen der neuplatonischen Kosmologie nicht eine spezifische Kraft als zugegen vorgestellt, die die Reihe insgesamt repräsentiert; denn ihr zauberischer Gebrauch könne nicht etwas bewirken wie eine Sache etwas bewirke. Da Augustinus aber davon überzeugt ist, daß diese Dinge etwas bewirkten, können sie für ihn das dann nur im Sinne eines Zeichens. Die den sympathetischen Reihen der neuplatonischen Planetengötter entsprechenden Mittel, Manipulationen, Gebärden und Worte interpretiert er als Elemente eines Zeichensystems zur Verständigung und Verbindung (pactum) mit Dämonen. Damit es aber zu einer Verständigung zwischen Mensch und Dämonen kommen könne, sei ein ursprünglicher Vertrag über den Bedeutungsinhalt magischer Zeichen notwendig. Denn wie die Sprache unter Menschen auf Übereinkunft beruhe und ihr Gebrauch die stillschweigende Anerkennung ihrer Verbindlichkeit voraussetze, so liege auch der magischen Kunst ein ‚Kommunikationsvertrag' mit den Dämonen zugrunde.

Das Mittelalter greift die Augustinische Begründung der Möglichkeit des Umgangs von Mensch und Dämon auf und betont nun den Apostasie bewirkenden Charakter des Paktes. Thomas von Aquin (1225-1274) erweitert schließlich in seiner „Summa theologiae" die Lehre vom Teufelspakt durch Unterscheidung „ausdrücklicher" und „stillschweigender Verträge". Damit war für jede magische, überhaupt für jede abergläubische Handlung das Faktum eines Abfall vom christlichen Glauben implizierenden Teufelspaktes theoretisch begründet. Bis heute hat sich im Zauberbuch diese Auffassung von der Möglichkeit eines

Teufelspaktes erhalten. Und selbst heute noch werden mit Zaubertexten Versuche der Geisterbeschwörung unternommen.

Drei Komponenten der abendländischen Magietradition sollten skizziert werden: Der magische Sympathieglaube, dessen Systematisierung zu einem sympathetisch strukturierten Kosmos sowie die daran anknüpfende christliche Dämonologie. Mit der Überwindung des Weltbildes einer astrologischen Determination der Natur durch den Begriff einer mathematisch-physikalischen Kausalität haben die Auffassungen einer magischen Wirksamkeit ihre Berechtigung verloren, die astrologische sowohl als die dämonologische. An die Stelle der poetischen Erdichtung von Struktur und Stationen eines sympathetischen Weltzusammenhanges wurde die Forderung nach Beobachtung und empirischer Erweisbarkeit der Zusammenhänge gesetzt: „Wahr" konnte nur sein, was durch Messung zu verifizieren ist.

Dennoch sind die beiden Hauptströme der abendländischen Magieüberlieferung an diesem Damm vorbei bis in die Gegenwart geflossen. Äußerlich betrachtet ist die Tradition durch den Buchdruck seit dem späten Mittelalter besonders gefördert worden. Schon das 16. Jahrhundert klagt über „Nekromanten" (Zauberer), die „allenthalben im Land ihre Büchlein herumtragen"; spätestens zu dieser Zeit werden der Kommerz des Okkulten faßbar, aber auch Klagen darüber hörbar, daß diese Schriften „voller Schändlichkeiten, Gottlosigkeiten und Aberglauben" steckten. (Johannes Trithemius, 1508)

Gefördert ist die neuzeitliche Tradition magischen Vorstellens aber auch durch die dämonologische Propaganda seitens der Hexeninquisition und der christlichen Kanzellehre beider Konfessionen. Die Exempelsammlungen für Prediger etwa enthalten eine Vielzahl von Beispielen über das Wirken von Hexen, Schwarzkünstlern, Zauberern und Teufelsbündnern. Die Juristen und Theologen des Hexenwahns haben so gelehrte Dämonologie dem Laien im Sinne eines laienhaften Verständnisses vermittelt.

Ohne eine verbreiterte Glaubensbereitschaft und Resonanz hätten allerdings solche Traditionen nicht bis auf den heutigen Tag reichen können. (Tafel 2 u. 12) Der Rationalist verkürzt allerdings seine Sicht auf die Situation, wenn er diese Bereitsschaft zum Glauben an magische Möglichkeiten allein und immer wieder nur der Dummheit und einem Mangel an Intelligenz zurechnet. Natürlich basiert vieles im Umkreis von „Magie" auf Dummheit und Ignoranz. Nur gehörte das dann nicht mehr zu den charakteristischen Äußerungen eines magischen Bewußtseins, sondern wäre schlicht Irrtum und entsprechend zu behandeln. Magisches Bewußtsein gründet letztlich doch immer in einer spezifischen Weise der Weltverarbeitung und des Welthabens: der Erfahrung einer sympathetischen Welt, einer Welt der Teilhabe des Einen am Anderen. Sie ist dem Menschen ebenso habituell wie die Möglichkeit zum Symbolschaffen, zum Gebrauch von Zeichen überhaupt. Der magiekritische Rationalist, der immer nur das „Falsche" des magischen Betriebes im Auge hat, verkennt das. Damit übersieht er aber auch die kulturelle Funktion magischer Mittel, schließlich auch der heute vermarkteten Produkte: Der naive Rezipient sucht in ihnen auch Ausdrucksmittel seiner irrationalen Bedürfnisse, wie sie weder von der modernen Hochreligion, noch von den zeitgenössischen wissenschaftlichen Weltbildern gewürdigt oder gelten gelassen werden. Von der kirchlichen Religiosität und dem anonymen, undurchschaubaren Wissenschaftsbetrieb in seiner Alltäglichkeit allein gelassen, sucht er in ihnen Gehalte des Geheimnisvollen und Numinosen, um seine Nöte wie Armut, Krankheit, Einsamkeit, Eifersucht, Angst und sexuellen Sehnsüchte zu bewältigen.

# *Lassen Sie sich doch endlich helfen!*

## Lebensmut, Glück, Erfolg – aus jedem Dankschreiben spricht das.

Lassen wir stellvertretend für viele Dracomagnet-Träger fünf glückliche Menschen zu Wort kommen:

### „Jetzt habe ich Erfolg bei Frauen"

„Ich kann jetzt endlich dem Mädchen, das ich liebe, gegenüberstehen, ohne mich wie gelähmt zu fühlen. Mir fehlen auch nicht mehr die Worte wie früher. Ich wirke jetzt freier und unkomplizierter. Der Glaube an Dracomagnet gab mir auch wieder die Energie, den Mut, die Liebe und das Wichtigste, die Selbstsicherheit und die Selbstbestätigung wieder zurück.
Das sind nur wenige von vielen guten Taten, zu denen mir der Glaube an Dracomagnet verholfen hat.
Dracomagnet hat mich zu einem neuen Menschen gemacht und ich bin glücklich, daß ich auf seinen Ruf gehört habe."

Stefan R.
Bretzwil

Abb. 5: Werbung, „Dracomagnet"

## Literatur

Heinrich Cornelius Agrippa von Nettesheim, Die magischen Werke. Wien 1982.

Ernst Cassirer, Individuum und Kosmos in der Philosophie der Renaissance (= Studien der Bibliothek Warburg 10). Leipzig und Berlin 1927. Neudruck Darmstadt 1963.

Dieter Harmening, Aberglauben. In: Kindlers Enzyklopädie Der Mensch. Band VI. Zürich 1983. S. 707-718.

Ders. mit Marie-Louise Thomsen und Christoph Daxelmüller, Magie. Ebenda, S. 688-706 (Literatur!).

Theodor Hopfner, Griechisch-ägyptischer Offenbarungszauber (= Studien zur Palaeographie und Papyruskunde 21 und 23). Leipzig 1921 und 1924. Neudruck Amsterdam 1974.

Wolfgang Lermer, Verkaufter Aberglaube. Würzburger Magisterarbeit 1981.

Magia Naturalis und die Entstehung der modernen Naturwissenschaft. Hg. v. Kurt Müller, Heinrich Schepers u. Wilhelm Totok (= Studia Leibnitiana. Sonderhaft 7). Wiesbaden 1978.

„Picatrix". Das Ziel des Weisen von Pseudo-Magriti. Hg. v. Hellmut Ritter und Martin Plessner (= Studies of the Warburg Institute 27). London 1962.

Adolf Spamer, Romanusbüchlein. Historisch-philologischer Kommentar zu einem deutschen Zauberbuch (= Deutsche Akademie der Wissenschaften zu Berlin. Veröffentlichungen des Instituts für deutsche Volkskunde 17). Berlin 1958.

Wolf Wimmer, Parapsychologie, Aberglaube und Verbrechen. In: Zeitschrift für Volkskunde, 71. Jahrgang 1975, S. 181-201.

Vorliegender Beitrag gründet auf: D.H., Magietraditionen und Okkultkommerz. In: Journal für Geschichte 1985, Nr. 1, S. 34-39.

Max Hidringer

# Zwänge zwingen
## Über den magischen Willen

Wie Dieter Harmening in seinem Artikel „Aberglaube“ in Kindlers Enzyklopädie „Der Mensch“[1] ausführt, gründen Observanz, das ist abergläubische Beobachtung vorbedeutender (un)günstiger Zeichen (Schafe zur Linken; Spinne am Morgen), Divination, das ist abergläubische Zukunftserforschung (Handlesen, Horoskope) und abergläubische, zauberische Praktik (Amulette, Talismane; Beschwören, Zaubern) in einem „sympathetischen“ Weltbild. Darin ist alles nach Kriterien der Ähnlichkeit und Analogie bezogen und wirksam vorgestellt: Gelb und Gelbsucht, Rot und Feuer, Fließen und Vergehen.

Das sympathetische Weltbild verhält sich einerseits gleichgültig zum wissenschaftlichen Weltbild der reinen Naturkausalität und nimmt andererseits an, scheinbar bloße Naturerscheinungen als Wirkungen eines übersinnlichen gesamtkosmologischen Zusammenhanges erklären zu müssen. Es bringt in Ansatz: Kräfte über den sichtbaren Erscheinungen, die sich sowohl zueinander als auch zu den sichtbaren Dingen und Ereignissen nach Gesetzen der Sympathie (Zu-Neigung) oder Antipathie (Ab-Neigung) verhalten. Tradierte Analogiemuster (z.B. links - falsch, anti-christlich[2]; höllisch; schwarz - Teufel, Hölle, Unglück, Tod) über an sich zufällig — aus Sicht des „Eingeweihten“ freilich notwendig und zum rechten Zeitpunkt — Beobachtetes — „Observiertes“ — werden zu Implikationsrelationen — „jedesmal wenn ... dann“ — interpoliert („mit dem linken Fuß aufstehen“, „Pik-As, das ist die Todeskarte“, „schwarze Katze von links“). Der Glaube an die unterstellte Zwangs-läufigkeit führt nur zu leicht zu „sich selbst erfüllenden Prophezeiungen“, wie wohl jeder, ohne daß er schon einmal von der entsprechenden psychologischen Lehre gehört haben müßte, weiß.

Die Sympathetik (oder synonym „Homäopathie“ — die im Namen, freilich nur im Namen, einer inzwischen sehr erfolgreichen medizinischen Disziplin noch erhalten ist) hat es in der Antike zur Wissenschaft gebracht, die alle Elemente des Kosmos nach ihren Kriterien in „Reihen“ ordnen konnte und von einem Dämon oder Gott, dessen „Charakter“ sie besaßen, ab-hängen ließ[3]. So waren ganze Klassen von Zeichen, Figuren, Elementen, Tieren, Menschen, Seelen, Heroen, Dämonen, Sternen, Göttern zu „Ketten“ verbunden, in denen jedes Glied am anderen hing. Im Frühen Christentum wurden aus den Dämonen

1. Band VI. Zürich 1983, S. 707-718.

2. „... die Schafe wird er zu seiner Rechten, die Böcke zu seiner Linken stellen.“ (Mt 25,33) Siehe auch Bildkatechese des Mittelalters zum Thema „Jüngstes Gericht“.

3. Vgl. den Beitrag von Dieter Harmening, oben S. 103-114.

und antiken Göttern Teufel, also die gefallenen Engel, und aus dem ganzen Wirkzusammenhang ein Riesenbetrug der Hölle: Aus den sympathetisch verbundenen Reihenelementen wurden bei Augustinus „Lockmittel“ und „Zeichen“, die geeignet waren, die Dämonen/Teufel zu den erwarteten Wirkungen herbeizuzitieren, wobei die aufgestellten Zeichen dem Lustbedürfnis der durch die Lüfte schwebenden Dämonen analog waren. Noch der große Aberglaubenstheoretiker des Mittelalters, Thomas von Aquin, stützt sich auf die Augustinische Dänomenlehre und auf ihn die Theoretiker des Hexenwahns. Die Naturphilosophie der Renaissance griff direkt wieder auf die sympathetische Kosmologie der Antike zurück. Noch heute wirkt, verballhornt und verstümmelt, das Ganze im breiten Angebot des Okkultmarktes nach[4].

In demselben — nämlich sympathetischen — Weltbild, in dem abergläubische Denk- und Handlungsweisen wie Observanz, Divination und superstitiöse Praktik gründen, gründet aber auch die Magie, jedoch mit dem wesentlichen Unterschied, daß „der Aberglaube im reflexionslosen Gefühl der Notwendigkeit der sympathetischen Zuordnung verharrt“, wohingegen „Magie ein Gesetz der Sympathie kosmologisch-naturphilosophisch zu begründen sucht und damit der magischen Handlung den wissenschaftlich-technologischen Überbau verschafft“[5].

Theorien über Gesetze der Sympathie zu entwerfen, fühlen sich freilich nicht nur Naturphilosophen und Theologen berufen, sondern auch andere: Je nach besonderem persönlichen Hintergrund, Neigungen und Absichten empfehlen sie sich als Wissende, Eingeweihte, Berufene, Heilkundige, Zauberer, Magier, Hexen, oder wie auch immer; jedenfalls wissen sie sich jederzeit in der Lage, Geheimkräfte zu erkennen, zu deuten und wo nötig durch „Riten“ oder allerlei sonstige Praktiken wirkmächtig zu machen, d.h. zu *zwingen.*

Der Übergang vom bloßen, meist gefühlsmäßigen, Bejahen oder zumindest Nichtverneinen der Macht übersinnlicher Zwänge, die unser Schicksal bestimmen oder zumindest mit-bestimmen, zur Bildung einer Theorie über diese Zwänge ist oft fließend, kann aber sehr wohl in der Ausprägung eines regelrechten *magischen Willens* münden, d.h. es wird begehrt, daß zufolge bestimmter instrumentaler Verrichtungen die, unabhängig von meiner Existenz vorhandenen, Zwänge in eine bestimmte Wirkrichtung gezwungen werden: zum Nutzen von mir oder einem dritten oder zum Schaden eines tatsächlichen oder vermeintlichen Widersachers.

Nach einem bestimmten Ritus, der mir aus der Theorie über ‚magische‘ oder sympathetische Gesetze bekannt ist, schlachte ich ein Huhn, verspritze in bestimmter Weise eine Menge seines Blutes, während zwei schwarze Kerzen brennen, vor denen auf einem lila Tuch das Miniaturmodell eines schwarzen Sarges steht, rufe namentlich einen bestimmten Dämon an und murmle einen Spruch, dessen monotoner Vortragsrhythmus von meiner Gewißheit zeugt[6]. Wenn ich alle erforderlichen Regeln exakt einhalte, weiß ich — und zwar apodiktisch —, daß die Nachbarin, die seit Jahren hinter meinem Rücken über mich redet und Gemeinheiten über mich verbreitet, alsbald der sichere Tod ereilt. Bin ich selbst nicht in der Lage, den entsprechenden Zwang auf die überweltliche Ordnung der Zwänge auszuüben, weil ich nicht im Besitze der Theorie bin, oder ich die entsprechende Macht

4. Vgl. ebenda, S. 111.

5. Harmening, Aberglaube (wie Anm. 1) 715.

6. Zum Schutze des Publikums fehlt in obiger Schilderung ein Element.

zu zwingen nicht in mir spüre, kann ich mich vertrauensvoll und gegen entsprechendes Entgeld an Personen wenden, die sehr wohl über die entsprechenden Zwang- und Machtpotenzen verfügen.

Nicht nur daß es derartige Personen jetzt gibt, es gibt deren sogar welche, die ihre Künste und Fähigkeiten öffentlich anbieten, etwa Ulla von Bernus, Deutschlands berühmteste Hexe und Satanspriesterin, nach deren Behauptung „Ich töte, wenn Satan es befiehlt“ eine ZDF-Sendung betitelt worden ist, und von der das Goldene Blatt (10.4.85) schreibt, „sie habe schon mindestens 20 Menschen in den Tod gehext ... Gegen Honorar zwischen 3 000 und 10 000 Mark. Seitdem kommen täglich Briefe, auch solche, in denen Menschen sie auffordern, auf Hexen-Art den Ehepartner aus dem Wege zu räumen“. Auch etliche andere Periodika der rosaroten Presse füllen ihre Seiten mit Artikeln über Ulla von Bernus. Auch Ela Hard, die Hexe von Wien, ist beliebtes Objekt derartiger Unterhaltungsartikel in Frauen- und Freizeitmagazinen. Sie selbst preist „die Kunst des magischen Tötens“ in einer 168-seitigen Buchveröffentlichung an, deretwegen ein eigener Verlag mit Namen „Arte factum“ betrieben wird, der außer dem besagten Werk nichts herausgibt, dieses aber bereits in der zweiten Auflage.

Selbstverständlich muß man die verhaßte Nachbarin oder den, zur Plage gewordenen, Ehepartner nicht gleich zu Tode zwingen. In leichteren Fällen hilft ja vielleicht eine Art Liebeszauber: „Der Flügel eines Huhnes im Kopfkissen macht aus jedem Hausdrachen ein sanftes Lamm[7]“. Man wende sich vertrauensvoll an Elina Kuragina, die Hexe von Köln. Bei ihr findet man auch Hilfe, wenn man an einen Alkoholiker geraten ist: „Da gibt es gegen Trunksucht ein altes russisches Zaubermittel: Man taucht einen lebenden Aal so lange in Wodka, bis er tot ist. Dann läßt man das Ganze drei Tage stehen, zieht den Aal heraus und vergräbt ihn in der Erde. Den Wodka aber gibt man dem Trunkenbold heimlich zu trinken, und — er wird wenigstens ein Jahr lang von seinem Laster lassen!“[8]

Diese praktischen Anleitungen entstammen der 7. Folge der fesselnden „aktuellen Serie“ „Hexen leben mitten unter uns“..., in der die „Neue Welt“ auch berichtet[9], wie Petra Steinberg (56), Mutter von vier Kindern ... zur Hexe von Köln, zu Elina Kuragina ... ging ... Die kleine abgehärmte Frau war verzweifelt. Man hatte ihr in der Universitätsklinik Köln eine eindeutige Diagnose gestellt: Krebs — Krebs im Spätstadium! Eine Operation sei zwecklos: „Siechtum, Schmerzen, qualvoller Tod — das alles stand mir vor Augen“, erinnert sie sich heute. „Meine Mutter war auf ähnliche Weise gestorben. Am liebsten hätte ich mich gleich umgebracht ... Aber dann, dann kam mir ein geradezu verrückter Gedanke, wissen Sie ... Und doch — er war wie ein letzter Hoffnungsschimmer, ein Strohhalm, an dem ich mich mit aller Macht klammerte ... Sie beherrscht die Magie, den Umgang mit Toten ebenso wie die Kunst, in die Zukunft zu schauen ... Ich hatte plötzlich die Hoffnung, Frau Kuragina würde mir sagen: Die Diagnose ist falsch — Sie werden noch lange leben ...“. Im folgenden schildert der Artikel ein Ritual mit Spiegel und Kerzen, dem ein Zauberspruch vorangestellt wird, und von dessen Ende Frau Petra Steinberg der „Neuen Welt“ berichtet: „In diesem Augenblick sah ich mein zukünftiges Leben wie in einem Film

7. 7. Folge der „aktuellen Serie“ der „Neuen Welt“, 3.3.1985: „Hexen leben mitten unter uns ... und das im 20. Jahrhundert! Aufgezeichnet von Rudolf Ritter“.

8. Ebenda.

9. Ebenda.

vor mir ablaufen ... Gewiß — die Diagnose Krebs war richtig. Aber mein Tod war sanft und freundlich. Ich hatte keine Schmerzen, schlief friedlich ein".

Petra Steinberg ist jemand, der die Existenz übersinnlicher sympathetischer Kräfte zumindest nicht für ausgeschlossen hält. Wer weiß, wie oft in ihrem Leben eine Katze von links, eine Spinne am Morgen, eine Schornsteinfeger oder welcher Populärglaube auch immer Anlaß für sie war, sich — wie sehr auch immer — bewußt zu werden, wie wenig von ihrem Schicksal doch im Bereich des ihr bekannten Machbaren liegt; wer weiß, wie oft sie ihre eigene Machtlosigkeit schon in Zusammenhang mit übersinnlichen Mächten gebracht hat, die über ihr und uns allen walteten. Gedanken und Vorstellungen über Zwänge, denen man sich nicht entziehen kann, die sicher bei jedem dann und wann auftauchen, ohne notwendigerweise vertieft zu werden. Für denjenigen, der solche Phänomene untersucht, ist es freilich sehr wichtig, sich darüber im klaren zu sein, daß der Mensch zwar von Natur aus die Fähigkeit hat, in Affektion — etwa Angst oder Freude — versetzt zu werden, daß die jeweiligen Emotionsauslöser aber kulturell vermittelt sind. Daß man die Bedeutung der schwarzen Katze von links *wissen* muß, um angesichts ihres Auftauchens in eine Bangigkeit bezüglich der eigenen, insbesondere näheren Zukunft zu geraten, wird gleich einleuchten. Aber auch bei weit unkomplizierter erscheinenden, alltäglichen Ereignissen und Begegnungen geht der Akzeptierung oder Ablehnung oder sonstigen interpretiven Reaktion ein Wissen voran. Nur selten und zumeist ungern wird Wissen relativiert. Ist Wissen zwar an Sprache gebunden, und entstehen neue sprachliche Wendungen, Inhalte, Strukturen immer in Abhängigkiet einer besonderen historisch-kulturellen Situation und der individuellen Situation dessen, der sprachlich darauf reagiert, ist Wissen also immer Artikuliertes, Vermitteltes, auf dieses oder jenes schon vorhandene Wissen Zurückgreifendes, so drängt es sich doch immer als Totalentwurf von endgültiger Weltbestimmung auf. Der Glaube an Wissen ist je eine Verabsolutierung! Auch wenn es sich um ganz alltägliches Wissen handelt, wie etwa darum, daß die schwarze Katze Unglück bringt. Wer hat schon ausgerechnet im Alltag die von der Aufklärung, etwa in Gestalt Kants, geforderte „Affektlosigkeit", die Stärke (sich) nicht aus der ruhigen Überlegung bringen zu lassen"[10]? Kann Petra Steinberg bei ihren hausfräulichen und mütterlichen Tätigkeiten die Zeit finden, ihr Wissen, ihre Erlebnisse und Eindrücke, die historische Verfassung ihres Sprachapparates — ein Terminus technicus, den sie wohl kaum bilden oder durchschauen kann — durch ausführliche Analysen zu relativieren? Ist es nicht eher der Reiz des Affektes, der die meisten ihrer Handlungen und Überlegungen — auch der welterklärenden — bestimmt? Sind es nicht eher Vergessen und Zerstreuung, die ihr Gelegenheit zu einer für sie akzeptablen Selbsterfahrung geben? Braucht sie nicht Stellvertreter, die für sie Wissen parat haben?

Krebs zu haben und qualvoll sterben zu müssen, kann man freilich nicht einfach vergessen. Trübselige Grübelein und „verrückte" Einfälle sind da nur zu natürlich. Wie tröstend kann da ein Wissen werden, das sich als Basis eines sich jetzt noch selbst Akzeptierenkönnens offenbart. Grausam wie das Schicksal des Todgeweihten kann sich freilich auch anderes Schicksal ausnehmen: etwa nie Freunde zu finden, immer Pech, nie Erfolg zu haben, immer belächelt zu werden, ausgerechnet derjenige zu sein, der die härtesten Schicksalsschläge abbekommt, auf den es die andern, der Chef, das Schicksal abgesehen haben. Verabsolutierungen über Einzelerlebnisse („jedesmal wenn ... dann").

10. Immanuel Kant, Anthropologie in pragmatischer Hinsicht, B 203, A 204.

Es gibt verabsolutierende Vorstellungen, die Menschen zu Opfern von Zwängen machen, von Zwängen zunächst einmal, die noch lange nichts mit übersinnlichen Qualitäten zu tun haben müssen. Es gibt ja schließlich auch die Flucht in den Alkohol, den Haß, die Isolation, die Verweigerung, den Wahnsinn. Ein minimaler Schritt ist es aber auch vom Zwang der Verabsolutierung zur Verabsolutierung des Zwanges: das Fürwahrhaltens von Zwang als etwas an sich, von unserem Bewußtsein unabhängigen, Realem. Kommt hier die Vorstellung hinzu, daß es jemand gibt, der Zwang durchschauen und zerstören kann, dann hat das ganz und gar lösende Bedeutung. Wie die „Neue Welt" „aufgezeichnet" hat, hat Petra Steinberg bei ihrer Begegnung mit der Magie und deren Wissen jedenfalls Trost gefunden: „Petra Steinberg hat keine Angst mehr vor dem Sterben. Und, auch das ist etwas Merkwürdiges: Trotz ihrer Krebskrankheit lebt sie seither heiter und unbeschwert, ‚richtig gelöst', wie sie sagt".

Objekt des magischen Willens — des Willens, in die Zusammenhänge der übernatürlichen Zwänge einzugreifen — ist ja nicht unbedingt immer ein Mehr an Zwang und Zwängen aufzubauen, sondern auch *lösen* zu können; d.h. die an sich bestehenden Zwänge so zu strukturieren, daß als Resultat die Befreiung von einem unfaßbaren Schicksal und deshalb fremden, bösen Bann zustande kommt, jedenfalls mit einem Gefühl der Erleichterung getragen werden kann.

Auch das Angebot des klassischen Hexenbanners ist ein Angebot des magischen Willens. Seine Praxis kann darauf verweisen, daß Ent-Zwängung aber, über den eher vordergründigen Psychologismus hinaus, auch ihre religiöse Komponente besitzt. Wir begreifen die Attraktivität des modernen Okkultismus, der Zauberei und von Hexen- und Enthexungsofferten nicht, solange wir darin nur einen desorientierten Irrationalismus sehen und nicht auch religiöse Bedürfnisse entdecken, die sich dort artikulieren, wo die etablierten Religionen das Alltägliche und dessen instrumentelle Bewältigung nicht mehr zu ihrem Zuständigkeitsbereich rechnen. Und wo das skizzierte Angebot der Gazetten übers Überlaufen voll ist, bleibt dem Bedrängten schließlich auch das analoge Angebot der exorzistischen Passagen des ‚Rituale Romanum' verweigert.

Daß dem säkularisierten ‚magischen Willen' durch etablierte Exorzismuskonkurrenz allerdings nicht abzuhelfen wäre, soll nur angemerkt werden. Doch ist der Zusammenhang von exorzistischem Vakuum — und sei's auch nur der Gebrauch von Weihwasser — und cleverer Auffüllung durch magische Marktangebote sichtbar. Die im Angebot der Befreiung von Zwängen gründende Analogie des Hexenbanners zur priesterlichen Tätigkeit besitzt darüber hinaus aber auch Bezüge zur religiösen Vorstellung stellvertretender Sühne, Entsündigung und Erlösung: Denn der Hexenbanner erkennt nicht nur die Richtung, aus der der böse Wille, der Zauber, der Bann, kommt; er nimmt es auch auf sich, für den Behexten stellvertretend, es der Hexe heimzuzahlen (und das geht sehr weit). Darin liegt es, daß das Angebot der magischen Entzwängung funktioniert: daß da jemandem sein Böses vergolten und heimgezahlt wird.

„Man kann nur einmal den Treuherzigen hintergehen", wie Kant[11] meinte. Leider nein: Kaum haben die traditionellen Institutionen — die christlichen Kirchen — ein, durch bloße Aufklärung nur mangelhaft gesichertes, Territorium seelischer Landschaft, in der Versöhnungs- und Vergeltungsbedürfnis so nah beeinander liegen, aufgegeben, ist es von

11. Ebenda, BA 119.

Hexenkult, Hexengeschichten, der Masse der ‚Hexen' und einem breiten magischen Angebot schon wieder besetzt.

Kurt Stefan Weber

# Geheimwissen für alle
## Von Hexen und der magischen Welt im Groschenheft

Es gibt nur eine Wirklichkeit, behaupten Rationalisten. Es gibt nur eine wahre Religion, behaupten Christen. Doch läßt sich dies nur einförmig beschreiben?

Die Erschütterungen des „Bewußt Seins" dringen bis in die Naturwissenschaft. Hans-Peter Dürr schreibt dazu in seinem Buch „Das Netz des Physikers"[1] im Kapitel „Grenzgängergespräch" folgendes:

„Sie wissen, daß man ein Elementarteilchen als Teilchen erfassen kann oder als Welle. Das Teilchen betont mehr das Isolierte, die Welle mehr das Verbindende. Das Teilchen ist als Vorstellung bei den Physikern beliebter. Schon in unserer Sprechweise über die Welt hat es eine viel größere Bedeutung als das Wellenbild, obwohl es ja eigentlich gleichwertig ist. Dies zeugt davon, daß unsere Sprache objekthaft ist, daß wir es lieben, Dinge lokalisiert zu haben. Eine Welle ist für uns dagegen das Vage, das wir nicht mögen. Aber dieses Vage hat nun die Eigenschaft der Interferenz, des Überlagerns mit anderem ähnlich Vagen. Dadurch kann man mit dem Wellenbild das Eingebettetsein gut erfassen, obwohl es der Sache nach sich auf dasselbe Quantenphänomen bezieht. Es könnte sein, daß dies mit unserer abendländischen Kultur zu tun hat, die gerade dadurch so große Erfolge gehabt hat, daß sie dem Objekt eine so große Selbständigkeit gegeben hat. In der orientalischen Betrachtungsweise ist mehr die Verbindung das Zentrale — oder auch der Prozeß."

Die Öffentlichkeit soll immer wieder mit der Meldung aufgerüttelt werden: Es gibt Hexen! Millionen glauben an Hexen und Magie! Da heißt es schnell aufspringen, sonst ist man nicht dabei auf dem Esoteriktrip der new age-Generation. Mit Nina (Unbe)Hagen zu sprechen: „Ist alles so schön bunt hier!" Oder: „Kinder an die Macht"; und sei es nur durch Überraschungseier oder in der Flip-Flop-Kindersendung, in der eine Wahrsagerin vor ihrer magischen Kugel sitzt. „Bravo" ruft zum Eskapismus und taucht den Hexenhorror in das Umfeld der schwarzen Messen (Abb. 1), von Rambo, Grufties, Rothäuten und der sündigen Sabrina. Herrenmagazine schwärmen von Exotik und Erotik: „Pat Sephton, Inhaberin des stilvollen ‚Tempels', ist eine Frau, die man nicht einordnen kann. Halb ‚Vamp', halb ‚Heilige', mal Seelentrösterin. Mädchen mit Tangaslips treten hier auf — dieses winzige Etwas wird auch gern weggelassen. ... Und irgendwo in diesem Hexenkessel wird sich gerade jetzt ein einfacher Mann eine Schale Reis aus einem der Kochtöpfe an der Straßenecke gönnen. Hongkong muß man erlebt haben".[2]

1. München u. Wien 1988, S. 60.
2. Sexreise ‚Hongkong bei Nacht'; Superhasen-Wunderbusen 1987, Nr. 11/12, S. 10.

Abb. 1: „Bravo", 19.11.1987

Wir befinden uns zwischen Power-Magic, Extremities, Voodoo und Wunderheilern, dem Morphem „Hex" und seinem Bedeutungsumfeld in populären Medien auf der Spur.

Wer sich mit dem populären Hexenbild beschäftigt, fängt immer wieder von vorne an, Hexentypen zu suchen, denn er bricht in zeitgeschichtliche Vorstellungen ein. Ob es das Bild der mittelalterlichen „Teufelsbuhlerin" ist oder das der „boshaften Betrügerin, Wahnwitzigen und Sinnesverrückten", wie Maria Theresia die Hexen in einem Erlaß von 1755 nennt.

Auch der emphatische Aufklärungswille von Johann Kruse ist mit seinem Buch „Hexen unter uns? Magie und Zauberglauben in unserer Zeit"[3] führte eher zu dem Versuch, den Teufel mit dem Beelzebub auszutreiben. Während in England erst 1951 der „witchcraft-act" fiel, der Hexerei unter Strafe stellte und die theologische Glaubenslehre mit der Rechtspraxis verband, forderte Kruse, Magie und Hexerei als Straftatbestand in Deutschland wieder einzuführen[4].

In den 70er Jahren gewinnt der Begriff Hexe — neben den historisch-theologischen — neue Bedeutungen. Die Hexe wird zum Symbol einer anderen Leiblichkeit und Sexualität und eines neuen Rollenverständnisses der Frau. Sie gilt als Repräsentant transzendenter Welten und ist Mythologem einer natürlichen und harmonischen Welt. Die ‚Hexe' hat eine neue Funktion. Es geht nicht mehr darum, ob dem Aberglauben als Volksglauben eine eigene Realität zukomme; das historisch negativ belastete Hexenbild wird von Frauengruppen phantasievoll aufgenommen und als Gegenbild der patriarchalischen Konsumgesellschaft positiv inthronisiert. Die selbsternannten Hexen provozieren und machen Schlagzeilen: „Den Hexen gehört die Nacht!"[5]

Damit gelangen Frauenthemen in die Öffentlichkeit, aber eben auch andere Vorstellungen und Motivationen in Fluß. Magier, Hexenbanner und Wunderheiler haben Hochsaison; der Abglanz strahlt in barer Münze. Da leben alte Schlager auf: Wunder gibt es immer wieder ... und Menschen in Notsituationen sind für den Glauben an das Übersinnliche, nicht Erklarbare, leicht zu gewinnen, besonders, wenn ihnen durch über- und außerirdische Kräfte Hilfe versichert wird.[6]

Helmut Hiller zeigt verschiedene Motivationen auf, die den Wunderglauben beleben. Zunächst sei es reizvoll, sich mit dem Unverständlichen, Unerklärlichen und Numinosen zu beschäftigen: „Das Geheimnisvolle, verstandesmäßig nicht Erfaßbare weckt im Menschen oft den Glauben, daß ihm dies das ersehnte Heil bringen könnte".[7]

Corinna, eine Schülerin, die sich selbst als Hexe bezeichnet, sieht in den Glaubensgemeinschaften keinen Sinn mehr: „In der Kirche wird nichts mehr geglaubt, nur noch verstanden und eingesehen". Deshalb sucht sie Wissen über Hexen. Auf die Frage: „Ist dir das

3. Hamburg 1951; hierzu vgl. den Beitrag von Dagmar Unverhau, oben S. 55-77.

4. Vgl. Hans-Joska Pintschovius, oben S. 76-85.

5. Schlachtruf der italienischen Streja-Bewegung seit 1977/78 gegen Vergewaltigung und Verbrechen an Frauen.

6. Vgl. ganzseitige Anzeige in: Professor Zamorra, Die Wölfischen, Bd. 1075: „Glück, Liebe, Wohlbefinden, Erfolg, Macht, Reichtum. Endlich hat jetzt jeder die Chance, sich selbst die geheimsten Wünsche zu erfüllen, behauptet Gavon Frost, der große Hexenmeister und Magier unserer Zeit, in seinem sensationellen Buch ‚Die geheimnisvolle Kraft der Hexenkunst'...".

7. Vgl. Helmut Hiller, Lexikon des Aberglaubens. München 1986, Vorwort, S. 6-8 u. S. 275ff.

Ganze auch ein bißchen unheimlich?" antwortet sie: „Es sind doch tatsächlich in der Parapsychologie zum Beispiel Dinge bewirkt und beobachtet worden, die nicht alle Lüge sein können. Die Hexen haben das vielleicht auch gekonnt, Visionen oder in die Zukunft sehen. Aber das macht mir Angst, wenn ich an die Konsequenzen denke. Da ist es sicherer, in seinen alten vier Wänden zu bleiben. Andererseits interessiert es mich wahnsinnig als Herausforderung, über die Grenzen zu gucken".[8]

Sowohl Grundbedürfnisse, wie z.B. der Spieltrieb, als auch Vergegenständlichungen von kirchlichen Glaubenssätzen und romantische und mystische Geisteshaltungen führen zu Spekulationen und Abenteuern.

Auf der Suche nach Lücken hat der Medienmarkt ein neues Genre entdeckt, das sich zwichen Fantasy-Welten und Softhorror bewegt. Ob Rosa Presse, Flip-Flop-Kindersendung, „Bravo", Herrenmagazine oder Heftromane, alle entführen sie uns aus der alltäglichen Welt in eine fantastische, magische, zauberische, fremde, irrationale Welt. So schwelgt man in Groschenheften mal mehr in echter, reiner, wahrer Liebe (vom Heimat- bis zum Frauenspannungsroman) oder erregt sich schrecklich in Angst-Lust (vom Gespensterkrimi bis zum Geisterkiller). Die Softdroge weckt narzistische Allmachtsträume bis hin zum Racheerlebnis, verquickt Sexualität und Gewalt — andeutungsweise.[9] Die populistische Medienexperten folgen den Menschen, die sich angesichts der Zwänge einer verkabelten Computerwelt auf die Suche nach dem Transzendenten machen.

Am Beispiel der Heftromane bzw. Groschenhefte, die hart am Markt orientiert produziert werden, läßt sich zeigen, daß die Hexen-Welle weniger mit mangelnder Bildung und Aufklärung der Leser zu tun hat, als vielmehr mit einer Flucht in die imaginäre Wirklichkeit einer besseren Welt. In der geschilderten Wirklichkeit wird weniger ein tatsächlicher Magie- und Hexenglauben der Leser genutzt, als vielmehr die Fantasie zwischen Angst und Lust und Furcht und Schrecken.

Die Romanheftverlage produzieren für Frauen, für Männer oder für beide Geschlechter Serien, die je nach Geschmack und Empfindsamkeit vom „Edelweis-Berg-Roman" bis zum „Gaslichtroman für die Frau", vom „Spukroman" bis zum „Roman um Geister, Hexen und Vampire" oder vom „Grusel- und Horrorroman" bis zur „Stimme aus dem Jenseits: Occu" reichen. Die Auflagen gehen insgesamt in die Hunderttausende. Allein „John Sinclair" von Jason Dark[10] hat wöchentlich eine Auflage von 90 000 mit steigenden Verkaufszahlen. (Tafel XI, Abb. 2-5, Tafel XVI)

Zwischen Okkultkommerz schildern die Groschenheftautoren die saubere Welt von Gut und Böse. Die Groschenwelt wird analog der Alltagswelt von Wirklichkeitsbrüchen und -verzerrungen bestimmt. Von Verwechslung, Irrtum und Täuschung, aber in Geltung eines höheren Prinzips in der ‚wirklichen' Wirklichkeit aufgehoben. Eine Abweichung vom Gut-Böse-Schema und die differenzierte Darstellung von Figuren führe zu „sozial-

8. Interview mit der Schülerin Corinna. In: Giesela Graichen, Die neuen Hexen. München 1986.

9. Vgl. Luise Wagner-Winterhagen, Die Langeweile durch die Angst-Lust-Erlebnis überwinden. In: Frankfurter Rundschau Nr. 148, 1.7.1987; die Erziehungswissenschaftlerin geht der Frage nach, warum Jugendliche z.B. Videofilme mit grausamen Inhalten sehen.

10. Phantastische Literatur, Nr. 2, 1988, S. 52ff., Interview mit Jason Dark.

ethischer Verwirrung" beim Leser, meint Erfolgsautor Jason Dark[11] und garantiert dem Leser ein alptraumfreies Lesevergnügen. Die beschriebene Realität darf deshalb keinesfalls konkret in Bezug zu tatsächlichen Ereignissen, wie z.B. Tschernobyl oder AIDS, stehen, noch aktuelle oder Alltagsprobleme aufgreifen, denn die „Fluchtlektüre" diene der „reinen Unterhaltung". Kein Horror im Alltagsleben! Und so bleiben die guten Geister in Nuß und der Geist des Weines in der Flasche. Die Andeutung von höheren Mächten genügt: Originalton Jason Dark: „Der Dämon darf nicht vernichtet werden, indem ich Einzelheiten beschreibe".[12] Oberstes Gebot der Groschenheftschreiber ist Gesetzestreue, vor allem gegenüber dem Jugendschutz, denn die Ware wird an publikumsfrequentierten Orten, besonders auch an Jugendliche, verkauft. Deshalb dürfen Gewalt gegen Kinder und Rassenhaß nicht dargestellt, asiatische Kampfgeräte und Kampftechniken nicht beschrieben werden und die christliche Religion soll erkennbar sein.

Was interessiert und fasziniert den Leser? Und was macht ihn zum frenetischen Heftsammler? Ein Faszinosum ist das Strickmuster der Stories, die mit den Tricks aus der Kinderzauberbox arbeiten: erscheinen, verschwinden, verwandeln. Es gibt nur heroische, dämonische, außerirdische Gestalten, die beliebig wirken, zusehen oder verzaubert werden. Sie stehen als Figuren der magischen und mystischen Welten dem Leser zur geflissenen Identifizierung bereit und repräsentieren doch eine andere, unerreichbare, besondere, außergewöhnliche, böse, gute, sündhafte oder märchenhafte Welt. Trotz Wirklichkeitsferne leben die Groschenheftautoren von den Zeitgeistschlagwörter und -themen der anderen Medien. Sie nutzen Utopien und Wirklichkeitsphantasien des Zeitgeistes, die sie ihren konkreten Zusammenhängen entreißen und als Welt eines vergangenen und geschichtslosen Typus aufgreifen. Einen solchen Typus stellt die Hexe dar. Wie stark die Heftserien dadurch von Tagesaktualitäten abhängen, mußten die Verlage während der Antihorrorkampagne 1984/85 erleben, als die verkauften Auflagen erheblich zurückgingen.

Die Hexe taucht in Groschenheftserien auf, die mit der Science-, Horror- und Pornowelle an den Tag kamen. Sie reprasentiert ein Geschöpf aus Lust, Liebe und Macht im Spiel von Gut und Böse, von Leiden und Schuld, von Macht und Ohnmacht, von Magie und Technik, im Wechsel von Schein und Wirklichkeit. Die Wirklichkeit der Romane spielt im zauberischen, magischen und übersinnlichen Raum. Die Hexen sind gute, böse Geister oder Geisterjäger, verdächtigte, beschuldigte oder schuldhafte Wesen. Die Hexe kann ehrbar, weise, gut, schützend, helfend sein oder besessen, sexistisch, vamp, wiedergängerisch und (ver)zauberisch; wobei das Sexistische nur der weiblichen Hexe anlastet.

Die Groschenromane mit Hexenfiguren lassen sich in drei Kategorien einteilen:

1. In Frauenromanen ist die Hexe eine sozial Verleumdete und Leidende, die sich dem schweren Schicksal entgegenstemmt bis zum Happyend.
2. In Grusel- und Horrorserien ist der Hexer/die Hexe eine Heldenfigur oder (selten) Antiheld. Das Gute siegt im Zeichen des Kreuzes.
3. In allen übrigen Serien und Einzelheften ist die Hexe (weiblichen Geschlechts) die böse oder schuldige Verführerin, die als Wahnsinnige, Vamp oder Wiedergängerin (und damit als unbezwingbare) auftritt.

Inhaltlich lassen sich drei Erzählschemata daraus ableiten:

1. Ungerechtes Leid führt mit Irrungen und Wirrungen schließlich zum ersehnten Glück.

1,80 DM / Band 502
Schweiz Fr 1,90 / Österr. S 14,–
BASTEI
Mit Preisausschreiben
GEISTERJÄGER
JOHN SINCLAIR
Die große Gruselserie von Jason Dark
Die Disco-Hexe Tessy

Abb. 2

GEISTERJÄGER
JOHN SINCLAIR
Die große Gruselserie von Jason Dark

## Disco-Hexe Tessy

**Nur allmählich verstummte das Raunen, Murmeln und Wispern der zahlreichen Stimmen. Gleichzeitig senkte sich die Dunkelheit über den Raum. Die Spannung stieg.**
**Jeder Gast wußte, was ihn erwartete. Manche hatten es schon drei-, viermal erlebt, doch für sie war es stets wie eine Premiere. Es war auch immer anders, obwohl der Vorgang auf der Bühne eigentlich stets gleich ablief.**
**Jemand hüstelte noch.**
**Ein anderer regte sich darüber auf. »Halt die Schnauze, verflucht!«**
**»Du mich auch . . .«**
**Der Scheinwerfer platzte auf. Es war wie eine grelle Explosion, die dicht unter der Decke stattfand, sich ausbreitete und auch ein bestimmtes Ziel haarscharf erwischte.**
**Die Mitte der Bühne.**
**Noch ein kurzes Zucken, ein huschendes Hin und Her, dann stand der Gegenstand wie gemalt im Licht des runden Scheinwerferkegels.**
**Es war ein pechschwarzer Sarg!**

**Deutsche Erstveröffentlichung**

Abb. 3

Spuk
BASTEI
Nr. 317
DM 2,–
Österreich S 16
Schweiz Fr 2.–
Frankreich F 8,50
Italien L 1800
Niederlande f 2,60
Spanien P 175
GESCHICHTEN
Die Falle am Hexenpaß
und andere Gruselstories

Abb. 4

## *Im Namen der Hölle*

**Zuerst hatten sie Lizzy den rechten, danach den linken Arm gebrochen und sie dann in den noch warmen Sand geschleudert wie ein altes Stück Holz.**
**Da lag sie nun halbnackt im Sand. Eigentlich hätte sie nach dieser furchtbaren Tortur vor Schmerzen schreien müssen. Aber sie schrie nicht, denn sie spürte keine Schmerzen. Der Grund dafür war simpel. Lizzy sah zwar aus wie ein Mensch, tatsächlich aber war sie eine Hexe, und der konnte man, wenn sie unter einer magischen Droge stand, mit einem einfachen Brechen der Arme nicht imponieren. Da mußten schon stärkere Geschütze aufgefahren werden.**
**Sie hatte trotzdem Angst, denn es waren drei, die sie überrascht hatten, und sie sahen verdammt nicht so aus, als könnten sie irgendeinen Spaß vertragen . . .**

**Deutsche Erstveröffentlichung**

Abb. 5

2. Das Gute besiegt die Macht des Bösen mit Gewalt.
3. Die schöne Hexe (die mit ihrem Super-Sex) entspringt der Gewalt des Bösen und muß zerstört oder vernichtet werden.

Doch welche Leidenschaft bindet den Leser an ein Schema X? In welche magische Kreise führt das Groschenheft?

Das Klischee der bezaubernden Hexe funktioniert.

„Ihr hoher, schlanker Wuchs, ihr schwarzes Haar, welches nur dazu diente, ihre blendend weiße Haut noch mehr hervorzuheben, ihre großen, schwarzen Augen, in welchen stets ein orientalisches Feuer glühte, ihr herrlich geformter Nacken, die eigenthümliche Grazie, welche sich in ihren Bewegungen aussprach und die Natürlichkeit und Geschicklichkeit, mit der sie sich in alle Situationen zu finden wußte, machten sie überall zur Siegerin. Namentlich aber war ihr Körper der schönste, den je ein Weib besessen hat."[13]

Die Anbetungswürdige, bezaubernde Verführerin ist eine Hexe, eine Hexe der Lust — eine Dirne. Die beispielhafte Beschreibung einer Sexy-Hexe findet sich in einem Aufklärungsroman des 19. Jahrunderts mit dem Titel „Die Geheimnisse der Prostitution!", von Friedrich Saß, erschienen in Berlin 1844. Die bigotten Vorurteile der bürgerlichen Gesellschaft des 19. Jahrhunderts scheinen im Groschenheft gelandet zu sein. Nur aus Dirnen bzw. Huren wurden Hexen:

„Ihr seidiges Haar schimmerte wie Gold, Ihre kirschroten, feuchten Lippen waren eine einzige Versuchung. Das ganze Gesicht gleich dem einer Fee, wobei besonders die blauen Augen wie ein prächtiges Feuerwerk strahlten. Auch ihr Körper wies nicht den geringsten Makel auf. Sie war schlank und doch an jenen Stellen, an denen die Männer es gern sahen, bestens gerundet. Mit einem Wort: Hyra war eine junge Frau, die dem Ideal eines jedes Mannes nahekam, zumindest was das Äußere betraf".[14]

Dem männlichen Leser wird die blonde, blauäugige Grazie vorgeführt, die sich aber immer als Trugbild und Fata Morgana herausstellt, denn hinter der schönen Larve verbirgt sich ein böses Wesen. „Es (das Mädchen) warf den Kopf in den Nacken und begann schallend zu lachen. Dabei wurde die Haut welk und das Haar grau und strähnig. Ein altes Weib, das häßlich lachte und sich langsam auflöste. Dabei verlor sich auch das Gelächter im Dunst, der den Wagen umgab".[15]

Die Idealfrau wird dem Leser als Phantasmagorie entzogen und das verbleibende Schreckensbild weist auf die Konsequenzen der Lasterhaftigkeit in der Welt hin. Die Superhexen altern und verwandeln sich in „häßliche Frauenzimmer", die die Begierden der Männer nicht mehr erregen sollten.

Als „Körper der Lustdirnen" hat im 19. Jahrhundert Wilhelm Stieber das Bild beschrieben: „Man findet bei manchen die unangenehmsten, widerlichsten Gesichtsformen, übermäßig beleibte oder völlig magere Körperbildungen, brandrothe Haare, entstellende Narben oder Male im Gesicht, übelriechenden Athem, verdorbene Zähne oder zahnlose Kie-

11. Ebenda.

12. Ebenda.

13. In: Klaus Bergmann (Hg.), Schwarze Reportagen: Aus dem Leben der untersten Schichten vor 1914: Hexen, Vagabunden, Lumpen. Hamburg 1984, S. 91.

14. Bryan Danger, Schreie in der Hexenfalle. Serie „Gordon Black", Bd. 15, S. 5.

15. W.A. Hary, Die Berghexe. Serie „Geister Thriller", Nr. 3, S. 9.

Abb. 6: Aus: „Die Falle am Hexenpaß“

fer, überaus schmutzige verworrene Haare, triefende Augen, Ausschläge im Gesicht, krumme Füße u.s.w. Ja es gibt selbst Schielende, Bucklige und Lahme, und überhaupt Erscheinungen unter ihnen, von denen man nicht zu begreifen vermag, wie sie im Stande sind, die Begierden irgend eines Mannes rege zu machen".[16] Stiebers Buch ist ein echter Fundus von Beispielen für die häßliche Hexe in Groschenheften. Es malt den Dunstkreis sozialer Dekadenz und Entartung des Menschen in Roheit und Bestialität.

In Groschenheften wird die häßliche Wirklichkeit durch eine polare Erzählweise mystisch eingenebelt: „Carla sprang auf eine Zinne. Der Sturm zerrte an ihr. Das lange, helle Kleid zeichnete ihre Konturen nach. Carla stand mit leicht gespreizten Beinen auf der Zinne. Ihre hohen Brüste bebten, als sie heftig zu atmen begann. Sie bog den Kopf in den Nacken, steckte die Fäuste nach hinten und schrie in den kalten Wind. Die Spannungen lösten sich. Carla de Verese dachte an ihr Alter ego, ihr zweites Ich. Sie hatte Übung darin, dieses zweite Ich sichtbar zu machen. Dann trat das an ihre Stelle. Carla wurde zu einem anderen Geschöpf, weder Mann noch Tier. Ein dämonisches Wesen mit dem Aussehen eines Teufels. Dieses Wesen hatte einen Namen: Diabolo!"[17]

Der Leser wird an der Grenze des Vertrauten und Normalen mit dem Bösen, Abartigen, Verbrecherischen und Lasterhaften konfrontiert, doch ohne konkrete Berührung der Alltagswelt. Ein Schimmer Prostitution gleitet ins Dämonische einer Halbwelt. Zu nachhaltig dürfen die Bilder nicht sein, denn „Kein Kampf darf über fünf Seiten gehen"[18]. Öffentlichen Ausdruck findet diese Empfindsamkeit in den wiederkehrenden Aufklärungswellen, z.B. gegen Sekten, Gewalt und heute gegen Porno. Neue Heftserien erfüllen dann wieder das aktuelle Bedürfnis der Leser. Das Groschenheft ist zum einen Zügel gemäßigter Phantasien, zum anderen aktuelle Okkultbörse.

Trotz harmloser Stories, in denen sich der Leser leicht orientieren kann, läuft das Geschäft nicht ohne die reißerischen Titelbilder. Die Schutzumschläge zeigen grell und in naturalistischer Manier Gespenster, Monster, Totenschädel und natürlich weibliche Wesen, meist Hexen, die an den Stellen, „an denen es die Männer gern sehen", besonders gerundet sind. Dazu kommt das Angebot der Annoncen auf der Innenseite des Umschlags, das keine Wünsche offen läßt: „Die Erfüllung ihrer geheimsten Wünsche wartet auf sie" heißt es in einer Anzeige für den „größten Sex-Wunsch-Katalog". Frauen werden Ware. Sie müssen verboten schön und unterwürfig-beherrschbar sein. Als verbotene Frucht verwandelt sich die Sexy-Hexe in einen abscheulichen Dämon und wandert als konkrete Phantasie auf die Angebotsseite der Annoncen. Die stigmatisierte Schöne der Frauenromane wird im Heft für den Mann zum begehrenswerten Objekt: „Der einzige, der mich je verstanden und nie an meinen großen grün-gelben Augen, die eigentlich gut zu meinem dunklen Typ paßten, Anstoß genommen hatte, war mein Vater gewesen. Ich habe eine weiße Haut, langes pechschwarzes Haar, dunkle Brauen und lange Wimpern. Den meisten Engländern scheint mein südländisches Aussehen ungewohnt zu sein. Oft genug bin ich als Hexe beschimpft worden..."[19].

16. In: Klaus Bergmann, Schwarze Reportagen (wie Anm. 13), S. 81.

17. Mark Tate, Die Hexenfehde, „Serie Geisterkiller", Nr. 19, S. 5.

18. Phantastische Literatur, S. 53.

19. Thelma René Bernard, Das Mädchen mit den Hexenaugen, Serie „Gaslicht-Roman-Auslese", Nr. 273, S. 4.

Die andere Seite des Hexenbildes im Groschenheft ist mit den magischen Kräften, die den Hexen zugesprochen werden, verbunden. „Carla war eine langbeinige Schönheit von unbestimmbarem Alter. Sie hätte sowohl zwanzig als auch dreißig Jahre alt sein können. Dem jugendlichen Gesicht und der schlanken Erscheinung widersprach der reife Ausdruck ihrer Augen. Diese Augen und die hohen Wangenknochen ließen Carla der Italienerin Sophia Loren in deren besten Zeit ähneln.

Carla war ein südländischer Frauentyp, stets gebräunt und je nach Stimmung sanftmütig, beinahe melancholisch, oder äußerst temperamentvoll.

Ihre Ausbildung als Hexe hatte einige Jahre in Anspruch genommen. Dabei war Estella eine ausgezeichnete Lehrmeisterin gewesen. Weitere Jahre hatte Carla in den besten Internaten der Welt verbracht, um auch in die Geheimisse der menschlichen Wissenschaften eingeweiht zu werden. Sie war ein Multitalent, beherrschte die gebräuchlichsten Sprachen und wußte auf jedem Gebiet Bescheid“.[20]

Hexen sind ausgebildete Hexen, gewissermaßen Adepten mit Diplom. Zur Hexerei gehört das Wissen um die „Geheimnisse der Wissenschaften“, das Herrschaft über die Welt verleiht.

Wissen ist Macht und Magie die Waffe sie zu gebrauchen. So sieht es der interviewte Zauberer Merlin: „Wir machen immer Magie, täglich, alle ... Erfolgreiche Leute wissen oft intuitiv um diese Zusammenhänge und wenden sie unbewußt an. Es gibt große Magier in der Politik, der Wirtschaft, der Industrie, auch in der Wissenschaft — sie wissen es nicht“[21].

Magie als bewußte Magie ist nämlich eine Wissenschaft für Eingeweihte. Die Wissenden werden Träger eines geheimen Weltzusammenhangs und damit unberührbar und unantastbar in ihrem Wissen. Dabei gibt es Gesetze, nach denen Zugehörigkeit und Ausschluß geregelt sind. Wer sich in die magische Welt begibt, wird Mitwisser im ursprünglichen Sinne. Er wird Träger von Geheimwissen und mächtig in der Welt. Die ‚magische Welt‘, in die man sich begeben und damit ‚Geheimwissen‘ erwerben kann, wollen die Groschenhefte liefern. Ihren Konsumenten, die sich im Fanclub zusammenschließen, wird der Rang von Eingeweihten verheißen. So erwerben sie als Wissende und Mitglieder auch die Kompetenz, per Einsendung von Stories, Selbsterlebtem und Leserpost jenes Reich des Geheimnisvollen zu mehren. Aber dann wird der Zauber des Geheimnisses nach innen verlegt und die ‚magische Macht‘ unter der Hand zum autosuggestiven Allerweltsangebot verschoben. Magische Macht und „Gewußt wie“ für alle: Für den Zauberspruch, den man von „Merlin“ verlangt, bekommt man dessen tägliches Gebet — „Ich bin so frei“:

„Ich bin ein freier, lebendiger und zärtlicher Mann, und meine Hauptstärke ist Ehrlichkeit. Ich sehe klar, bin der Meister meines Lebens, frei, meine eigenen Entscheidungen zu treffen. Dies ist ein reiches Universum, und es ist mehr als genug da für dich und mich. Ich bin ein kreatives und intelligentes Genie, das mit jedem Tag mehr und mehr erwacht. Ich vertraue meinem intuitiven Wissen. Ich bin reich, gesund, glücklich und erfolgreich in allem, was ich tue. Ich bin am richtigen Platz zur richtigen Zeit mit allem, was ich brauche. Menschen lieben, schätzen und unterstützen mich. Ich sehe Wunder in mir, in anderen und in der Welt um mich herum. Ich kommuniziere klar und effektiv. Es ist o.k. für

20. W.A. Hary, Die Hexenfehde, S. 4.
21. Giesela Graichen, Die neuen Hexen (wie Anm. 8), S. 130ff.

mich, wenn ich nein sage. Ich mache es leicht und verwende es. Es ist o.k. für mich nach dem zu fragen, was ich will. Es ist o.k. für mich, wenn andere mir nicht zustimmen. Es ist o.k. für mich meinen Standpunkt zu haben. Ich muß ihn nicht verteidigen. Es ist o.k. für mich, wenn andere versuchen, mich ins Unrecht zu setzen. Ich bin perfekt richtig, wie ich bin. Es ist o.k. für mich, Spaß zu haben, mich zu erfreuen, und ich tue es. Mit jedem Tag manifestiere ich immer größeres Wachstum. Ich bin Merlin, der Magier, und meine magischen Kräfte und Fähigkeiten wachsen Tag für Tag".[22]

Die Groschenromane sind eingebunden in ein Angebot von Hilfs- und Heilswissen, Parawissenschaften, mythologische Darstellungen und irrationale Erfahrungsgeschichten. Der Leser wird an eine Aura gefesselt, die zwischen nicht Erlaubtem und Verbotenem schwebt, die magisches Wissen um Numinoses wie eine eigene Wirklichkeit beleuchtet. Versprochen werden „Erlebnisse, die noch weit über das Lesen hinausgehen"! Genau das erwartet der Leser; der verlangt „das Schreckliche muß echt schrecklich sein". Ursprüngliche und ewige Gefühle werden gesucht als die „wirkliche Wirklichkeit", irgendwo ‚dahinter'. Das dualistische Weltbild von Gut und Böse läßt die Alltagsnöte des Lesers außen vor und will nicht, wie immer, wissenschaftliche Gesetze, noch die christliche Moral sprengen. Die Stories bleiben regelmäßig offen im Hinblick auf erfahrbare Weltgeheimnise. Man berichtet sich von Wunderheilern und Psi-Erlebnissen. Es könnte ja da noch was sein! Dieser Glimmer muß erhalten werden vom Verlag: neue Hefte, neue Serien, neue Annoncen. Ein neues Romankonzpet wird vorgeschlagen und dem Fan-Eingeweihten, dem Wissenden, zur Ausgestaltung unterbreitet:

Titel: „Autostop ins Jenseits". Story: „Nacktes Mädchen an der Brücke — ihr Rücken besitzt eine Tätowierung — dämonische Gesichter — stoppt Autofahrer".[23]

Die Unterhaltung im Hexengroschenroman gestaltet sich vordergründig durch Anspielungen auf Sex und Gewalt, doch symbolisiert die Hexe als übernatürlich Mächtige auch eine totale Freiheit. Wenn auch nicht alles ausführlich beschrieben wird, so darf sie doch tun und lassen was sie will, wie es ihren Begierden, Wünschen und Phantasien entspricht; denn sie ist über die Natur hinaus voll Macht.

Auf der Heilsuche aus der Konfliktwirklichkeit und seiner defekten Identität im Alltag, findet der Leser in dem Hexenbild ein Mythologem der Wildheit und Ungezwungenheit, das die Phantasien, die er sich macht, trifft. Damit symbolisiert die Hexe für ihn auch eine Wirklichkeit des Überalltäglichen, Unglaublichen, Besonderen und Außergewöhnlichen, der eine andere Wahrheit zukommt. Der normale Sprachgebrauch entgleitet zugunsten des Nichtsagbaren, Numinosen. Damit werden die gewöhnlichen Denkbahnen, die der Alltagsverstand vorgibt, verlassen und die zauberischen Mittel des Weltzugangs scheinen möglich. Und doch bleibt die magische Wirklichkeit nur verkehrte Welt auf dem Boden einer moralischen Anschauung von gut und böse und eines Einheitsprinzips, der Macht des Guten. Die phantastische Welt mit ihrer besonderen Wirklichkeit schlägt zwar Wellen, bleibt aber vage und überlagert sich nur in allen Facetten des Scheinbaren. Doch richtig bedient mit der anderen Wirklichkeit ist man nur, wenn man etwas Greifbares in Händen halten kann. Der Angebote sind viele.

22. Ebenda.
23. Phantastische Literatur, Nr. 2, 1988, S. 52ff.

Heidemarie Kirchner

# Sex und Sex = eine Hex'? – Hexenlust und Hexenleid

Wohlbemerkt: ich will nicht die Sexualität der „Hexe" wie sie ist bzw. scheint beschreiben, sondern darauf aufmerksam machen, daß das gegenwärtige Hexenbild nicht ganzheitlich, oft nur bruchstück- und symbolhaft projiziert wird und den gängigen Erwartungsklischees Folge leistet. Dabei wurde ich immer wieder mit dem ambivalenten Bild der weiblichen Sexualität konfrontiert. Und es ist zunächst das Bild der Hexe in seiner historisch vorbelasteten modernen Rezeption und Interpretation, das ich zeichnen möchte.

## Bilder

Wenn von „Hexe" und „Sexualität" die Rede ist, tauchen sofort Assoziationen auf wie „Liebeshexe", „Superhexe" oder „Sexy Hexy". Gemeint ist die hypererotische, betörende Frau, die mit ihrer überbetonten Sexualität den Mann zwar verführen kann, ihm aber intellektuell unterlegen ist. Ihre Markenzeichen sind physische Attraktivität und primitive, oft schon animalische Sinnlichkeit. „Im tiefen Tal der Superhexen", ein US-amerikanischer Kinofilm aus dem Jahr 1979 z.B., „stellt Frauen aus, die ihre Sexualgelüste unersättlich zu jeder Zeit, auf jede Art und Weise befriedigen"[1]. (Tafel 15)

Oft wird die Hexe auch als Außenseiterin geschildert, die exotisch und fremd ist. Auf der einen Seite ist sie anziehend: „Sie war schön. Eine überirdische Faszination ging von ihr aus ... Dorian konnte ihre übernatürliche Ausstrahlung fast körperlich fühlen. Es war die Ausstrahlung eines Dämons"[2]; andererseits bereitet sie dem Mann „Unbehagen": „er konnte nicht anders, als ihr zu folgen. Er tat dies mit einem Gefühl des Unbehagens."[3]

Der Begriff „Faszination" ist vom lateinischen „fascinare" abzuleiten, was soviel bedeutet wie „verschreien, behexen". Ursprünglich war mit ihm der „böse Blick" gemeint, in dem sich die böse Kraft des Menschen mitteilt. Der „böse Blick" wird denen zugeschrieben, die im allgemeinen für zauberkundig gelten, also auch den Hexen. Später erfuhr der Begriff „Faszination" eine Verallgemeinerung hin zur Bedeutung von „Bezauberung" und heute kann er einen durchaus positiven Stellenwert einnehmen.

Eine Beziehung zur Sexualität läßt sich aus seiner Ableitung von „fascinum" herstellen: das lateinische Wort bezeichnet in unserer Sprache das männliche Geschlechtsglied.

1. Das Filmjahr ‚81/82'. 1982, S. 178.
2. Paul Wolf, Die Hexe von Andorra (= Horror-Serie Dämonenkiller, Nr. 77), S. 25.
3. Ebenda, S. 6.

Besonders gefährlich wird es für den Mann, wenn sich die schöne, verheißungsvolle Frau in einen bösen, brutalen Racheengel verwandelt, der auf Vernichtung aus ist. Diese furienähnliche Gestalt trägt mitunter archaische Züge: „In den Anfängen der Welt bin ich entstanden, als es noch nicht die Trennung zwischen Gut und Böse gab. Da sagte man Engel zu uns. Die meisten glauben zwar, es hätte nur männliche Engel gegeben, doch das ist ein Irrtum ... Es gibt kein aber für dich. Nur den Tod ... Ihr werdet zu Opfern für die große Lilith, unsere Meisterin. Je mehr Blut wir in ihrem Namen vergießen, um so stärker wird sie sein."[4] (Tafel 14)

„In den Anfängen der Welt" suchen auch die Hexen von heute, besonders die feministischen Hexen, ihre Identität. Wenn Mary Daly, eine ihrer Wegbereiterinnen, diesen feministischen Weg ganz zu Ende geht, hört sie auf die Hexe in sich: „Diese Hexe weiß, daß sie die große Hexe, die große Ur-Hexe in jeder lebendigen Frau ist."[5]

Wild und unbeherrscht, natürlich-sinnlich, ekstatisch und lebenspendend, so beschreiben einige dieser Frauen ihre Symbole und festgesetzten Schwerpunkte. Das Symbol der dreifaltigen Göttin z.B. gibt den Frauen Kraft und verbindet sie untereinander. Die Dreifaltigkeit der Göttin offenbart sich in der Gestalt der Jungfrau, der Mutter und der Greisin. In der jungfräulichen Göttin tritt der wilde Aspekt zu Tage: ihre Sexualität überwindet im Erleben des Orgasmus oder des ekstatischen Tanzes die „Grenzen des Ichs"[6]. Die mütterliche Göttin lebt mithin für die Liebe; in ihrem „Urschoß" entstehen deren verschiedene Spielarten: „leidenschaftliche sexuelle, die warme Zuneigung unter Freunden, die heftige schützende Liebe der Mutter zu ihrem Kind ... Liebe umfaßt auch die Tiere, die Pflanzen, die Erde selbst. ‚Liebe und die Sexualität, die göttliche Ekstase wird zum Urgrund der Schöpfung, und die Schöpfung ist ein orgastischer Prozeß.'"[7] Die greise Göttin verkörpert die destruktive Kraft: sie steht für den Tod und den Wahnsinn, aber sie zerstört Illusionen und bringt somit auch Klarheit.

## Phantasien

Wie werden heute historische Hexenbilder gebraucht? Das Thema der Hexenverfolgung scheint zuerst nur Aufhänger der Demonstration von Gewalt und Obszönität zu sein. In Horror- und Pornofilmen werden Frauen gefoltert, vergewaltigt und getötet. In den letzten Jahren haben im Angebot der Pornographie sadomasochistische Texte und Bilder erheblich zugenommen. Aggressivität und Sadismus als Ausdruck sexualisierter Destruktivität scheinen als sexuelles Stimulans immer beliebter zu werden. Die sadistische Thematik bewegt sich dabei fast nur in der Vorstellungswelt. Sobald sie aber auf das soziale Handeln übergreift, indem „Auslieferung, bedingungslose Abhängigkeit und Schutzlosigkeit von

4. Jason Dark, Hexenküsse. Bergisch Gladbach 1984, S. 144 f.

5. Marlies Fröse (Hg.), Mary Daly's Patriarchatskritik und feministische Politik. Utopos — kein Ort. Bielefeld 1988, S. 129.

6. Karin Gaube u. Alexander von Pechmann, Magie, Matriarchat und Marienkult. Frauen und Religion. Hamburg 1986, S. 201.

7. Ebenda, S. 204.

Menschen legitimiert sind, wird Sadismus ein gängiges Verhalten"[8]. Damit werden Menschen als nichtswürdig und nichtmenschlich eingestuft. Nach Eberhard Schorsch und Nikolaus Becker definiert z.B. die Inquisition bestimmte Frauen als dämonische Wesen, die mit den Mitteln der Folterung als Akt der Seelenrettung und Rehumanisierung unschädlich gemacht werden „mußten". Da dieses Foltern und das anschließende Töten dem Wert einer guten Tat gleichkam, „konnte und durfte es mit gutem Gewissen getan, lustvoll und in einem mehr oder minder diffusen Sinne erotisiert erlebt werden"[9].

Die Frau ist in den Filmen die „bezaubernde" Hexe, die den Mann aufgrund ihrer ausgeprägten sexuellen Aktivität und magischen Fähigkeiten negativ beeinflußt und in sein Verderben führt. Ein zentraler an sie gerichteter Vorwurf ist: „Du kannst nicht lieben, denn du bist eine Hexe. Und ich bin nur eines von den unzähligen Opfern."[10] Auf den Grund, weshalb sie nicht lieben kann, wird nicht eingegangen. Hexe allein genügt schon. Und tatsächlich, der Mann, der dieses behauptet, wird wegen seiner Abhängigkeit zu ihr getötet. Die so ausgelösten Ängste können nur durch eine Bestrafung oder Vernichtung der Frau überwunden werden.

Die männliche Furcht vor weiblicher Anziehungskraft als Phänomen der Hexereibeschuldigungen versucht Monica Blöcker in ihrem Aufsatz „Frauenzauber — Zauberfrauen" durch eine Untersuchung frühmittelalterlicher Texte zu belegen: Dort wird die Verführungskunst von mönchischen Asketen als tyisch weiblich eingestuft, denn war nicht Eva die erste Verführerin und auch die erste Sünderin, indem sie als erster Mensch das Gesetz Gottes brach? Eng mit dem Sündenfall ist die Sexualität verknüpft, deren sündhaftes Element die fleischliche Begierde ist. So spiegelt sich die Lustfeindlichkeit des Klerus in der Deklarierung der „bezaubernden Frau" als Blendwerk des Satans, dem abgeschworen werden muß. Nur durch Selbstbeherrschung und Überwindung glaubt man das durch Eva verlorene ewige Leben wieder erlangen zu können. Die Angst vor der weiblichen Anziehungskraft wird noch gesteigert, wenn Frauen magische Praktiken anwenden, also „zaubern", u.a. um aus ihrer hierarchisch mindergestuften Stellung auszubrechen. Während Eva und die spätere Hexe das negative Prinzip des Dunklen, Bösen und Sinnlichen verkörpern, tritt uns Maria als das Bild der lichten, guten, reinen und asexuellen Frau entgegen. Für Monica Blöcker zielen die aggressiven lustfeindlichen Reaktionen des Klerus besonders auf Frauen, weil sie „nicht mehr bloß Lustobjekte, und zwar verbotene, oder Mütter und Arbeitskräfte waren, sondern sich zu artikulieren begannen"[11]. Die Frau also als ein den Mann bedrohendes Sexualwesen, das ihn um sein Seelenheil verführen will. Ihre Dämonisierung erfährt sie, indem ihr magische Handlungen zugeschoben werden, die Abfall von Gott und der Kirche bedeuten.

Die Beharrlichkeit dieses Hexenbildes in männlichen Projektionen macht vor Wissenschaftlern nicht halt: so weist Silvia Bovenschen auf einen Beitrag Will Erich Peuckerts hin, der den Grund für diese Resistenz dort sucht, „wo er zumeist gesucht wird: in der

8. Eberhard Schorsch u. Nikolaus Becker, Angst, Lust, Zerströung. Sadismus als soziales und kriminelles Handeln. Zur Psychodynamik sexueller Tötungen. Hamburg 1977, S. 45.

9. Ebenda, S. 45.

10. Wolf, Die Hexe (wie Anm. 2), S. 8.

11. Monica Blöcker, Frauenzauber — Zauberfrauen. In: Zeitschrift für schweizerische Kirchengeschichte 1982, S. 39.

weiblichen Sexualität, in einer ‚sexuellen Getriebenheit', die einer ‚Anlage', ‚besser einer eingeborenen Gültigkeit' entstamme."[12] Es könnte deshalb männlichen Selbstschutz darstellen, wenn gesteigerte weibliche Erotik durch die Reduktion des Hexenschemas zur „Liebeshexe" domestiziert und eingedämmt wird. Die Frau tendiert dann zwar zu sexuellen Ausschweifungen, aber nicht mehr in Eigenverantwortung und aus „Eigen-Lust". Ihre magischen Fähigkeiten scheinen nur noch darin zu liegen, die erotische Phantasie des Mannes als reines Objekt der Begierde zu erregen. Unter seiner Regie wird sie zur Liebesdienerin, und, in extremer Form, zur Sklavin. Sie ist weder gut noch böse und ihr Charakter wird konturenlos.

Die Begleitfotos zu einem Illustriertenartikel: „Im Rausch der Sinne — Magie wie sie noch keiner kennt"[13] — lassen die Frau ohne Gesicht: sie ist gleichermaßen zerstückelt in ihre sinnlichen und sexuell stimulierenden Körperregionen. Als Pseudoalibi für den thematischen Zusammenhang mit dem Text wird ein Pendel hinzugefügt, wie es magische „Praktiker" verwenden. Und damit wird eine analoge Formenreihe aufgestellt: Kegelförmiges, dreieckiges Pendel auf der nackten rückwärtigen Taille einer Frau — Dreieck als geometrisches Ornament — Nackte Oberschenkel und Schamdreieck einer Frau — „V", „Vulva" (weibliche Scham). (Abb. 1)

Die Hervorhebung der Vulva auf Kultbildern bis in die Vorgeschichte zurück verfolgbar (Abb. 2) als Zeichen für Fruchtbarkeit ist nurmehr Verweis auf Sexualität.

## Magische Wirklichkeit

„Nur mit Mönchskutten bekleidet murmeln sie in einem abgedunkelten Zimmer seltsame Litaneien, nackte junge Mädchen lassen sich auf einem Altar von den ‚Priestern' küssen: Dies ist das Ritual der schwarzen Messe. Sie wird zu Ehren des Satans abgehalten, ist eine Verspottung der Gottesdienste der katholischen Kirche ... Sie kennen nur ein Ziel: Gott zu erniedrigen"[14]. Dies ist die Einleitung zur 11. Folge von „Hexen leben mitten unter uns ... und das im 20. Jahrhundert!" der „Neuen Welt" von 1985. Sie läßt das Ritual einer „schwarzen Messe" von einer Beobachterin schildern.

Für Gerhard Zacharias, den Verfasser eines religionsphänomenologischen Beitrags zu Satanismus und schwarzer Messe, stellt der Satanskult eine „Antithese zum christlichen Kult"[15] dar. Die schwarze Messe, so genannt nach ihrer negativ behafteten Symbolik, aber auch nach der ursprünglichen Verwendung schwarzgefärbter Rübenscheiben oder ähnlichem als Hostien, ist in ihrer Pervertierung der römischen Meßliturgie die ausgepräg-

12. Silvia Bovenschen, Die aktuelle Hexe, die historische Hexe und der Hexenmythos. In: Aus der Zeit der Verzweiflung. Zur Genese und Aktualität des Hexenbildes. Hg. v. 3. Auflage Frankfurt a. Main 1980, S. 264.

13. Im Rausch der Sinne. Magie wie sie noch keiner kennt. In: Die Münchner Illustrierte, 1987, Nr. 12, S. 21ff.

14. Rudolf Ritter, Hexen leben mitten unter uns ... und das im 20. Jahrhundert. In: Neue Welt, 1985, Nr. 14, 16.

15. Gerhard Zacharias, Satanskult und schwarze Messe. Ein Beitrag zur Phänomenologie der Religion. München $^{2}$1979, S. 9.

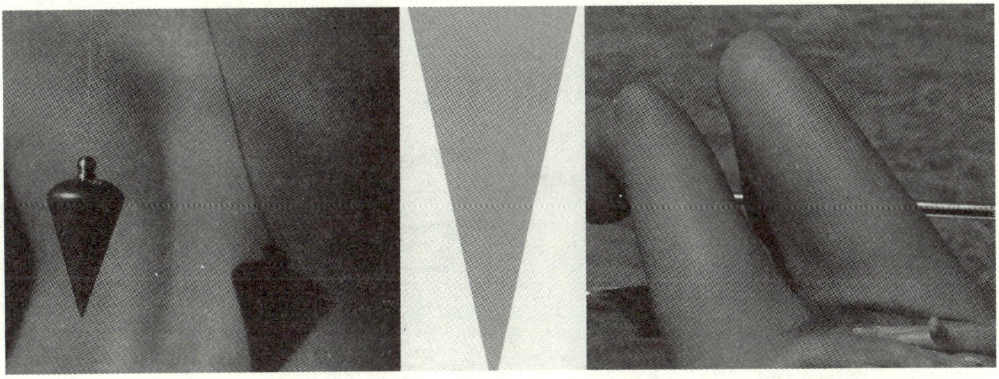

Abb. 1: „Die Münchner Illustrierte", 1987, Nr. 12

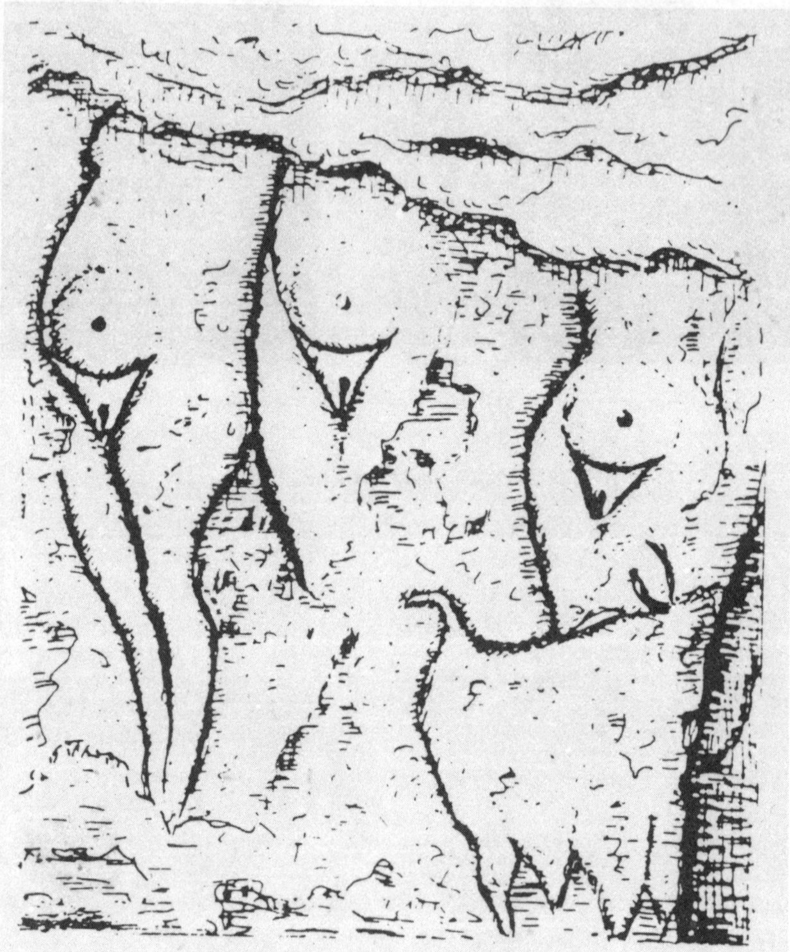

Abb. 2: Weibliche Idole der Steinzeit, Frankreich; nach W.P.A. Fischer, Alteuropa in neuer Sicht. 1986, S. 101

teste Erscheinung des satanistischen Kultes. Die religions- und kulturgeschichtlichen Voraussetzungen für den Satanskult sieht Zacharias bei der Religion des minoischen Kreta mit der Verehrung der „Großen Göttin" als das „Chtonisch-Dunkle" beginnen. Zu diesem erdhaft-dionysischen Charakter geselle sich in der griechischen Religion das apollinisch-strahlende Element. Dort seien beide in der hell-dunklen Ganzheit des Göttlichen vereint. Dieses antik-hellenistische Erbe, der iranische Dualismus mit seinem Gegensatzpaar des guten und bösen Prinzips und alttestamentarische jüdische Vorstellungen verschmölzen im Christentum zu einem dualistischen Differenzierungsprozeß. Durch die völlige Ablösung des Satans von Gott werde die einpersönliche göttliche Doppelstruktur zugunsten der Entwicklung einer Gegenpersönlichkeit Gottes ermöglicht. Das Apollinisch-Helle vertrete nun Gott gegenüber dem bösen dionysisch-dunklen Satan. Im Satanskult lebe also der vom Christentum abgelehnte Bereich der Religion. Sein extrem antithetischer und destruktiver Charakter sei als kollektive Protestäußerung, zum Teil auch gegen die gesellschaftliche Ordnung und ihre Normen, zu bewerten. Um von der kirchlichen und kulturellen Institution enttäuschte Erwartungen doch noch erfüllen zu können, übernehme der Satanismus eine kompensierende Funktion. Er sei ambivalent: zerstörerisch, indem er Bestehendes radikal und einseitig bekämpfe, schöpferisch, indem er die verlorengegangene Ganzheit des Göttlichen durch Repräsentation des Diskriminierten wieder herstellen möchte.

Die Historizität solcher Ableitungen ist hier nicht zu prüfen. Wichtig für den Zusammenhang bleibt die Greifbarkeit solcher Feststellungen im gegenwärtigen Angebot zum Thema.

Die schwarze Messe bietet in ihrer Umkehrung des Gewöhnlichen eine Lösungsgestalt für seelische Probleme an: hier können unterdrückte oder unbewußte Wünsche und Phantasien ausgelebt werden. Die gesellschaftlichen Moralvorstellungen verlieren ihre Geltung und so breitet die Ritualisierung überbetonter Sexualität die andere, die dunkle, nächtliche Seite des seelischen Lebens aus, mündet in Allmacht, Verbotenes und Zerstörung. Die kultisch-symbolische Funktion des Sexualaktes stellt den überpersönlichen Aspekt des sexuellen Ritus dar. Im Hexensabbat nun will Zacharias „eine mit gewaltiger Kraft erfolgende Reaktion auf umrissene Zurückdrängung des Weiblichen in der christlichen Welt"[16] erkennen, die den elementar-erdhaften Aspekt des Weiblichen in der Beziehung zur Fruchtbarkeit und Sexualität ablehnt.

Gerhard Zacharias sieht in der weltweiten Protestbewegung in den 60er Jahren dieses Jahrhunderts mit ihrer „sexuellen Revolution" eine Antithese zur traditionell-christlichen Kultur. Ihre Motive und Tendenzen tragen direkt-satanische Züge, die sich leicht „identifizieren und als epigonal durchschauen"[17] lassen. Ein bekanntes und abschreckendes Beispiel ist Charles Manson, unter dessen Führung mindestens fünf Menschen im Zeichen Satans ermordet wurden. Inspiriert wurde er von dem Engländer Aleister Crowley (1875-1947), einer der schillerndsten Gestalten der neueren Magie und Geheimwissenschaft und Vorreiter besonders abstruser ritueller Praktiken[18]. Mansons Ziel war eine Bewußt-

16. Ebenda, S. 83.

17. Ebenda, S. 7.

18. Zu Crowley und seinen „sexualmagischen" Umkreis vgl. Helmut Möller u. Ellic Howe, Merlin Peregrinus. Vom Untergrund des Abendlandes (= Quellen und Forschungen zur Europäischen Ethnologie 2). Würzburg 1986.

seinserweiterung und Erforschung der archetypischen Kernpersönlichkeiten des Menschen.

Auch der von Aleister Crowley abgeleitete „Thelema-Orden" strebt nach Selbsterkenntnissen und Selbsterfahrung, die „vor allem über die Liebe —, und zwar durchaus in körperlichem Sinne'"[19] geschehen. Seine magischen „Übungen steigern sich über verschiedene Praktiken bis hin zur geschlechtlichen Vereinigung. Der grundlegende Unterschied zur ‚üblichen Sexualität' aber ist, daß der Mensch nicht von der Geschlechtskraft beherrscht wird, sondern umgekehrt: daß er über sie herrscht. ‚Durch Sexualmagie werden ungeahnte seelische Energien frei'"[20]. Durch diese Energien befreit sich der Mensch „von seinen Trieben und Süchten, wird frei wie Gott"[21].

Hexen von heute üben sich wieder in magischen Ritualen. So ist der Zweck der Jahreszeitenfeste „die sinnliche Wahrnehmung und ‚Unterstützung' der Entwicklungen in der Natur im Verlauf eines Jahres"[22]. Zeremonielles Nackttanzen, Beschwörungen, Segnungen, Weissagungen stellen das ekstatische Moment des Handelns dar, Schwangerschafts-, Menstruations- und Geburtsfeste werden von den Frauen „als Ausdruck ihrer einzigartigen lebenspendenden Energie und Macht"[23] gefeiert. Die Heilkunst soll zu einer Direktbegegnung mit kosmisch-elementaren Kräften führen. Der Kult um den eigenen Körper ist dabei eingebettet in das neue Verhältnis zur Natur und beinhaltet gleichzeitig eine Befreiung „von jahrhundertalten Beschränkungen", durch die er als „unrein" und „minderwertig" galt und tabuisiert wurde[24].

Das erste Lebensprinzip einer populären Hexe, Schriftstellerin und Filmemacherin, Luisa Francia, ist die Lust am Leben, die widerstandsfähig mache und die alle Kräfte in der Frau mobilisiere: „Männer begehren Hexen, weil sie freie, ungezähmte, lustvolle Frauen sind"[25]. Naturhaftigkeit und lustvolle Erfahrungen mit ihrem Körper bergen auch die Kraft der Frau. Für die österreichische Hexe Judith Jannberg liegen die Hauptpersönlichkeitsmerkmale der heutigen Hexen in einer „fundamentalen, ursprünglichen, unverkrüppelten, unverstellten Kraft, einer Eigen-Sinnlichkeit, einer Eigen-Willigkeit"[26].

## Duale Systeme

Die Zweiseitigkeit des Mythos „Frau" wurde schon beim Vergleich Evas mit Maria sichtbar: hier die verworfene und als Hexe dämonisierte Sünderin, dort die heilige, reine und schützende Mutter. Adrienne Rich schreibt: „Durch die ganze patriarchale Mythologie, Traumdeutung, Theologie und Sprache hindurch gibt es zwei Gedankenrichtungen: eine,

19. Neue Welt, 1985, Nr. 8, S. 16.
20. Ebenda, S. 17.
21. Ebenda.
22. Gaube u. v. Pechmann, Magie (wie Anm. 6), S. 193.
23. Ebenda, S. 194.
24. Ebenda.
25. Isolde von Mersi u. Uta van Steen, Eine Hexe wie du und ich. In: Zeitmagazin, 1988, Nr. 2, S. 15.
26. Gaube u. v. Pechmann, Magie (wie Anm. 6), S. 179.

daß der weibliche Körper unrein, korrupt ist, Sitz von Absonderungen, Blutungen, gefährlich für die Männlickeit, eine Quelle moralischer und physischer Ansteckungsgefahr, ‚das Tor des Teufels'. Auf der anderen Seite ist die Frau als Mutter gütig, heilig und rein, asexuell nährend und die physische Potenz für Mutterschaft — der gleiche Körper mit seinen Blutungen und Mysterien — ist die einzige Bestimmung und Rechtfertigung im Leben der Frau"[27].

Durch die begriffliche Einheit von Leben und Tod fällt auch der Ort beider in der mythischen Phantasie zusammen. Da die Frau für die Geburt verantwortlich ist, ist sie auch für den Tod zuständig. Dieser Gedanke bildet den Hintergrund für Zeichnungen der Angst des Mannes vor der Frau.

In diversen Beispielen aus der Trivialliteratur oder aus Kinofilmen wird die Hexe als Frau mit zwei Gesichtern dargestellt. „Ego" und „alter ego", Gut und Böse sind entweder verschmolzen in einer Figur oder Doppelgängerinnen verkörpern die beiden Pole. So wird aus einer schönen, attraktiven Hexe während eines an schizoide Symptome erinnernden Vorgangs eine häßliche, uralte Furie, wenn sie ihr Ziel, den Mann in ihre Gewalt zu bringen, erreicht hat oder einsieht, daß es nicht mehr zu erreichen ist. Die Doppelgängerinnen-Variante manifestiert sich in dem Kinofilm „Die Stunde wenn Dracula kommt". Dort tritt uns ein junges, unschuldiges Mädchen entgegen, dessen Ahnin als Hexe Asa gefoltert und getötet wurde. Diese Hexe erwacht zu neuem Leben und treibt in der gleichen Gestalt wie das Mädchen ihr Unwesen als Vamp(ir). Die in diesem Film angelegte libidinöse Lust stellt Beziehungen her zwischen unterdrückter Sexualität und religiöser Hysterie. Die filmische Atmosphäre hat „Qualitäten" „wie gierig, sinnlich, sexuell, leidenschaftlich, archaisch, grauenhaft, blutrünstig"[28]. (Abb. 3)

Die Macht der Hexe liegt also in ihrer erotischen Anziehungskraft, Verführungskunst, ihrer sexuellen Aktivität und ihrer Faszination, die sie auf den Mann ausübt. Gerade dadurch aber wirkt sie auf ihn wieder abschreckend und furchteinflößend, da sie ihn in ihre Gewalt bringt, ihn gegen jede „Vernunft und Moral" verführt und er nicht mehr eigenmächtig handeln kann. Es sei an Eva erinnert. In der triebfeindlichen Moral des aufkommenden Bürgertums übernimmt die Rolle der Sünderin dann die Hure. Und auch die Hexe wird als Hure definiert: „Ja, wir waren Huren. Ihr Menschen habt stets vom ältesten Gewerbe der Welt gesprochen und habt recht gehabt. Es ist das älteste Gewerbe der Welt, das wir treiben"[29].

Diesem Bild und Begriff der Hexe steht das andere gegenüber: die Macht der Hexe und der Frau allgemein liegt für die Feministin Luisa Francia in der weiblichen Intuition, die ihr Kraft verleihe, in ihrer Naturhaftigkeit, Schöpfungskraft, orgastischen Lust und explosiven Vitalität. So wird das Bild der Hexe mit gegensätzlichen Vorzeichen besetzt: Sie ist ein negatives, abschreckendes und faszinierendes Geschöpf und sie ist anders die positive, selbständige, vitale Frau.

27. Margit Brückner, Die Liebe der Frauen. Über Weiblichhkeit und Mißhandlung. Frankfurt a. Main 1988, S. 176.

28. Wilhelm Salber, Psychologie des Vampirfilms. In: Bild der Wissenschaft, 1968, S. 428.

29. Dark, Hexenküsse (wie Anm. 4), S. 145.

Abb. 3: Aus: W. Salber, Psychologie des Vampirfilms, Bild der Wissenschaft, 1968, 5. Jg., S. 426

Angela Treiber

# Die Faszination des Ursprungs

„Ein dumpfer Klageton entrang sich ihrer Kehle. Es war der Schrei, den die Frauen ihres Volkes bei den uralten rituellen Tänzen unter den Silberstrahlen ausstießen. Alathis Körper zuckte als ob er tanzen wollte ... Tief in ihrer Kehle formte sich ein Laut, der sehr alt war, der zurückreichte bis zur Entstehung ihres Volkes, bis zu einer fernen Vergangenheit, die noch nicht einmal in den Legenden erwähnt wurde!“[1]

Die phantastische Geschichte Andre Nortons, in eine nicht näher bestimmbare Vorzeit gelegt, erzählt von einer jungen Frau, Alathi, die aufgrund ihrer Natürlichkeit und Sensibilität die magische Kraft eines alten Silberbandes erkennt: „Obwohl Alathi noch niemals vorher so etwas gesehen hatte, sagte ihr eine innere Stimme, daß dieser Gegenstand Macht besaß. So wie eine jagende Katze ihre Beute witterte, so war ihre Rasse imstande, solche Dinge zu erkennen.“[2]

Mit Hilfe des Silberbandes eröffnet sich ihr die „Tür zu einer inneren Welt“, einer fern aller Raum- und Zeitbegriffe existierenden zaubrischen Welt. Diese bringt sie auf der Suche nach Sinn und Erfüllung ihres Daseins, der „Erkenntnis“ näher. Die bleibt jedoch dem Leser verborgen, nur Alathi durchbricht die alltägliche Wirklichkeit und dringt in die fremde Welt: „Alathi verstand. In jedem Leben gab es eine Tür zu einer inneren Welt. Manche würden sie niemals finden. Daß sie sie gefunden hatte, war wie die Erfüllung eines Traumes“[3].

Die Faszination dieser Erzählung beruht auf der Sehnsucht des Menschen nach harmonischer Individualität und vollkommener Glückseligkeit durch eine allgemeine „Erkenntnis“ um die Dinge der Welt. Es ist die Sehnsucht nach dem Paradies. — Aber inwiefern gehört diese Geschichte in die Welt der Hexen? Die Antwort gibt Susan M. Schwartz in ihrer Sammlung von „Hexengeschichten“, aus der die Erzählung „Moon Mirror“ genommen ist selbst: „... beinhaltet diese Erzählung doch viele Elemente der Hexenwelt ... die Suche nach alten magischen Kräften, die Anrufung alter Götter, fremde, neue Welten, die Faszination von Tieren ... Sie (Alathi) beginnt allein und endet zufrieden“[4]. Vorstellungen vom Unentdeckten und Fremden, vom unmittelbaren Gefühl und nicht Reglementierten verweben sich in dieser Erzählung zu einer Vorstellung von naturhafter Ursprünglichkeit, die in der Hexe vorgestellt werden.

1. Andre Norton, Mondspiegel (Moon Mirror). Hexengeschichten. Von zaubrischen Frauen, ihren Taten, ihrer Macht und ihrer Liebe. Susan M. Schwartz (Hg.). Bergisch Gladbach 1982, 96f.
2. Ebenda, S. 86.
3. Ebenda, S. 101.
4. Ebenda, S. 84.

Abb. 1: „Stern", „Alter Mythos und ein neuer Glaube ‚Hexen'", 1986, Nr. 38

Die scheinbar unbedeutende Einreihung der Erzählung „Moon Mirror " in die Hexenwelt spiegelt jedoch eine Veränderung im Bedeutungsinhalt des Begriffes Hexe. Er ist losgelöst von dem tradtionellen Hexenbild. Die folgenden Ausführungen wollen nicht Fehl- oder Falschinterpretationen überkommener historischer Quellen nachweisen. Vielmehr geht es zunächst um eine Beschreibung der Instrumentalisierbarkeit des historischen Begriffes Hexe als eines neueren Identifikationsmusters zur Lebensbewältigung. In deren Mittelpunkt steht die Suche nach den „Ursprüngen".

Ihren Ausgangspunkt nahm die Inanspruchnahme des Begriffes Hexe zu diesem Zweck Mitte der siebziger Jahre durch die Frauenbewegung. Der negativ belastete traditionelle Begriff Hexe wurde durch die Frauenbewegung zu einem positiven Symbol feministischer Autonomie umgepolt. Das historisch überlieferte Feindbild von Hexe und Frau führten die Feministinnen zunächst bewußt im Widerstand gegen ein Frauenideal an, mit dem sie sich nicht mehr identifizieren konnten. Im Hinblick auf die Wehrlosigkeit der damaligen Opfer setzten sich nun die „Neuen Hexen" zur Wehr und machten die Aktualität dieses Tuns bewußt. Sie gebrauchten eine traditionelle Überlieferung — Silvia Bowenschen nennt sie „Mythos" — und „entmythifizierten" sie[5]. Daneben wurde der Versuch gemacht, die abendländische Geschichte der Hexen als Teil der Geschichte weiblicher Autonomie zu begreifen. Er interpretierte die Hexen als einstige Frauenmacht und die Hexenverfolgungen als Kampf der Frauen gegen das Patriarchat: „Hexen waren Frauen, die die für sie konstruierte weibliche Rolle verweigerten, die sich nicht christianisieren und vor allem nicht domestizieren ließen, die Frauen also, die zu Recht ‚Hexen' genannt werden können, stellten eine Bedrohung dar für das Patriarchat, Feudalherrn und Klerus"[6].

Die „neuen Hexen" identifizierten sich mit den verfolgten Frauen, begriffen sich als Nachfolgerinnen derselben: „Darum beginnen Frauen auf der ganzen Welt das Wort ‚Hexe' freiwillig, bewußt auf sich zu nehmen, sich der Möglichkeiten, der Kräfte zu erinnern, die Frauen entwickeln können. Sie entdecken die „Hexerei' wieder: Frauen machen Selbsthilfe, lernen ihren eigenen Körper kennen, erlernen die Mittel der Naturheilkunde".[7]

Die neuen, der Hexe zugesprochenen Merkmale, die sie von ihrer historischen Erscheinung entrücken, werden deutlich. Die Hexe ist die nicht „domestizierte" Frau, das heißt assoziativ weiterentwickelt, die nicht zivilisierte, ungezähmte, wilde und damit natürliche Frau. Ihre „Hexerei" geht aus dem Verständnis um ihren weiblichen Körper und dem Wissen um Naturzusammenhänge — denn sie ist nicht „domestiziert" — hervor.

Zu dem sich schon hier andeutenden Analogieversuch: Frau — Hexe — Natur, rückt, geradezu notwendig, der Begriff „Ursprung". Er folgt insbesondere der Verbindung eines alternativen Verständnis von Natur als eigentlicher, anfänglicher Ordnung.

Natürlich ist auch die „Hexe" Teil der Kulturgeschichte; aber dennoch außerhalb der geschichtlichen Wandlung, eine beständige Möglichkeit unter ihr, und das heißt vor dem Wandel. Darauf zielt die Übersetzung des Begriffes „Natur" in den Zeit-Unzeit-Begriff des

5. Vgl. Silvia Bovenschen, Die aktuelle Hexe, die historische Hexe und der Hexenmythos. Die Hexe Subjekt der Naturaneignung und Objekt der Naturbeherrschung. In: Gabriele Becker. Silvia Bovenschen u.a., Aus der Zeit der Verzweiflung. Zur Genese und Aktualität des Hexenbildes. Frankfurt a. M. [3]1980, S. 269.

6. Ingrid Strobel, Hexen. Historische Entwicklung. In: EMMA 1977, H. 10, 20f.

7. Ebenda.

„Ewig-Uralten": „Die Hexen kommen wieder heißt, daß ihr Bewußtsein, ihre Seele uralt und zeitlos und nur ihr Körper neu ist. Die Weisheit, das intuitive Wissen bringen sie wieder mit. Nichts ist verlorengegangen. Wir wissen alle, was wir schon einmal wußten".[8] „Ich war uralt, seit Urzeiten immer wieder neu zusammengesetzt. Ich fühlte, wie ich durchs All geflogen war, Teil eines Sterns, eines glühenden Sonnenvulkans, eines erkalteten Meteors. Ich wußte, daß ich schon früher existiert hatte und daß dieses Bewußtsein über das Wissen der irdischen Realität weit hinausging".[9]

In den sogenannten „Ritualphotos" von Luisa Francia werden die Vorstellungen der Sinngleichheit von Hexe — Frau — Natur — Ursprung prägnant verbildlicht: Nackt, mit Lehm beschmiert und mit schwarzen, archaisch anmutenden Mustern von Kopf bis Fuß bemalt, ein Fruchtbarkeitssymbol der weiblichen Vagina beschwörend, sitzt die „Hexe" Francia auf lehmigen Erdreich, wird selbst Erde, wird zur wilden Urfrau (Abb.) Zitat im STERN: „Sie sagt: In Frauen schlummert heute das größte Energiepotential dieser Erde".[10]

Dem mittelalterlichen Hexenbild haftete eine besondere magische Verbindung zur Erd- oder Naturkraft an. In dem den Hexen vorgeworfenen Liebes- und Fruchtbarkeitszauber sowie dem „Wettermachen" kommt das zum Ausdruck.[11] Diese Vorstellung wird keineswegs nunmehr von Feministinnen übernommen. Bernd S., Diplomingenieur, eine „neue Hexe", meint in den Gesprächen mit Gisela Graichen dazu: „Frauen haben von ihrer Natur her einen viel direkteren Zugang zur Magie. Was einer Frau wie selbstverständlich gelingt, muß sich ein Mann erst mühsam erarbeiten. Wenn eine Frau erst einmal erfahren hat, daß sie sich auf ihre Intuition, auf ihre Gefühle und Ahnungen verlassen kann, ist sie auf dem besten Wege, eine gute Magierin zu werden. Männer haben da größere Schwierigkeiten, weil sie zu sehr mit dem Verstand arbeiten".[12]

Die kritiklose Übernahme der Analogisierung von Frau und Natur, die Vorstellung, daß Frauen ein exklusiver Teil der Natur seien oder zumindest aufgrund ihrer „biologischen Einrichtung" enger mit dieser verbunden seien, erstaunt umso mehr, als die Zwiespältigkeit dieses Bildes in der Geschichte immer wieder offen zutage getreten ist, die Angleichung von Frau und Natur in ihrer Erhöhung oder Erniedrigung sie immer von der aktiven Mitgestaltung am öffentlichen Leben entzogen hat und entzieht: Frau und Natur waren und sind einerseits Leben und somit Freude spendend, auf der anderen Seite immer Sinngestalt des Bedrohlichen, Fremden und damit vor allem Dämonischen. Dies kommt etwa in der frühneuzeitlichen Personifikation der „Frau Welt" zum Ausdruck: mit ihrer verführerischen schönen Vorderseite sucht sie die ekelerregende, fäulniszerfressende Rückseite zu verbergen[13].

8. Judith Jannberg, Ich bin eine Hexe. Bonn 1983, S. 9.

9. Luisa Francia, Berühre Wega, kehr zur Erde zurück. Trancen, Meditationen und Rituale mit Sternen. München 1982, S. 8.

10. „Stern", 1986, H. 38, S. 17B.

11. Hierzu: Hildegard Gerlach, Die Hexen kommen wieder. Eros und Tabu: Der innere Zensor. Neue und alte Tabus in unserer Gesellschaft. In: Herder Initiative 22. — Vgl. S. 162-180.

12. Gisela Graichen, Die neuen Hexen. Gespräche mit Hexen. Hamburg 1986, S. 143.

13. Vgl. Silvia Bovenschen, Die imaginierte Weiblichkeit. Exemplarische Untersuchungen zu kulturgeschichtlichen und literarischen Präsentationsformen des Weiblichen. Frankfurt/Main 1979, S.

In der Epoche der Entdeckungsreisen tritt die Frau als Allegorie fremder Erdteile immer wieder auf Bilderbogen und in Illustrationen zu Reisebeschreibungen auf. Sie vertritt die bedrohliche, fremde Wildnis, eine „Urnatur", den fremden „schwarzen Kontinent". Herbert Schwedt hat auf die verblüffenden Ähnlichkeiten in Darstellungen sogenannter „Wilder", nicht Zivilisierter der gleichen Zeit mit traditionellen Vorstellungen über die Hexe hingewiesen[14].

Der „schönen Natur" des Weiblichen, dem die „ungezwungenen Reize" als tugendliche Sittlichkeit angeboren sind, dessen „Weltweisheit nicht das Vernünfteln, sondern das Empfinden ist"[15], so noch oder schon Imanuel Kant, das Ideal der bürgerlichen Frau formend, wurde in der Romantik das naturhaft-dämonische Wesen Frau gegenübergestellt. Die Ergründung des quasi überirdischen Geheimnisses der Natur Weiblichkeit wird, auch mit dem Risiko der Selbstzerstörung des Mannes, mit der Aussicht auf ewiges Glück riskiert.

Jene Vorstellungen führen schon zu den negativen Schlüssen, die ebenfalls im 18. Jahrhundert aus der Imagination des Ur- und Naturwesens Frau gezogen, bis heute prägend geblieben sind. Bei de Sade wird das Weibliche ins Tierreich verrückt, und Leopold von Sacher-Masoch stilisiert die Frau zur unkultivierten Wilden: „Das Weib ist eben trotz allen Fortschritten der Zivilisation so geblieben, wie es aus der Hand der Natur hervorgegangen ist, es hat den Charakter des Wilden, welcher sich treu und treulos, großmütig und grausam zeigt, je nach Regung, die ihn gerade beherrscht".[16]

„Natur", „Empfinden", „Wildheit" — die Angebote lagen längst bereit. Unsere Naturmetaphorik vom „Schoß, aus dem alles kommt", mußte auf das nun positiv besetzte Bild von Natur-Frau stoßen, sobald der Tod sichtbar wurde, in den Technik, Industrie und Konsumismus die Natur selbst zu treiben scheinen. Die Fotoarbeiten von Luisa Francia (Abb. 2) machen das Bild nur sichtbar: Frau als Natur nicht mehr Bedrohung der Wildnis, sondern als Angebot zur Umkehr aus der Welt des (selbst)-zerstörerischen Rationalismuswahns, der Rückkehr in den Schoß Mutter Erde. Bernd S., die „neue Hexe", sagt es: „Wir müssen endlich wieder bewußt mit der Erde umgehen. So wie viele Männer ihre Frauen behandeln, so behandeln sie auch Mutter Erde: Sie wird ausgebeutet und vergewal-

31ff. — Hierzu auch die interessante Studie von Sigrid Weigel, Die nahe Fremde — Das Territorium des Weiblichen. Zum Verhältnis von ‚Wilden' und ‚Frauen' im Diskurs der Aufklärung. In: Thomas Koebner u. Gerhard Pickerodt (Hg.), Die andere Welt. Studien zum Exotismus. Frankfurt/Main 1987, S. 171-199.

14. Fremdheit: Chance oder Schicksal? Vortrag auf dem 26. Volkskunde-Kongres vom 28. September bis 2. Oktober 1987 in Frankfurt/Main. Kulturkontakt — Kulturkonflikt. Zur Erfahrung des Fremden.

15. Imanuel Kant, Über das Gefühl des Schönen und Erhabenen. Vorkritische Schriften bis 1786. II. Frankfurt/Main 1978, S. 852f.

16. Leopold von Sacher-Masoch, Venus im Pelz. Mit einer Studie zum Masochismus von Gilles Deleuze. Frankfurt/Main 1980. — Vgl. Inge Stephan: „Das Natürliche hat es mir seit langem angetan". Zum Verständnis von Frau und Natur in Fontanes Cecile. In: Reinhold Grimm u. Jost Hermand (Hg.), Natur und Natürlichkeit. Stationen des Grünen in der deutschen Literatur. Königstein/T. 1981, S. 122.

Abb. 2: „Ritualfotos Luisa Francia ‚Meditation'", Edition Ine Guckert, Forstinning

tigt..."[17]. Dem empfindsamen Naturwesen Frau wird das Verstandwesen Mann gegenübergerückt: Der hat den Kontakt zur Natur verloren, ist ihr Unterdrücker geworden.

In den Hexenverfolgungen des Mittelalters und der frühen Neuzeit tritt für die „neuen Hexen" dieser Wesenszug des „männlichen Prinzips" deutlich hervor. Die Zerstörung der Natur beginnt für sie mit der Ausrottung der Hexen als den Trägern eines alten Wissens um das Heil der Natur; und dann geht's bergab, direkt in das naturferne Chaos der Gegenwart: „An den verschiedenen Strängen sieht man den Bruch, der mit der Ausrottung der Hexen eintrat. Mit ihnen war ein Stück Glauben weg, war alte Medizin weg, waren uralte Technologien weg, mit denen Jahrtausende nicht naturschädlich gearbeitet worden war. Nun ging es los mit einer neuen Art Naturwissenschaft bis hin zu Atomwaffen, Raketen und Gentechnologien"[18].

Die Differenz zwischen der „Hexe" als Orientierungshilfe und Symbol für ein aktives Handeln in der Lebensrealität verschmilzt nun zu einer mystischen Identität von „Hexe", „Natur" und „Frau", denen Unterdrückung, Verfolgung und Zerstörung gemein ist.

In einem mißverstandenen „retour à la Rousseau" kommen die „neuen Hexen" auf das „weibliche Prinzip" als Zustand ursprünglichen Menschseins. Was eine christliche Mythologie nach dem paradiesischen Fall des endgültigen Heilsverlustes „hier unten" an Hoffnung ins Jenseits verlegte, wird wieder auf Erreichbares gerichtet: Das Heil ist nicht mehr im „Übernatürlichen", sondern in der Natur, die wir ja selbst sind, begründet. Nicht auf Jenseitiges, sondern auf uns selbst unter dem Schutt der Zivilisation zielt unsere Sehnsucht nach dem Ursprung, den die neuen Hexen artikulieren. Und: „Das Weibliche ist zugleich auch das Mächtige, das Urgründige, das über die Magie der Träume und der Visionen, über die subtilen Gesetze des Feinstofflichen verfügt. Wo das männliche Prinzip erdenken und errechnen muß, kann das Weibliche erspüren, erahnen. Wo das Männliche analytisch zergliedert und den Einzelbestandteilen einer Sache nachforscht, besitzt das Weibliche die synthetische Schau der Gesamtzusammenhänge".[19]

Der „Ursprung" ist das „Urgründige", in dem schließlich auch die „Magie" gründet. Von hier aus ist der Zusammenhang klar: Frau — Natur — Ursprung — Urgrund — Magie. Dann ist es gar nicht einmal mehr der „Ursprung", nach dem die Sehnsucht geht, sondern ein hintergründiger Mechanismus im „Feinstofflichen", über dessen „subtile Gesetze" das Weibliche verfügt und deshalb im Besitz einer „ursprünglichen Technologie" ist: Matriarchale Ener-gie = Magie.

Ich breche hier ab, um die Konsequenzen sichtbar zu machen, die die feministische Bewegung bedrohen. „Frau als Natur" kann letzlich in puren Biologismus zurückgeleitet werden. Biologistische Implikationen waren und sind von einem Großteil der Frauen nicht erwünscht. Doch Äußerungen wie jene: „Nur Personen, die in sich stimmig sind und mit der Natur in Einklang leben, haben das Recht zu bestimmen, das waren in alter Zeit die Mütter und die alten Frauen, und ich setze meine Magie dafür ein, daß es wieder so

17. Graichen, Die Hexen (wie Anm. 11), S. 144.

18. Ebenda, S. 248: Gespräch mit Heidi Reichlet u. Angelika Koppe, Hexenschule Reingau e.V.

19. Das Hexenbuch. Authentische Texte moderner Hexen zur Geschichte, Magie und Mythos des alten Weges. München 1987, S. 46.

wird"[20], unterstützen diesen biologistischen Eindruck und beschwören bei manchem Mann Bilder eines feministischen Rigorismus.

Auch führt diese Reduzierung der Vorzüge auf die Biologie der Frau eben dahin, woraus sich der Feminismus zu befreien sucht, aus der Unterwerfung unter Qualitäten des Menschseins aus bloßer Naturhaftigkeit und der Konstituierung naturgegebener Beschränktheit. Es darf nicht vergessen werden, daß die Verbindung von biologischer Urnatur und emotionaler Feinsinnigkeit in der Frau mit der Erhöhung ihrer „natürlichen Funktion" als „Urmutter der Rasse" im Faschismus zu ihrer völligen Erniedrigung und Ausbeutung führte. In der durch Himmler gegründeten Institution „Lebensborn" agierte die faschistische Frau und Mutter nur als Natur, opferte sich aktiv, indem sie die „reinen Söhne" reproduzierte.

Daß die Frau auch Mensch, nicht nur Natur ist, hat das Abendland ihr erst sehr spät bestätigt. Die „neuen Hexen" wissen es nur nicht, daß sie auf dem besten Wege sind, das zurückzugeben.

20. Jannberg (wie Anm. 8), S. 94.

Daniela Müller

# „Ich bin eine Hexe"
# Mythische Frauenbilder oder feministische Kampfmetaphorik

Basierend auf der Archetypenlehre Carl Gustav Jungs — über die die Psychoanalyse besser Auskunft geben kann — läßt sich in feministischen Werken zur Hexenthematik eine große Affinität zu Symbolen wie der Urmutter, der Jungfrau, der Amazone feststellen. Dieser Bezug wird zumeist, wie noch zu sehen sein wird, über die Verbindung Hexe zu Relikten matriarchaler Religion und Gesellschaft hergestellt. Daneben jedoch wird die weibliche Selbstbezeichung „Hexe" seit der römischen Demonstration gegen den italienischen Abtreibungsparagraphen — unter dem Motto: „Tremate, tremate, le streghe son tornate" — immer mehr von Frauen als Kampfaussage gegen den Mann und das patriarchale System verwandt[1].

Gewisse Feministinnen[2] bereiten Hexen oft gebrauchsfertig zum eigenen Nutzen auf, die historische Wahrheit wird allzu gern beiseite gelassen, um stattdessen Platz zu machen für eine ideologiehafte Auslegung der grausamen Geschehnisse von damals.

„Lieblingsautorin" und gehätschelte Belegquelle für die Sicht der Hexe ist diesen Kreisen des Feminismus die englische Anthropologin Margaret Alice Murray, die den Hexenkult als Relikt eines vorchristlichen Fruchtbarkeitsglaubens verstand[3], welchen sie in einem weiteren Buch[4] 1931 nicht mehr mit einer Göttin „Diana" in Zusammenhang brachte, sondern mit einem gehörnten Gott, dessen Kult über die Welt verstreut gewesen sein soll. Der Hexensabbat — wie ja überhaupt der Hexenkult — ist für sie Realität, eine Realität, die sie aus wahrhaftig 20 Quellen über englische und schottische Prozesse geschickt konstruierte: Die Passagen, die in den Quellen allzu phantastische Züge tragen, läßt sie einfach weg — so daß diese sich dann tatsächlich sehr „realistisch" lesen. Murray scheint

1. Silvia Bovenschen, Die aktuelle Hexe, die historische Hexe und der Hexenmythos. In: G. Becker, S. Bovenschen, H. Brackert u.a. (Hg.), Aus der Zeit der Verzweiflung. Zur Genese und Aktualität des Hexenbildes, Frankfurt 1977, S. 259, sowie „Emma", 1977, Nr. 10.

2. „Feministin" und „Feminismus" sind solch schillernde Begriffe, daß zunächst einmal deren Definition angebracht wäre, die aber in diesem Rahmen nicht zu leisten ist. Im folgenden wird eine bestimmte feministische Richtung gemeint, die aufgrund ihrer großen Publizität und geschickten Verkaufspropaganda den Eindruck erweckt, daß alle Frauen, die sich als Feministinnen bekennen, sich auch als Hexen bezeichnen.

3. Margaret A. Murray, The Witch-Cult in Western Europe. Oxford 1921.

4. Margaret A. Murray, The God of the Witches. London 1931.

es vor allem keiner Frage wert, inwieweit die Quellen Tatsächliches oder Erfundenes — etwa um die gewalttätige Neugier der Richter zu befriedigen — wiedergeben. Für Murray steht die Glaubwürdigkeit der Aussagen und somit die Realität des Hexenkultes fest, allerdings als eine Art Widerstand gegen die christliche Religion. Die Greueltaten der Hexen wurden für sie durch böswillige und unverständige Inquisitoren und Richter hinzugedeutet[5]. Diese Sehweise nun beeinflußt stark die heutige Auffassung der Frauenbewegung, wie anscheinend auch ihre fragwürdige Methode der Quellenauswahl und -auslegung. Doch eines soll nicht unerwähnt bleiben: Murray war nicht die erste, die den Hexenkult als Protest gegen die herrschende Religion sah. Bereits Ende des letzten Jahrhunderts hatte der Franzose Jules Michelet in seinem Buch „La Sorcière“[6] die Hexen als Weise Frauen, Ärztinnen des Volkes geschildert, die sich auf die Seite der Unterdrückten stellten, um gegen die herrschende Religion und Gesellschaft zu kämpfen. Diese Vorstellungen passen nun allzu gut in das Selbstverständnis gewisser Teile der neuen Frauenbewegung, um ungenutzt zu bleiben. Überall, wo solche Feministinnen sich zum Thema Hexe und Hexerei zu Wort melden — ob in Zeitungsartikeln, Romanen, Sachbüchern oder in als wissenschaftlich verstanden wollenden Werken[7] —, zeigen sich, soweit ich sehen kann, drei gemeinsame Vorstellungen:

1. Die historische Hexe verfügte tatsächlich über besondere, magische Kräfte.
2. Die Bösartigkeit der Hexe wäre von Männern erfunden worden, um die gefürchtete Macht der Frauen endgültig zu brechen; in Wirklichkeit hätten die Hexen nur heilende, dem Menschen, insbesondere der Frau, dienende Mittel eingesetzt.
3. Die Hexe sei gewissermaßen unsterblich, da sie eigentlich Teil einer jeden Frau sei — gerade auch der heutigen. Sie müsse nur wiedergefunden, aufgeweckt werden.

Überall wird so die Assoziationskette Hexe — Natur — Magie — Macht gebildet. Dies soll an zwei wesentlichen Bereichen in der Frauenbewegung untersucht werden: Zunächst wende ich mich dem äußerst marketingträchtigen Zweig von Pseudo-Sachbüchern zu, worunter ich vor allem Autobiographien und Selbstbekenntnisse von sogenannten neuen Hexen verstehe. Sodann interessieren mich die Erkenntnisse und Behauptungen der Frauenforschung hierzu, über die Dagmar Unverhau[8] bereits eine ausgezeichnete Studie vorgelegt hat. Da ein Eingehen auf alle Details den hier vorgegebenen Rahmen sprengen würde, werde ich mich darauf beschränken, ein mir repräsentativ erscheinendes Buch in der Gesamtheit seiner Aussagen vorzustellen. Auf diese Auswahl deutet bereits der Titel meines Beitrages hin.

5. Vgl. die ausgewogene Darstellung der Arbeitsweise Murrays durch N. Cohn, Europe's Inner Demons. London 1975, S. 120f.

6. Jules Michelet, La Sorcière. Paris 1863; dt. Die Hexe. München 1974.

7. Als Beispiele mögen etwa dienen: der Artikel von Ingrid Strobl. In: Emma, Nr. 10, 10. Okt. 1977, S. 14-21; der Roman von Irmtraud Morgner, Amanda. Ein Hexenroman. 5. Aufl. (!) Berlin, Weimar 1986; das „Sachbuch“ von H. Droß, Die erste Walpurgisnacht. Reinbeck 1984; das Büchlein von B. Ehrenreich, D. English, Hexen, Hebammen und Krankenschwestern. München 1975; schließlich das jüngst erschienene, sich betont wissenschaftlich gebende Buch von H. Schmölzer, Phänomen Hexe. Wahn und Wirklichkeit(!) im Lauf der Jahrhunderte. München 1987.

8. Dagmar Unverhau, „Ich bin eine Hexe“ — Frauenbewegung und historische Hexenverfolgung. In: Kieler Blätter zur Volkskunde 13 (1986), S. 61-89.

1983 erschien auf den Frauentheken der Buchhandlungen ein Buch mit dem Titel „Ich bin eine Hexe"[9]: Die Autorin nennt sich Judith Jannberg — was ja in der Tat ein recht einprägsames Pseudonym ist —, mit bürgerlichem Namen heißt sie schlicht Gerlinde Schlicher und gibt sich nach eigener Aussage als eine Führerin der Frauenbewegung zu erkennen.

Judith Jannberg stellt zunächst grundlegend fest, wer überhaupt eine Hexe *sei*: *Jede* Frau ist eine Hexe, nur weiß sie es vielleicht noch nicht. Scheinbar originär formuliert Jannberg: „Du bist eine Hexe, wenn du dreimal laut sagst: ich bin eine Hexe und das auch denkst. Du bist eine Hexe, wenn du weiblich, ungezähmt, zornig, fröhlich und unsterblich bist".[10] Schon hier zeigt sich die zwar äußerst geschickte, aber ebenso plakative Plagiatortätigkeit Jannbergs. Bei der amerikanischen Feministin Robin Morgan[11] hörte sich eine solche Aussage 1970 wenigstens noch so an: „Du bist eine Hexe, wenn du dreimal laut sagst ‚Ich bin eine Hexe' und darüber nachdenkst. Du bist eine Hexe, wenn du weiblich, zornig, froh und unsterblich bist".

Der Unterschied liegt nicht nur in einer besseren Übersetzung, sondern drückt sehr wohl schon die Verflachungstendenz Jannbergs symptomatisch aus, die ihr Wissen wohl weniger aus ihrem eigenen „Hexenbewußtsein" als vielmehr aus der amerikanischen Frauenbewegung bezieht. „Darüber nachdenken" hat nun einmal eine andere Qualität als „das denken". Bei Jannberg genügt die Formel, die Anwendung ist so platt wie einfach — wirklich jede Frau kann das!

Meinte 1981 die amerikanische, sich selbst als post-christliche Philosophin bezeichnende Mary Daly: „... häxliche Frauen, das sind solche, die widerspenstig, eigensinnig, zügellos, unkeusch sind und, vor allem, männlicher Werbung nicht zugänglich"[12], so gibt Jannberg als „Kennzeichen" der Hexe, frei nach Paracelsus, bedeutend detailreicher an: den Mann fliehen, den Jahreszeitenrhythmus einhalten, am Selbst arbeiten, Zeremonien gebrauchen, Rituale feiern, der Magie nachfragen, sich Zauberinnen anschließen, keinen Mann ansehen, selten kochen (!), sich von kirchlichen Riten abwenden, sich selbst befriedigen.

Daß all diese Kennzeichen auf sie selbst zutreffen, ist natürlich klar! Die Hexe ist zudem auch durch Farbensymbolik geprägt: in jungen Jahren ist sie die Feuerfrau, bestimmt von Rot, der Farbe des Eros, später wechselt sie in das Bild der bösen Alten, deren Farbe Schwarz, die Farbe der Magie ist.

Jannberg liefert mit ihren Auflistungen recht konkrete Gebrauchsrezepte: jede Frau, die Hexe sein will, weiß nun erst einmal genau, wie sie sich zu verhalten und zu kleiden hat. Bliebe Jannberg bei solchen Äußerlichkeiten stehen, nun so dürfte ihr Buch als erstaunlich naive, oft geradezu lächerliche Bagatelle abgetan werden — und hätte auch bestimmt nicht so große Nachfrage gezeitigt.

Aber Jannberg will auch in die Tiefe gehen, zurück in einen mythischen Ur-Zustand,

9. Judith Jannberg, Ich bin eine Hexe. Erfahrungen und Gedanken. Bonn 1983.

10. Ebenda, S. 149.

11. Robin Morgan (Hg.), Sisterhood is Powerful. New York 1970, S. 540; in der Übersetzung von Mary Daly, Gyn/Ökologie. Eine Meta-Ethik des radikalen Feminismus. München 1981, S. 240.

12. Daly (wie Anm. 11), S. 36.

zu dem die Hexe als Zaunreiterin[13], und das heißt für Jannberg als Grenzgängerin, Zugang hat.

Der Zaun ist für sie die Grenze zwischen Diesseits und Jenseits, dem „Ozeanischen, Mythischen, der Welt der Geister".[14] Durch diese Rückbindung an Geister, Ahnen, Weise Frauen des Mittelalters gewinnt sie Zugang zu verlorenem Wissen, von dort erfährt sie ihre Inspiration. Die Seelen der Hexen und damit ihr Bewußtsein sind uralt und zeitlos, nur die Körper werden gewechselt. „Wir wissen wieder alles, was wir schon einmal wußten."[15] Gerade am Motiv der Wiedergeburt zeigen sich die ausgeprägten religiösen Bezüge; Hexerei für Jannberg entspringt immer einer religiösen Rückbindung, die sie in für sie typischer — und daher oberflächlicher — Anlehnung an das Christentum unter die Anrufung stellt: „Im Namen der Großen Mutter, der Tochter und der weisen Alten".[16]

Bedeutet für die amerikanischen Feministinnen „unsterblich sein", daß die Göttin, bzw. der göttliche Funke des hexenspezifischen Seins in der Frau schlechthin weiterlebt, so nimmt Jannberg die Reinkarnation jeder konkreten Frau (wie das beim Mann ist, bleibt unerwähnt, ist aber wohl bei ihm abzulehnen) an — natürlich sich selbst und ihre Wiedergeburtserlebnisse als Exempel gebend. So leitet sie ihr historisches Verständnis auch nicht von Büchern her, sondern aus ihren regressiven Erlebnissen. Vor solchen „Augenzeugenerfahrungen" müssen dann ja wohl Quellen zurücktreten!

Eine Frau wie Jannberg gibt sich aber nicht mit einer persönlichen Darstellung zufrieden; sie will missionieren (oder vielleicht auch nur verkaufen?) und schafft es geschickt, unter der Hand zu suggerieren, daß selbstbewußte Frauen mit Hexen gleichzusetzen sind, und daß darüber hinaus nur die Hexe eine Chance im Kampf gegen das Patriarchat hat. So meint sie wörtlich: „Erstmals in der Geschichte des Patriarchats können hexische Frauen, Frauen mit Selbstbewußtsein überdauern. Diese Frauen drängen in die Geschichte, auf die Erde, in die Landschaft, um sich zu vollenden".[17]

So appelliert sie an alle Frauen, ihr hexisches Bewußtsein wiederzuentdecken, ihre Macht zurückzuerobern. Denn Magie ist Macht. Selbstredend aber ist die Macht der Frauen anders als die der Männer: sie will nicht zerstören, sondern heilmachen, will zurückführen zu einem ganzheitlichen Weltverständnis — wie dies bei einer so starken Polarisierung zu erreichen sein soll, bleibt dabei natürlich unberücksichtigt! —, will Anschluß finden an jene Teile, die im Laufe der Zivilisation verloren gingen.

Diese Macht wächst nur in der Abkehr von den anderen, im Sein mit sich selbst. Eine Hexe ist also eine Frau, die ihre Identität gefunden hat, die sie zu einem Teil des Ganzen, der *Natur* werden läßt. Deshalb — als Teil des Universums — ist die Frau allein fähig und ermächtigt zu entscheiden. Der Mann, dem dieser Einklang mit der Natur, dem Ganzen fehlt, bedarf der Frau als Mittlerin. So ist auch beileibe nicht die Gleichberechtigung das Ziel Jannbergs, sondern sie stellt klar: „Doch Gleichberechtigung ist schon lange kein Ziel

13. „Hagazussa", Zaunreiterin im Duden Bd. 7: Das Herkunftswörterbuch. Mannheim, Wien, Zürich 1963, S. 264f; vgl. v.a. Claude Lecouteux, Hagazussa, Striga, Hexe. In: Hessische Blätter für Volks- und Kulturforschung. Neue Folge 18 (1985), S. 57-70.

14. Jannberg, Hexe (wie Anm. 9), S. 49.

15. Ebenda, S. 77.

16. Ebenda, S. 45.

17. Ebenda, S. 26.

mehr für mich. Wir wollen nicht die Hälfte des Kuchens, wie es eine Amerikanerin einmal ausdrückte, wir wollen uns einen ganz anderen Kuchen backen. Gleichberechtigung hieße teilhaben am Vaterrecht, hieße, die Gesetzgebung der Väter gutheißen, hieße am Glauben der Männer teilhaben und an deren Normen und Werten. ‚Die Hexen kommen wieder' heißt heute mehr für mich. Heute ist Tod und Wiedergeburt keine Glaubensfrage mehr für mich. Kommen und Gehen, Geborenwerden und Sterben, der Kreislauf der Natur, ist für mich eine wahrnehmbare und überprüfbare Gewißheit".[18]

Als Fazit zeigt sich bei Jannberg — stellvertretend für viele feministische Neuerscheinungen — folgendes:

Die Frau wird zum ganz anderen Wesen; vorbei sind die Zeiten, in denen gewissenhafte Denkerinnen wie Simone de Beauvoir die Frau als die zur Anderen gemacht erkannten. Jetzt wird eine Andersartigkeit postuliert, gefordert, „bewiesen". Die Frau hat einen anderen Machtbereich — die Magie —, andere Fähigkeiten — emotional naturhafte, mythische —, ein anderes Sein, sie ist mit einem Wort als die andere geboren. Hierin offenbart sich eine bis auf die Spitze getriebene biologistische Sichtweise, die Wolfgang Lipp grundlegend mit dem Feminismus in Verbindung bringt. So ist ihm in seiner Kritik, die wie auf Jannberg „geschneidert" erscheint, wohl zuzustimmen: „Die elementarste Wissenschaftslogik lehrt bekanntlich, daß dunkle Wesensbegriffe (‚seelische Tiefe'; ‚richtiger Mensch') in Verbindung mit Allaussagen (‚nie'; ‚immer') und eingestreuten verabsolutierten Wertbestimmungen (‚Frau liebt'; ‚Mann besitzt') forschungsmethodisch nicht-operabel und zur Erfassung empirischer Realität unbrauchbar sind".[19]

Frauen als das biologisch wertvollere, ur-sprünglichere Geschlecht, beanspruchen dann folgerichtig auch, das soziale Handeln bestimmen zu können, wobei Jannberg in diesem doch so wichtigen Punkt nie konkret wird, sondern immer nur Allgemeinaussagen benutzt. Wie sich also soziales Handeln von Frauen von dem der Männer unterscheidet, bleibt nebulös. Gerade eine Frau wie Jannberg mit ihren zugegeben einprägsamen Wort- und Satzbildungen versteht es gekonnt, die Sehnsüchte und Emotionen der Frauen zu erahnen und zu mobilisieren. Über alle sozialen Schichtungen, über Altersklassen und Bildungsunterschiede hinweg soll sich eine Solidarität der Frauen gegen die Männer bilden und behaupten. Statt der herrschenden Männergesellschaft soll eine Frauengesellschaft errichtet werden, in der alles besser, natürlicher, lebensbejahender, sinnlicher sein wird. Weil davon ausgegangen wird, daß ein solcher Zustand in den Ur-zeiten der Großen Mutter schon einmal bestand, daß die Macht der Frauen soviel heilsamer und nicht zerstörerisch ist, braucht auch kein „Beweis" angetreten zu werden, daß eine Frauengesellschaft wirklich friedlicher und naturbezogen wäre. Die Überzeugung, die Ideologie, gebaut aus Träumen und Frustrationen, aus Ängsten und Sehnsüchten von Tausenden von Frauen genügt.

Gerade Jannberg läßt aber wohl befürchten, daß eine hexische Frauengesellschaft wohl kaum Glück und Frieden für die Menschheit brächte; so gibt sie zwar vor, daß die Macht der Frauen anders sei als die der Männer, aber Kritik an der Macht selbst kommt ihr nicht in den Sinn. Doch wo es Mächtige gibt — gleichgültig, wie diese ihre Macht begründet

18. Ebenda, S. 26f.

19. Wolfgang Lipp, Rassenlehre, Jugendkult und Feminismus. Zur Ideologiekritik biologistischer Orientierungen. In: Die Frau. Zwischen Biologie und Biologismus. Hg. v. H. Seidler und A. Soritsch. Wien 1985, S. 29.

ist —, dort gibt es auch Ohn-Mächtige. Gewiß wären dies in erster Linie einmal die Männer, die ja so lebensunfähig sind, daß sie die Frau als Mittlerin brauchen. Wo wäre wohl in einer zukünftigen Frauengesellschaft nach Jannbergs Vorstellungen Platz für solchermaßen lebensuntaugliche Wesen? Doch solche Nachfragen sind wahrscheinlich unerwünscht; die Schlagworte sind allzu wohl konstruiert; nicht nach-nachdenken — und damit unter keinen Umständen kritisch sein — wird von Jannberg gewollt, sondern sich solidarisch fühlen.

Erfordert eine Auseinandersetzung mit den genannten amerikanischen Feministinnen noch tatsächlich Nach-denken und teilweise auch ein Vor-denken, so bereitet Jannberg deren Ideen kassenwirksam auf, um sie einer breiten Schicht Frauen zugänglich zu machen, damit möglichst viele sich damit identifizieren können oder wollen.

Als purer Ideologismus[20] entpuppt sich meiner Meinung nach die Beschäftigung mit den Hexen durch solche Frauen wie Jannberg. Hexen „passen" gut als Hoffnungs- und Symbolträger eigener Wünsche, d.h., ihre Gestalt wird solange um- und nachgebogen, bis sie in das Konzept heutiger Vorstellungen paßt.

Frauen, die anderen Frauen „helfen" wollen, daß diese ihr Hexesein entdecken, lassen sich diese „Hilfe" recht gut bezahlen. Denn auch Jannberg gibt ganz praktische Erfahrungskurse; innerhalb eines Wochenendes kann jede Frau sich die Grundzüge einer Hexe aneignen, Aufbaukurse sind natürlich nötig, um so bewußt zu werden wie Jannberg. Hier zahlt es sich wenigstens einmal aus, Hexe zu sein!

Doch neben dieser recht offenkundigen Vermarktung der Hexe durch gewisse Feministinnen — man bedenke: hier werden Frauen von Frauen vermarktet! — hat sich auch die Frauenforschung des Themas angenommen. Jedoch zeigen sich auch hier durchaus ambivalente Tendenzen.

Zunächst soll aber eines klargestellt werden: Ich halte auf jeden Fall das Anliegen für legitim, ja für notwendig, zu untersuchen, warum die historische Hexenverfolgung der Frühen Neuzeit in ganz überwiegendem Maße Frauen betraf; keinesfalls verstehe ich deshalb die scharfe Kritik Schormanns[21], für den allein schon die Konzentration der Forschungsbemühungen auf die Frau kritikwürdig zu sein scheint — trotz seiner eigenen Feststellung, daß die Opfer zu ca. 80% Frauen waren[22].

Ich stimme grundsätzlich mit Günter Jerouschek überein, der bemerkt: „... so wird es der Frauenbewegung kaum zum Vorwurf gereichen können, wenn sie ihr Hauptaugenmerk auf dieses viktimologische Faktum richtet. Auch gestattet die Vielfalt der angebotenen Erklärungen, anders als Schormann 1981, 123 polemisch nahelegt, noch lange nicht, sich über eine Erklärungspflicht überhaupt erhaben zu wähnen, so als schwinde mit der Anzahl mehr oder weniger plausibler und i.E. widersprüchlicher Erklärungsmodelle das Erklärungsbedürfnis".[23]

20. S. die Charakterisierung Lipps von Ideologismen (wie Anm. 19), S. 35: „Sie entwerfen ‚heile' soziale Zukunftsordnungen, beschwören Heroismus von Avantgarden, entwickeln Feindbilder, denken in Kategorien einer ‚verkehrten' Welt, münden in Chiliasmus aus".

21. Gerhard Schormann, Hexenprozesse in Deutschland. Göttingen 1981, S. 119.

22. Ebenda, S. 116f.

23. Günter Jerouschek, Des Rätsels Lösung? Zur Deutung der Hexenprozesse als staatsterroristische Bevölkerungspolitik. In: Kritische Justiz, 1986, S. 443-459.

Für mich stellt Interessensweckung am viktimologischen Aspekt des Geschehens durchaus ein Verdienst der Frauenbewegung dar; nur die Art und Weise der Untersuchung sowie die hierbei zum Vorschein kommende Vorentscheidung erscheinen oft fragwürdig.

So ist wohl von niemandem, egal ob Mann oder Frau, der Quellen aus den Prozessen gelesen hat, zu verstehen, warum Frauen wie Claudia Honegger so wenig Wert auf Aktenmaterial legen[24]. Quellen werden, da sie ja von den Unterdrückern, die im Geschlechtskampf, als der die Hexenverfolgung verstanden wird, hinterlasen wurden, abgelehnt. Statt dessen werden mythologische Verbindungen hergestellt, der Hexenkult für erwiesen angesehen und auf der Grundlage von Margaret Murray ein matriarchaler Fruchtbarkeitskult behauptet, der von den Hexen weiter gelebt worden sei. Diese große Mutter galt es für die Verfolger zu töten, um damit die Macht der Frauen zu brechen. Mary Daly drückt dies so aus: „Denn die Absicht war eindeutig, starke Frauen zu zerbrechen und zu zerstören, die Göttin zu zerstückeln und zu töten: den göttlichen Funken des Sei-ens in den Frauen“.[25]

Ganz ausgeprägt ist diese Verbindung Hexe — Muttergöttinnenkult bei Hilde Schmölzer, die von einer Bedrohung der mittelalterlichen Kirche durch ein Fortbestehen heidnischer Fruchtbarkeitskulte mit der Konzentration auf die Große Mutter spricht.[26]

Diese Verbindung ist dem Feminismus deshalb so wichtig, weil sie — soweit ich sehen kann — zwei Funktionen erfüllt:

1. Zunächst wird plausibel, daß Frauen eine andere „Macht“ hatten als Männer. Diese leitet sich ab von der Muttergöttin, die der christliche patriarchale Vatergott bekämpft, bekämpfen muß, damit der Sieg des Patriarchalismus vollkommen ist. Deshalb soll auch die Macht der letzten Verehrerinnen der Muttergöttin — der Hexen — gebrochen werden. Hexen sind in dieser Sicht also starke, nicht-angepaßte Frauen gewesen. So behauptet Daly: „Das Massaker an Frauen maskierte also eine frauenmörderische geheime Bruderschaft, deren erstes Ziel Frauen waren, die außerhalb der Kontrolle der patriarchalen Familie lebten, Frauen, die eine Alternative darstellten — eine Alternative der Exzentrität und der ‚Unverdaulichkeit‘“.[27]

Die Macht und das Wissen der „Hexen“ zeigen sich exemplarisch in den Gebieten Heilkunde und bestimmten Formen von Frauenkultur, wie sie sich etwa in mittelalterlichen Wochenbettfeiern ausdrücken.

Sodann bietet die Muttergöttin Legitimation für die Behauptung, daß Frauen von alters her enger mit der Natur verbunden sind, ja sogar oft mit der Natur selbst identifiziert wurden. Diese von den Kirchenvätern, aber auch noch von den Verfassern des Hexenhammers, als Diffamierung gedachte Ansicht von der Frau — Naturverbindung wird nun positiv umgedeutet.

24. Claudia Honegger (Hg.), Die Hexen der Neuzeit. Studien zur Sozialgeschichte eines kulturellen Deutungsmusters. Frankfurt 1978, S. 15-18, meint: „... der positivistischen Vorsicht Mandrous, der außer gesichertem Archivmaterial alles ausschloß“. Der Schluß ist wohl logisch, daß für Honegger also auch „nicht-gesichertes“ Nicht-Archivmaterial eine große, wenn nicht die größere Rolle spielt.

25. Daly (wie Anm. 11), S. 203.

26. Schmölzer (wie Anm. 7), S. 8.

27. Daly (wie Anm. 11), S. 206.

Natur und Naturnähe sind heute positiv besetzte Werte, erstrebenswerte Ziele, so daß die Naturverbindung der Hexe heute als eine Macht definiert werden kann. Galt es Zeitgenossen für unabdingbar und nützlich, die dunkle, oft beängstigende Natur zu beherrschen, so prägt uns heute das Bewußtsein der Gefahr, des Risikos dieser Einstellung, ja die negativen Folgen hieraus sind überall spürbar. So kann Schmölzer formulieren: „In ihr (= die Hexe, die Verf.) konzentrierten sich wie in einem Brennglas die ausgeschlossenen, die nicht assimilierten, die unterdrückten Kräfte der Natur".[28]

Daß dies von Zeitgenossen nicht empfunden wurde, ja daß den Menschen auch im 15. und 16. Jahrhundert die Natur mit ihren nicht zu erklärenden und zu lenkenden Katastrophen wie Unwetter, Seuchen, Mißernten noch eine oft geradezu panische Angst einjagte, wird in einer solchen a-historischen Deutung vergessen. Nur aus dem gegenwärtigen Wissen um die aus den Fugen geratene technologische Entwicklung kann „Natur" zum Wert an sich, zum Maßstab des Lebens werden.

Aus diesen Gründen eignet sich die so verstandene Hexe der Frühen Neuzeit als Identifizierungsfigur für heutige Feministinnen. Die historische Hexe wird zur gewollten, bewußten Außenseiterin der Gesellschaft, sie ist Revoltierende gegen die patriarchale Gesellschaft. Zudem besitzt sie aufgrund ihrer Naturnähe eine besondere Macht und ein besonderes Wissen, die als Bedrohung für die Männergesellschaft aufgefaßt werden müssen.

Nur wenige Feministinnen sind schließlich so klarsehend wie Silvia Bovenschen, die warnt: „Die Mutterschaftsideologie reduziert gerade in ihrem Rückbezug auf matristische Ursprünge die Frauen auf biologische Funktionen".[29]

Die „guten" Seiten der historischen Hexe werden demnach fein herausgesucht und bestens gefiltert, um das eigene Anliegen zu unterstützen. Die dunklen Seiten am historischen Hexenbild werden — getreu Murrays Spuren — als haltlose Erfindung der Richter weggelassen. Solchermaßen „zubereitet" kann der Hexenbegriff bewußt und provokatorisch übernommen und zur Eigenbezeichnung werden.

Frauen bezeichnen sich heute als Hexen; sie benutzen ein historisch diskriminiertes Wort und richten es — wie in der eingangs erwähnten Demonstration in Rom — gegen die Männer. Die Hexe von heute ist die „empirische Hexe". Sie ist „anarchisch, aufsässig im Verzicht auf Chronologie und historische Sorgfalt".[30] Die Frauen sind sich bewußt, daß diese eher spontane Aneignung eines Stückes Vergangenheit abzugrenzen ist von der herkömmlichen, wissenschaftlich arbeitenden Methodik.

Für die empirischen Hexen treten Quellen, Chronologie etc. zurück, statt dessen „vermischen sich Elemente historischer und sozialer Phantasie"[31]; diese Frauen werden geleitet von der Erfahrung geschlechtsspezifischer Unterdrückung, die sie mit den historischen Hexen zu teilen glauben und dem daraus entstehenden Bedürfnis nach Befreiung — das sie gleichfalls bei den historischen Hexen vermuten. So wird die historische Hexe zum Bild des möglichen Widerstandes für Frauen von heute; sie sollen durch das Bild „Hexe" zu dem Widerstand aufgerufen werden, der den damaligen Hexen nicht möglich war. Die Hexe als Mythos steht verbindend zwischen historischer und aktueller Hexe. Dieser Mythos

28. Schmölzer (wie Anm. 7), S. 8.

29. Vgl. Bovenschen (wie Anm. 1), S. 267.

30. Ebenda, S. 262.

31. Ebenda, S. 261.

wird nicht sterben, da noch immer die unerfüllten Sehnsüchte und Wünsche von Frauen, welche er symbolisierte, leben. In diesem Sinne ist das Selbstbekenntnis als Hexe sicher auch ein mythisches Frauenbild.

Doch die Hexe wird auch zum Prinzip für die wahre, „vernünftige" Möglichkeit von Naturerfahrung und Naturwissen; sie steht für eine lebensgerichtete Sicht- und Denkweise und damit für im weiteren Sinne politisches Handeln[32]. Gleichfalls hier ist zu bemerken, wie Natur und Leben gleichgesetzt werden, und da die Frau die Natur repräsentiert[33], ist sie das Leben und damit die eigentlich Höherstehende. So ist die Hexe als Symbol gegen patriarchalisch verfügte Sexualität und Gesellschaft und für eine naturnähere, menschenwürdigere und lebensbejahende Zeit nützlich für die Ziele der Frauenbewegung. Die Hexe als Mythos zu übernehmen und als mythisches Kampfmittel gegen die Männergesellschaft einzusetzen, kann, solange die politische Zielrichtung hierfür ausschlaggebend ist, einleuchten.

Die historische Hexe aber zu eigenen Zwecken umzuformen, muß mehr als fragwürdig erscheinen. Zu ähnlichen Erkenntnissen kamen Historikerinnen wie Heide Wunder oder Dagmar Unverhau[34]. Die Realität der damaligen Hexenverbrennungen zeigt einen anderen Typ von Frau als Opfer als den, den gewisse Feministinnen herausstilisierten. Die Mehrzahl der Verbrannten hätte — und hat sich im grausigen Prozeß — freiwillig wohl niemals als Hexe bezeichnet; abgefangene Kassiber belegen zudem eher die Tatsache, daß viele Frauen oft nicht einmal peripher etwas mit Magie zu tun hatten. Für die historische Aufarbeitung der Frage nach den Opfern seien diesen Feministinnen — soweit sie an einer solchen wirklich interessiert sind — die akribischen und überzeugenden Arbeiten des Franzosen Muchembled[35] empfohlen, der sehr wohl treffende Hypothesen aufstellt zur Beantwortung der Frage, warum Frauen hauptsächlich die Opfer des historischen Massenmordes waren. Diese basieren aber nicht auf der Annahme eines „Ur-Kampfes"[36], sondern auf diffizilen und komplexen soziologischen Vorgängen[37].

Zum Schluß noch eines: Gerade als Frau denke ich, daß dieser biologistische Ansatz in der Frauenbewegung uns Frauen keinen Gefallen tut.

Krampfhaft wird nach Spuren des Matriarchats gesucht, das als verlorengegangenes Paradies schlechthin dargestellt wird.[38] Daß dabei die vielbeschworenen Fruchtbarkeitsgöttinnen letztlich ja immer nur einen Aspekt des Frauseins in den Mittelpunkt rücken — ihre

32. S. die Ausführungen von Erika Wisselinck, Hexen. Warum wir so wenig von ihrer Geschichte erfahren und was davon auch noch falsch ist. München 1986, S. 130.

33. Vgl. Bovenschen (wie Anm. 1), S. 274.

34. Dagmar Unverhau, Von Toverschen und Kunsthfruwen in Schleswig 1548-1557. Quellen und Interpretationen zur Geschichte des Zauber- und Hexenwesens. Schleswig 1980, und Heide Wunder, Frauen in der Gesellschaft Mitteleuropas im späten Mittelalter und in der Frühen Neuzeit. In: Hexen und Zauberer, hg. von Helfried Valentinitsch. Graz, Wien 1987, S. 123-155.

35. Robert Muchembled, La chasse aux sorcières et ses causes. In: S. Dupont-Bouchat, W. Frijhoff, R. Muchembled (Hg.) Prophètes et sorcières dans les Pays Bas. Paris 1978, S. 14-39; oder ders., Les derniers bûchers. Un village de Flandre et ses sorcières sous Louis XIV. Paris 1981.

36. So Daly (wie Anm. 11), S. 214.

37. So in: La sorcière au village (XV$^{e}$-XVIII$^{e}$ siècle). Gallimard 1979, S. 131-145.

38. Vgl. etwa Heide Göttner-Abendroth, Die Göttin und ihr Heros: Die matriarchalen Religionen in Mythos, Märchen und Dichtung. München 1980: kritisch dazu: Monica Blöcker, Die Geschichte

Gebärfähigkeit — wird dabei kaum thematisiert. Und dabei kämpfen gerade moderne Feministinnen heute gegen die Benutzung der Frau als Gebärmaschine! Die Sehnsucht nach einer heilen Welt läßt aber solches Umbiegen historischer Ansätze durchaus zu, und diese Sehnsucht entpuppt sich als handlungsleitend. Auf dieser Schiene der Frauenbewegung zeichnet sich meiner Ansicht nach eine Tendenz ab, die unter Umständen die egalitären Bestrebungen von Frauen nach Mitbestimmung in allen Bereichen zunichte machen könnte. Der „verdorbene" Bereich — die Sphäre der Öffentlichkeit im weiten Sinne — wird dem Mann zugeordnet, wohingegen die Frau als die Hüterin der wahren Werte — die aber seltsamerweise überwiegend im Privaten, bei Week-ends und Workshops mit Gleichgesinnten angesiedelt werden — erscheint. Eine solche „duale" Konzeption charakterisierte Bettina Heintz in ihrem hervorragenden Aufsatz über „Berührungsängste". Einige Bemerkungen zum Verhältnis von Frau und Gesellschaft" folgendermaßen: „... wenn sich Frauen unter Rückgriff auf das duale Modell, gleichsam selbst ausbürgern, wenn Frauen Familie und Gemeinschaft als weibliches Revier, Öffentlichkeit und Gesellschaft als männliche Domäne deklarieren ... Das duale Modell hingegen drängt Frauen in jene abgesonderte Sphäre, von wo aus sie zwar den Lauf der Welt beklagen können, ihn aber nicht zu korrigieren vermögen. Auch in seiner neufeministischen Variante teilt es die Welt zwischen den Geschlechtern auf, freilich nicht zu gleichen Teilen. Dem Mann wird die Sphäre der Macht belassen, die Frau wird wie eh und je die große Mutter sein, die fremdbestimmt im Kleinen repariert, was er im Großen anrichtet".[39]

Wenn die Hexe also als Symbol benutzt wird, um die „andere", oft „leider" verdeckte Macht der Frauen zu belegen, dann ist für mich Vorsicht geboten. Wird sie aber zum Symbol für uns Frauen, nicht mehr zuzulassen, daß ausschließlich Männer die Macht haben, Systeme und Strukturen aufzubauen, die zwangsläufig wider das Leben gerichtet sind, da sie eben einseitig nur die männliche Sicht wiederzugeben vermögen, dann kann die Hexe zum Aufruf werden, Frauen zu politisieren, um aus ihnen nie wieder die „geeigneten" Opfer für gesellschaftliche Veränderungen werden zu lassen. Nicht Rückzug in das eigene, ach so kostbare Innere ist gefordert, sondern aktive Mitgestaltung an den öffentlichen Prozessen. Die empirische Hexe darf sich also nicht mit egozentrischen Heile-Welt-Trips à la Jannberg begnügen, sondern muß tätige Mahnerin und Mitgestalterin auch im Bereich der Macht sein — ohne Angst, sich die Hände schmutzig zu machen. Statt sich spirituell in Hexenphantasien zu ergehen, sollte also die politische Absicht immer im Zentrum stehen. Da aber, um dies kurz kritisch anzufragen, das „Hexenbekenntnis" immer häufiger — und vor allem publikumswirksam! — in Zirkel mythifizierter Privatismen abgeglitten ist, erscheint es überhaupt fragwürdig, ob die „Hexe" als politisches Symbol für Frauen noch tauglich ist. Hier ist wohl eine Kampfaussage der Frauen durch Frauen zerstört worden.

Bleiben Frauen bei der Hexe als einem mythischen Frauenbild stehen, so machen sie es den Männern — und hier vor allem den Wissenschaftlern — leicht, ihre Geschichtsklitterung und Darstellungsweise zu belächeln, ebenso wie ihre privaten Selbstwerdungskurse wohl kaum gesellschaftliches Bewußtsein ändern können. Dient aber die seriöse Erfor-

der Frauen: Erlebt, erlitten, vergessen? In: Die Frau — Realität und Utopie. Hg. von Christa Köppel u. Ruth Sommerauer. Zürich 1984, S. 123-147, v.a. S. 125f.

39. Bettina Heintz, Berührungsängste. Einige Bemerkungen zum Verhältnis von Frau und Gesellschaft. In: Die Frau (wie Anm. 38), S. 116f.

schung der Greuel von damals dazu, Frauen vor Augen zu führen, daß zuallererst sie selbst gegen Opfermentalität und vorschnellen Rückzug ins Private kämpfen müssen, um bei der Verwirklichung einer egalitären Gesellschaft mitzuarbeiten, so können Frauen unter Umständen die Hexe als Symbol in diesem Kampf gebrauchen.

Als Nachtrag wäre inzwischen noch hinzuzufügen, daß Jannberg sich jüngst (1990) nach einem Vortrag von ihrem „Hexenleben“ distanzierte und nun wohl auf der Suche nach anderen „Reinkarnationsmodellen“ ist.